O HARÉM POLÍTICO

O PROFETA E AS MULHERES

Tabla

FATIMA MERNISSI

O HARÉM POLÍTICO

O PROFETA E AS MULHERES

TRADUÇÃO
MARÍLIA SCALZO

PREFÁCIO
FLÁVIA X. M. PANIZ

O harém político: o Profeta e as mulheres tornou-se uma obra clássica dos estudos de gênero, política e religião no Marrocos e demais países que vivem em contextos islâmicos. Tal sucesso deve-se ao fato de ela ter nascido de uma situação aparentemente trivial que ilustra como as estruturas de poder atravessam a vida cotidiana. Ao ouvir uma provocação de um homem em uma mercearia em Rabat, capital do Marrocos, sobre a possibilidade de uma mulher governar os muçulmanos, Fatima Mernissi escutou a recitação automática de um famoso *hadith*: "Nunca conhecerá a prosperidade o povo que confiar seus negócios a uma mulher". Esse episódio, relatado logo na introdução, mostra como a palavra sagrada pode ser mobilizada em contextos ordinários para interditar os direitos das mulheres.

Os *hadiths* são documentos em que são registradas minuciosas descrições do que o Profeta teria feito ou dito. Seu conjunto, em consonância com o Alcorão, tornou-se a fonte das leis, uma referência e um padrão para distinguir o verdadeiro do falso, o permitido do proibido, a ética e os valores, afirma a autora. A força do *hadith* citado acima não estava apenas no conteúdo, mas no modo como se tornara naturalizado, incontestável, usado como argumento definitivo a respeito das relações de poder na política. A partir daí, Mernissi transformou sua experiência de infância vivida em um harém em objeto de pesquisa sociológica e histórica, revelando a potência política das narrativas religiosas.

O livro estrutura-se como uma investigação rigorosa e, ao mesmo tempo, como um gesto de insubmissão intelectual. Diante da frase ouvida na mercearia, a autora não se resigna: decide buscar as origens do *hadith*, verificar o que é autêntico (*sahih*), reconstituir o contexto em que teria sido proferido, ler explicações do Alcorão (*tafsir*), recorrer à compreensão dos métodos de tradições do *fiqh* (ciência religiosa) e examinar os interesses de quem o transmitiu. Essa postura é revolucionária porque questiona a tradição não para negá-la, mas para examiná-la criticamente, desnaturalizando suas certezas, como é o caso da luta histórica das mulheres muçulmanas para confrontar políticas de exclusão que se apoiam nas interpretações dos textos sagrados para legitimá-las, unindo o passado dos tempos do Profeta às políticas contemporâneas do tempo presente. Duvidar, nesse caso, não seria irreverência, mas um compromisso com a verdade histórica e a origem das desigualdades.

"Que Deus nos proteja das catástrofes do tempo", disse um cliente na cena da mercearia, que marca o início desta obra. Para Mernissi, os muçulmanos sofrem com o tempo presente, o tempo em que as propostas e práticas da comunidade, antes voltadas para as vontades de Deus, foram submetidas à individualidade no contexto da formação dos Estados muçulmanos. Com a independência em relação à França e à Espanha em 1956, o Marrocos conquistou sua autonomia moderna e aderiu a concepções de Estado europeias, elaboradas em 1648, no Tratado de Vestfália, tornando-se signatário de convenções internacionais, como a Declaração Universal dos Direitos Humanos, redigida em 1948 e que reconhece os indivíduos como cidadãos dotados de direitos iguais.

Segundo Mernissi, "era preciso, depois da independência, que o Estado teatralizasse seu renascimento". O Estado muçulmano foi obrigado a se redefinir para atender às demandas das organizações internacionais e, assim, redefinir também suas concepções de cidadão, invariavelmente projetando a ideia de igualdade entre todos os sujeitos. O tempo se torna categoria fundamental para a compreensão a respeito da inscrição e das tentativas de apagamento das mulheres na história. A autora elabora os usos do tempo como categorias ocidentais de medição, como se ele fosse um termômetro de desenvolvimento, de produção, de racionalidade e de projeção de espaços que marcam o presente e o futuro. No caso das comunidades muçulmanas, o tempo é a categoria que explica as relações entre democracia, cidadania e colonialismo.

Se, por um lado, a nova cidadania promoveu o fim da hierarquia entre gêneros e fomentou o sufrágio e a participação das mulheres na política, de outro, a masculinidade identificada pela tradicional hierarquia entre homens e mulheres havia sido, em tese, abolida — nas palavras de Fatima Mernissi, "a hierarquia de identidade que organizava o político e as relações entre os gêneros". Em um sistema como no Islã, no qual muçulmanos eram submetidos "à vontade do grupo", a individualidade torna-se uma iniciativa de inovação (*bid'a*) e constitui-se como um erro aos olhos das comunidades tradicionais marroquinas.

O acesso das mulheres no presente a espaços considerados tradicionalmente como de domínio do homem e privilégio da masculinidade, como a escola e o local de trabalho, a vida pública e a política, torna-se um símbolo de questionamento e de recusa do passado. De acordo com suas palavras, essa composição desorganiza as relações, de modo que convém aos homens reivindicar um meio de restaurar as coisas por meio da evocação do passado.

Mernissi revela que, mesmo com o direito constitucional de concorrer a cargos políticos, as mulheres não tiveram uma representação significativa nas estatísticas das eleições no país no ano de 1987, quando este livro foi publicado. Em vez de incorrer numa ideia ocidental de atraso no espaço-tempo, entendida por ela como forma de controle colonial contemporâneo ao ditar as regras de como as demais sociedades devem viver suas democracias, a socióloga decidiu mergulhar nas profundezas do passado, tal qual seu interlocutor na mercearia, para compreender os fundamentos daquilo que reverberou nos discursos sobre o tempo presente. Com isso, ela passou a se dedicar aos estudos aprofundados e qualificados sobre os textos sagrados.

O harém político propõe, assim, uma releitura da história islâmica a partir de uma chave feminista e pós-colonial. Feminista porque denuncia a manipulação da memória para excluir as mulheres da esfera pública; pós-colonial porque mostra como a relação com o passado, do Protetorado até a formação do Estado muçulmano, tornou-se um campo de disputa nas sociedades muçulmanas contemporâneas. A força do livro está em revelar que a misoginia não é intrínseca ao Islã, mas resultado de escolhas políticas que transformaram determinados *hadiths* em armas de exclusão. Ao mostrar que esses ditos foram contestados desde sua origem e que essa autenticidade é muitas vezes frágil, Mernissi devolve à pessoa leitora muçulmana a possibilidade de imaginar uma tradição diferente, menos autoritária e mais igualitária.

O caráter inovador do livro também reside na articulação entre narrativa pessoal e análise científica. Ao começar pela cena da mercearia, Mernissi inscreve sua própria voz e experiência de mulher marroquina no texto. Esse gesto rompe com a pretensa neutralidade da ciência e reivindica uma sociologia situada, encarnada, que reconhece a dimensão subjetiva do conhecimento, pontuando a relevância da posicionalidade. Ao mesmo tempo, a autora não renuncia ao rigor metodológico: percorre textos clássicos, reconstrói cadeias de transmissão, examina contextos políticos e mobiliza autores como o filósofo Mohammed Abed al-Jabri (1935-2010) para pensar a razão árabe. Essa combinação dá à obra sua força singular: é ao mesmo tempo pessoal e erudita, política e acadêmica, acessível e profundamente crítica.

O harém político gerou intensos debates no mundo árabe e fora dele. Para alguns, tratava-se de uma leitura ousada demais, quase herética, por questionar a legitimidade de *hadiths* reconhecidos. Para outros, era um alento, uma prova de que era possível reabrir os arquivos da memória islâmica sem cair em fundamentalismos nem em reducionismos orientalistas. No Ocidente, o livro foi rapidamente traduzido e passou a integrar o repertório dos estudos feministas, sendo lido ao lado de autoras como Lila Abu-Lughod, Saba Mahmood e Chandra Mohanty. No entanto, Mernissi sempre alertou contra a apropriação simplista de sua obra: seu objetivo não era fornecer argumentos para estigmatizar o Islã, mas oferecer ferramentas para sua transformação interna.

Assim, *O harém político* é mais do que um estudo sobre *hadiths*: é uma intervenção intelectual e política. Ele mostra como a memória pode ser ferramenta de censura, mas também de libertação. Revela ainda que a religião não é um corpo fixo de doutrinas, mas um campo de disputas no qual o gênero desempenha papel central. E, sobretudo, convida os leitores — muçulmanos e não muçulmanos, homens e mulheres — a pensar o passado não como prisão, mas como horizonte aberto.

Antes de continuar a falar do livro, porém, é preciso apresentar Fatima Mernissi. Essa notável socióloga marroquina ficou conhecida por suas reflexões em torno dos textos sagrados corânicos e da elaboração de debates sobre os direitos das mulheres no Islã, pontuando as relações entre Estado, religiosidade, colonialismo e gênero. Suas reflexões sobre as disputas políticas que envolvem a relação entre democracia, leituras dos textos sagrados e apontamentos contemporâneos trouxeram à pensadora reconhecimento internacional por sua contribuição à sociologia, aos estudos de gênero, à historiografia, à epistemologia islâmica e à teoria pós-colonial.

Nascida em Fez, no Marrocos, em 1940, ainda sob o regime do Protetorado francês, Mernissi abordou sua infância e juventude na autobiografia em *Sonhos de transgressão: minha vida de menina num harém*. Essa obra fala das suas origens, mostrando como suas vivências foram decisivas para moldar sua sensibilidade crítica e despertar seu interesse em compreender como as fronteiras visíveis e invisíveis, e as dinâmicas daquilo que é considerado público e privado nas experiências do passado e no tempo do Profeta, regulavam a vida das mulheres. Sua experiência de reclusão tornou-se ponto de partida para uma trajetória intelectual que buscou incessantemente desmontar os mecanismos sociais e simbólicos que sustentam a exclusão feminina.

Formada em sociologia, Mernissi estudou em Rabat, Paris e, posteriormente, nos Estados Unidos, onde concluiu seu doutorado na Brandeis University, em 1974. Sua formação internacional lhe permitiu articular uma leitura crítica tanto das tradições árabes quanto das interpretações ocidentais sobre o Islã e as mulheres muçulmanas, situando-a em um entrelugar. Essa dupla posição — simultaneamente enraizada em sua realidade marroquina e aberta ao diálogo global — deu singularidade à sua obra, categorizada, no geral, no campo de estudos dos feminismos islâmicos. Ao mesmo tempo que confrontava as leituras e interpretações sexistas dos textos islâmicos, ela também desafiava os estereótipos orientalistas que representavam mulheres muçulmanas como vítimas. Para ela, as releituras dos textos sagrados podem ser uma chave para compreender a força das mulheres que buscam liberdade dentro da própria comunidade, ao expor e advogar por seus direitos por meio de questionamentos sobre interpretações dos sentidos dos atos e falas do Profeta. Ela faleceu aos 75 anos, em 2015, em Rabat.

Sua carreira acadêmica foi marcada pelo compromisso em vincular pesquisa sociológica e engajamento político. Mernissi atuou como professora na Universidade Mohammed v, em Rabat, onde também fundou centros de pesquisa voltados para estudos de gênero e para o diálogo intercultural. Ali, formou gerações de pesquisadoras e pesquisadores, além de construir um espaço de debate crítico em uma sociedade em transformação. Sua sociologia partia da vida cotidiana, da observação dos papéis sociais, da escuta das vozes femininas e da investigação dos métodos que conferiam veracidade aos *hadiths*, colocando em destaque a agência das mulheres marroquinas, suas estratégias de resistência e sua capacidade de reconfigurar fronteiras, principalmente a partir das figuras de Aicha, Umm Salma e Sakina.

Traduzidas para diversos idiomas, suas obras tornaram-se referência para os feminismos islâmicos, feminismos fora do centro e feminismos no campo dos pós-colonialismo, especialmente aqueles do Sul Global. Ao mobilizar uma epistemologia islâmica, própria da sociologia marroquina para a compreensão de fenômenos sociais e políticos do passado, da história e da política, Mernissi pontua as limitações em torno da compreensão de suas particularidades, que teorias modernas euro-americanas não seriam capazes de abranger. Sua obra desafia o feminismo ocidental, chamando atenção para o risco de universalizar categorias sem considerar as especificidades históricas, políticas e culturais, ao mesmo tempo que coloca em xeque os problemas de igualdade social e igualdade de gênero na sociedade marroquina.

Mernissi integrou uma geração de intelectuais marroquinos que buscaram repensar as condições coloniais da modernidade árabe sem abdicar do senso dos valores conferidos historicamente. O diálogo com Al-Jabri foi fundamental: foi por influência dele que a pensadora deu destaque à questão do tempo, da memória e da razão árabes, temas que atravessam *O harém político*. Segundo a autora, os homens perceberam que só poderiam gerir o presente com autoridade impondo o que é considerado ancestral; o que vem do passado seria uma referência sagrada. Mernissi voltou-se com intensidade para a reflexão de que a liberdade das mulheres estava condicionada às interpretações e representações históricas dos textos sagrados feitas por homens, que moldavam suas reflexões a partir do que lhes era mais conveniente, revelando como essa escrita potencializa a censura. Ao mesmo tempo, ela mostra como gênero, poder e igualdade se entrelaçam na constituição da democracia, da política e da concepção de um Estado muçulmano.

O harém político, lançado originalmente em 1987, portanto depois de *Beyond the Veil: Male-Female Dynamics in Modern Muslim Society* (1975) e antes de *Sultanas esquecidas: mulheres chefes de Estado no Islã* — publicado originalmente em 1990 em francês e, no Brasil, em 2024, pela editora Tabla, também com tradução de Marília Scalzo —, é uma obra que revela como foram constituídas as elaborações sobre os atos e as falas do profeta Muhammad. O livro indica que a interpretaçao dos textos sagrados é a chave para compreender as transformações das relações de poder: ela parte das ligações de parentesco nas sociedades chamadas de tribais para chegar a uma ideia de cidadania, na qual qualquer membro do povo muçulmano se torna parte da comunidade, que está interligada pela fé.

A arquitetura de *O harém político* revela a maneira como Mernissi concebia a pesquisa sociológica: como uma investigação que não teme se perder em detalhes históricos, mas que organiza esses detalhes em torno de uma narrativa clara, quase pedagógica, destinada a provocar reflexão crítica. O livro se divide em duas grandes partes, antecedidas por uma introdução que é, por si só, um manifesto metodológico e político.

Na introdução, Mernissi narra a cena fundadora da investigação: a mercearia em Rabat, o *hadith* citado com naturalidade e a necessidade de verificar sua origem. Essa cena inaugura uma escrita híbrida, em que a experiência pessoal se torna porta de entrada para questões de alcance global. O leitor percebe de imediato que não se trata apenas de uma pesquisa erudita, mas de uma tomada de posição diante da vida cotidiana e das estruturas de poder que nela se manifestam. Essa escolha narrativa é central para desvelar as engrenagens da exclusão.

A primeira parte, intitulada "O texto sagrado como arma política", examina os processos de produção, transmissão e autenticação dos *hadiths*. Aqui, Mernissi mergulha na história da tradição islâmica para mostrar como a morte do Profeta Muhammad, em 632, abriu espaço para disputas intensas em torno da sucessão e da autoridade. Foi nesse contexto que surgiram as primeiras coleções de *hadiths*, registrando não apenas os feitos e falas do Profeta, mas também as interpretações e os interesses de diferentes grupos políticos. A autora dedica capítulos a investigar *hadiths* misóginos específicos, como o de Abu Bakra, analisando a credibilidade de seus transmissores e o contexto em que foram narrados. Ela mostra como a história da ciência religiosa islâmica é também a história de uma disputa pela autoridade, em que a memória é constantemente selecionada e reorganizada. Essa parte do livro é, portanto, um mergulho nos fundamentos da tradição islâmica, conduzido com um olhar crítico atento ao gênero e ao poder.

A segunda parte, "Medina em revolução: os três anos fatídicos", reconstrói o período em que Muhammad se estabeleceu em

Medina e fundou a primeira comunidade muçulmana. Mernissi mostra como a cidade se transformou em laboratório político, social e religioso, no qual as normas estavam sendo constantemente reveladas e negociadas. As mulheres, especialmente as esposas do Profeta, desempenharam papel ativo nesse processo, participando de debates, transmitindo *hadiths* e até mesmo intervindo em disputas políticas. Ao recuperar esse protagonismo feminino, a autora desnaturaliza a exclusão posterior, mostrando que o Islã nascente foi muito mais aberto e igualitário do que a tradição patriarcal posterior quis admitir. As mulheres do Profeta teriam vivido um "tempo feliz", no qual a proximidade com Muhammad lhes garantia autoridade e prestígio. A posterior segregação não era inevitável, mas foi fruto de escolhas políticas.

Essa segunda parte também aborda episódios cruciais, como a imposição do *hijab*, o debate sobre a escravização de pessoas, as guerras civis (*fitna*) e a batalha do Camelo, em que Aicha, esposa do Profeta, assumiu protagonismo militar e foi, em período posterior, simbolicamente responsabilizada pela divisão entre sunitas e xiitas. Cada um desses episódios é analisado não apenas como fato histórico, mas como momento de constituição de discursos sobre o gênero, o poder e a comunidade. Mernissi mostra que o Islã inicial estava longe de ser homogêneo: era um campo de disputas intensas, no qual diferentes projetos de sociedade se enfrentavam. Recuperar essa pluralidade histórica é um modo de abrir espaço para alternativas no presente.

Por fim, o livro encerra com uma conclusão que não é apenas um resumo, mas uma denúncia e um convite. Denúncia porque mostra como, ao longo dos séculos, a memória foi manipulada para excluir as mulheres e legitimar regimes autoritários. Convite porque incita o leitor a duvidar, a investigar e a não aceitar passivamente as tradições. Esta é a ambição maior do livro: reabrir os arquivos da tradição islâmica para possibilitar novas leituras, mais igualitárias e democráticas.

A estrutura de *O harém político* não é apenas organizacional: ela traduz uma estratégia intelectual. Ao dividir o texto entre a análise dos *hadiths* e a reconstrução da experiência de Medina, Mernissi mostra como o religioso e o político, o texto e a prática, a memória e a vida cotidiana se entrelaçam. Essa arquitetura reforça a ideia de que não existe uma linha divisória nítida entre o sagrado e o profano, mas sim uma disputa permanente em que as mulheres foram ora protagonistas, ora silenciadas. O livro nos convida, assim, a entrar nesse campo de tensões não como espectadores distantes, mas como sujeitos envolvidos na tarefa de pensar o passado e o futuro.

Um dos méritos mais notáveis de *O harém político* é a capacidade de articular categorias conceituais sofisticadas com exemplos históricos concretos. Em vez de separar a teoria da análise empírica, Mernissi mostra que é na prática de ler os textos, de investigar suas condições de produção e de confrontá-los com a experiência vivida que se constroem conceitos críticos. Nesse sentido, quatro eixos atravessam o livro e lhe conferem densidade analítica: o tempo, a memória, o poder e o gênero.

O primeiro desses eixos é o tempo. Inspirando-se nos trabalhos de Al-Jabri sobre a formação da razão árabe, Mernissi afirma que o "mal do presente" é um dos maiores dilemas das sociedades muçulmanas contemporâneas. O passado, sacralizado como depósito da verdade, converte-se em obstáculo para a imaginação democrática. Esse movimento não é apenas nostálgico; é uma estratégia política. Governantes e imãs compreendem que podem gerir o presente apenas impondo a autoridade dos ancestrais como referência sagrada. O tempo torna-se mecanismo de dominação, assim como o fazem as sociedades modernas ocidentais, impondo uma relação com o tempo presente marcada pela orientação ao futuro.

Essa reflexão leva à formulação daquilo que Mernissi chama de "cronopolítica". Se, durante o colonialismo clássico, o espaço foi o principal campo de controle — ocupação de territórios, demarcação de fronteiras, imposição de novas geografias —, no mundo contemporâneo é o tempo que assume essa função. O Ocidente industrializado e globalizado impõe ritmos de produção, aceleração tecnológica e padrões de velocidade que obrigam outras sociedades a se alinharem. Segundo ela, o novo imperialismo é uma maneira de contar, calcular e avaliar, que desloca o presente para o futuro, obrigando-nos a aceitar seu desafio. A dominação não se dá apenas por armas ou exércitos, mas pela universalização de um regime temporal que mede desenvolvimento, atraso e civilização. O relógio e o calendário tornam-se, dessa forma, instrumentos de poder, assim como nas obras de Benedict Anderson, publicadas posteriormente. A partir dessas interlocuções, o tempo se tornaria uma categoria difundida e estudada com particularidade, como é o caso do conceito de "cronotopos", criado por Mikhail Bakhtin e os ensaios da obra *Que horas são?* (1987), de Roberto Schwarz.

Ao lado do tempo, a memória aparece como outra dimensão crucial. Para Mernissi, a memória é um campo de disputa política. A forma como os *hadiths* foram transmitidos e selecionados mostra que a memória coletiva é sempre produto de escolhas. Determinados episódios são lembrados, outros esquecidos; determinadas vozes são amplificadas, outras silenciadas. Essa seleção não é neutra: está a serviço da legitimação de autoridades e da exclusão de sujeitos. Quando um *hadith* misógino atravessa séculos e chega ao presente como palavra incontestável, não é porque seja verdadeiro em si, mas porque foi reiteradamente incorporado e reforçado como parte da tradição. No livro, ela mostra como a política e a religião colaboram de forma tão estreita que acabam por confundir a razão com a própria censura. Essa afirmação sintetiza como a memória pode se tornar um dispositivo de controle.

O terceiro eixo é o poder, entendido aqui não apenas como exercício de dominação política, mas como capacidade de organizar o tempo e a memória. O poder se exerce ao definir quais passados devem ser preservados, quais interpretações são legítimas e quais práticas são consideradas aceitáveis. É por isso que a investigação de Mernissi sobre os *hadiths* não é apenas filológica, mas política:

ao mostrar que certos transmissores não eram idôneos, que determinados ditos surgiram em contextos de guerra civil e que outros foram forjados para legitimar derrotas, ela revela que o poder opera no coração da tradição. O sagrado, nesse sentido, não paira acima da história, mas é constantemente modelado por disputas de autoridade.

Por fim, o gênero constitui o eixo em torno do qual os demais se articulam. O tempo, a memória e o poder convergem na forma como as mulheres são representadas e posicionadas. Excluir as mulheres da política não foi apenas uma decisão de diversos homens, mas uma maneira de estabilizar hierarquias e identidades em momentos de crise. Velar as mulheres significava também velar a própria comunidade, proteger uma ordem ameaçada. Do mesmo modo, lembrar Aicha como causadora de divisão e não como líder militar foi uma forma de advertência simbólica contra a participação das mulheres. O corpo e a voz das mulheres tornaram-se, assim, terrenos privilegiados da luta política.

Esses quatro eixos — tempo, memória, poder e gênero — não aparecem isolados, mas entrelaçados. Ao problematizá-los, Mernissi constrói uma teoria social do Islã que vai além da descrição histórica, oferecendo uma nova linguagem e uma nova epistemologia para pensarmos os problemas da atualidade.

INTRODUÇÃO

"Uma mulher pode governar os muçulmanos?", perguntei ao dono da mercearia que frequento e que é, como a maioria dos donos de mercearia no Marrocos, um verdadeiro termômetro da opinião pública.

"Que Deus me proteja!", ele exclamou, indignado, apesar da nossa amizade. Perdendo o ar e horrorizado com a ideia, quase deixou cair a meia dúzia de ovos que eu acabara de comprar.

"Que Deus nos proteja das catástrofes do tempo", murmurou um cliente que comprava azeitonas, esboçando o gesto de cuspir. O dono da mercearia era obcecado por limpeza: nem mesmo a denúncia de uma heresia, segundo ele, justificaria sujar o chão.

Foi então que um segundo cliente, um professor que eu conhecia da banca de jornal, recitou, acariciando lentamente as folhas de hortelã úmidas de seu buquê, um *hadith* que ele sabia ser fatal: "Nunca conhecerá a prosperidade o povo que confiar seus negócios a uma mulher!". Fez-se silêncio à nossa volta; eu acabara de perder o jogo. Numa teocracia muçulmana, um *hadith* não é uma coisa qualquer. As compilações de *hadiths* são documentos em que são registradas minuciosas descrições do que o Profeta fez ou disse. Essas compilações constituem, com o Alcorão (o Livro revelado), ao mesmo tempo a fonte das leis, a referência e o padrão para distinguir o verdadeiro do falso, o permitido do proibido, a ética e os valores.

Saí discretamente da mercearia sem dizer mais nada. O que poderia se contrapor à força desse aforismo político tão implacável quanto popular?

Perplexa, derrotada e furiosa, senti imediatamente a necessidade imperiosa de me informar sobre esse *hadith*, de procurar os textos em que ele é mencionado, de entender melhor seu incrível poder sobre modestos cidadãos de um Estado moderno.

Uma olhada nas estatísticas das eleições no Marrocos confirma as "profecias" ouvidas na mercearia. Se a Constituição dá às mulheres o direito de votar e de serem eleitas, a *realpolitik* só lhes concede a primeira parte. Nas eleições legislativas de 1977, 6,5 milhões de eleitores, dentre os quais 3 milhões de mulheres, não deram nenhuma chance às oito candidatas que se apresentaram nas eleições. No dia da posse no Parlamento, não havia nenhuma mulher, apenas homens, assim como nos cafés. Seis anos depois, nas eleições municipais de 1983, 307 mulheres criaram coragem e se apresentaram como candidatas, e quase 3,5 milhões de eleitoras se mobilizaram para ir às urnas. Apenas 36 mulheres conseguiram ser eleitas, contra 65.502 homens.[1]

Interpretar o relatório de modo a ver a participação massiva de mulheres eleitoras em relação ao número restrito de eleitas como um sinal de estagnação e de atraso iria na direção dos estereótipos comuns reservados ao mundo árabe. Seria mais inteligente considerar esse fato um reflexo da intensidade dos conflitos que impulsionam mudanças, como as aspirações de mulheres que levam a sério a Constituição de seu país e a resistência de homens que acreditam, apesar da legislação em vigor, que o poder é necessariamente masculino. Daí o interesse de iluminar essas zonas obscuras de resistência, essas mentalidades profundas, para apreciar o significado simbólico, isto é, explosivo, desse gesto — em outros lugares banal — que é o voto de uma mulher. A esse respeito, minha desventura numa mercearia de bairro não foi apenas simbólica; ao revelar o comportamento misógino de meus interlocutores, ela me indicou a pista a seguir para compreendê-lo melhor: a dos textos religiosos que todo mundo conhece, mas que ninguém explora de verdade, com exceção das autoridades no tema: mulás e imãs.

1 Informações retiradas do relatório *Les Femmes marocaines dans le développement économique et sociale, décennie 1975-1985*, do Ministério do Artesanato e dos Assuntos Sociais do Reino do Marrocos, Rabat, 1984.

Consultar a literatura religiosa não é tarefa simples; em primeiro lugar, nós nos confundimos com o número de volumes e logo entendemos por que um muçulmano médio nunca vai saber tanto quanto um imã. A prestigiosa coletânea de *hadiths* conhecida como *Sahih*, de Al-Bukhari, compreende quatro tomos com um comentário obscuro de um Al-Sindi muito avaro com seus conhecimentos (AL-BUKHARI, 1978: V.IV-226). Sem um comentário muito bom, porém, um não especialista tem dificuldade para ler um texto religioso do século IX (Al-Bukhari morreu no ano 256 do calendário muçulmano, que começa em 622 no calendário cristão), pois, para cada *hadith*, é preciso localizar a identidade do discípulo do Profeta que o proferiu, em que circunstâncias e com que finalidade, assim como a cadeia de transmissores que veio depois; além disso, existem mais *hadiths* falsos do que autênticos. Para cada *hadith*, Al-Bukhari apresenta o resultado de sua pesquisa: se ele fala de X ou Y, é preciso averiguar de que discípulo e de que batalha se trata, para poder dar um sentido ao diálogo ou à cena transcrita. Além do mais, Al-Bukhari não catalogou apenas um narrador, mas vários, que ocupam dezenas de volumes; portanto, é melhor não se enganar: o menor erro em relação ao narrador pode custar alguns meses de leitura.

Como identificar o melhor transmissor? Primeiro, é preciso entrar em contato com os maiores especialistas em *fiqh* (ciência religiosa) que moram na mesma cidade que você: segundo a deontologia e as convenções tradicionais, se pedir a um faqui que o informe sobre as origens de um *hadith* ou de um versículo corânico, ele é obrigado a fazer isso. A ciência deve ser compartilhada, segundo a vontade do próprio Profeta. *Fath al-bari*, de Al-'Asqalani (morto no ano 852 da Hégira, século XV), foi recomendado a mim por muitos:[2] ele tem dezessete volumes que podem ser consultados

2 O *Huda al-sari muqaddimat fath al-bari*, comumente chamado de *Fath al-bari fi charh Sahih al-Bukhari*, ou simplesmente *Fath al-bari*, de Ibn Hajar al-'Asqalani, é o texto de Al-Bukhari comentado por ele. Como usei duas edições diferentes de

nas bibliotecas no seu horário de funcionamento, o que, dados o tamanho da tarefa e o tempo de leitura bastante limitado, é muito desencorajador.

O professor da mercearia tinha razão: o *hadith* "Nunca conhecerá a prosperidade o povo que confia seus negócios a uma mulher" estava mesmo no volume XIII do *Sahih* de Al-Bukhari, portanto se encontra entre aqueles que ele classificou como autênticos, depois de uma seleção rigorosa, por meio de verificações e contraverificações. Faz doze séculos que Al-Bukhari é uma das referências mais respeitadas no assunto. Esse *hadith* é usado como um argumento contundente para quem quer excluir as mulheres da política. É encontrado também nos textos de autoridades conhecidas por seu rigor científico, como Ahmed ibn Hanbal, autor do *Musnad*, fundador da *madhab* hambalita, uma das quatro grandes escolas de jurisprudência que dividem o mundo muçulmano sunita.[3]

Esse *hadith* é tão importante que é praticamente impossível abordar a questão dos direitos políticos das mulheres sem fazer referência a ele, debatê-lo e tomar uma posição diante dele. Fuad Abd al-Munim, por exemplo, no capítulo de sua tese publicada em 1976, intitulado "Princípio da igualdade no Islã e o problema da mulher", retoma todos os debates em torno desse *hadith*, desde o

acordo com as bibliotecas frequentadas, especificarei a cada vez a edição utilizada. Quanto ao *hadith* que nos diz respeito, sobre a necessidade de excluir as mulheres do poder, ele se encontra, respectivamente, na página 46 do volume XIII da edição de Al-Matbaa Al-Bahiya Al-Misriya (edição de 1928) e na página 166 do volume XVI da edição de Matbaat Mustafa al-Halabi (edição de 1959-1963).

3 O mundo muçulmano é dividido em dois: sunitas (ortodoxos) e xiitas ("os partidários de Ali"). Cada grupo tem, em matéria de *fiqh* (ciência religiosa), como fonte da charia, da legislação e da lei, textos específicos. Os sunitas se dividem entre quatro *madhahib* (escolas). Os maliquitas seguem Malik ibn Anas (717-795 do calendário cristão). Os hanafitas seguem a *madhab* de Abu Hanifa (morto em 767). Os chafitas seguem Al-Chafi (morto no ano 820). Finalmente, os hambalitas seguem Ibn Hanbal (morto no ano 855). As diferenças entre eles se resumem, frequentemente, a meros detalhes de técnicas jurídicas.

século IX, sem, no entanto, elaborar a partir daí uma reflexão pessoal e contemporânea em torno da questão. Qualquer tentativa de refletir sobre o problema do status político é devorada pelo debate sobre esse *hadith*, onipresente e onisciente.

O livro *Huquq al-mara fi al-Islam* (Os direitos da mulher no Islã), de Muhammad Arafa, sustenta que, além de a mulher não ter nenhum direito, ela não existe na história política.

> No início do Islã, a mulher muçulmana não tinha nenhum papel nos assuntos públicos, apesar de todos os direitos que o Islã lhe deu, que eram muitas vezes similares aos do homem. Quando os discípulos do Profeta se reuniram na *saqifa* dos Banu Saida, para designar seu sucessor, não foi feita nenhuma menção a uma participação feminina. Não temos nenhuma pista da participação delas na designação dos outros três califas ortodoxos. A história do Islã inteira ignora a participação das mulheres ao lado dos homens na direção dos negócios de Estado, tanto no nível da decisão política quanto no do planejamento estratégico. (ARAFA, 1980: 149)

Como esse autor classifica, então, Aicha, a mulher do Profeta que comandou uma oposição armada contra o califa que reinava na época? Ele não pode ignorá-la sem perder sua credibilidade, pois se refere aos primeiros decênios do Islã. O Profeta morreu em Medina numa segunda-feira, 8 de junho de 632. Sua mulher Aicha, que tinha apenas dezoito anos na ocasião, foi para o campo de batalha aos 42, à frente de um exército que contestava a legitimidade do quarto califa ortodoxo, Ali. Isso aconteceu em Basra, em 4 de dezembro de 656 (segundo dia do mês do Jumada do ano 36 da Hégira). Não seria participar da vida política contestar o califa levando a população para a sedição e a guerra civil?

Na verdade, Aicha teve um papel determinante na vida de dois califas, contribuindo para a desestabilização do governo do terceiro califa, Uthman, negando-lhe ajuda quando se viu cercado por insurgentes na sua própria casa. Ela deixou Medina na iminência de uma guerra civil para fazer a peregrinação a Meca, apesar dos protestos de várias autoridades de sua comitiva. Quanto a Ali, Aicha contribuiu para sua queda ao ficar ao lado da oposição armada que contestava sua legitimidade como quarto califa. Os historiadores chamam esse confronto de "batalha do Camelo", referindo-se ao camelo que Aicha montou, evitando criar na memória das garotinhas muçulmanas uma associação entre o nome de uma mulher e o de uma batalha. No entanto, como não se pode apagar Aicha da história do Islã, nosso autor não pôde ignorá-la:

> É verdade que Aicha combateu Ali ibn Abu Talib na batalha do Camelo [...] Mas esse ato individual de uma discípula [...] não pode ser reivindicado [para legitimar a participação das mulheres nos assuntos políticos], dado que o caminho de Deus e de seu Profeta é claro sobre isso. Ademais, é preciso não esquecer que esse ato individual de Aicha foi considerado pelos mais importantes discípulos um erro e condenado pelas outras esposas do Profeta. E, de qualquer modo, a própria Aicha se arrependeu de seu ato. Não é permitido, portanto, reivindicar a experiência de Aicha, que foi considerada uma *bid'a*. (Ibid.: 150)

Toda *bid'a* (inovação no Islã) é um desvio, uma escandalosa violação da tradição sagrada.

Outro historiador contemporâneo, Said al-Afghani, escolheu Aicha como tema de uma pesquisa que durou dez anos, com o propósito de, segundo o autor, esclarecer para o muçulmano, por meio dessa biografia, uma questão que se tornou urgente desde a modernização: a relação da mulher com a política. Essa biografia de Aicha foi publicada pela primeira vez em 1946, com um título que deixa bastante claro seu objetivo: *Aicha wa al-siyasa* (*Aicha e a política*). Deve-se a Said al-Afghani a publicação de dois outros importantes textos sobre Aicha que só existiam até então sob a forma de obscuros manuscritos. O primeiro é uma coletânea de refutações e correções que Aicha realizou para alguns *hadiths* que, segundo ela, não foram bem registrados pelos discípulos do Profeta (AL-ZARKACHI, 1980). O segundo é um volume especial de *Siyar alam al-nubala*, de Al-Dahabi (1969), dedicado a uma biografia de Aicha. Zelando pela publicação desses dois documentos, Al-Afghani contribuiu incontestavelmente, enquanto historiador, para iluminar a personalidade de Aicha. Sua conclusão, no entanto, é que é essencial impedir às mulheres ter acesso à política. Mulher e política é uma combinação maléfica. Para ele, o exemplo de Aicha milita contra a participação das mulheres no exercício do poder. Aicha prova que "a mulher não foi criada para meter o nariz na política" (AL-AFGHANI, 1971: 341). Segundo ele, "o sangue dos muçulmanos foi derramado. Milhares de discípulos do Profeta foram mortos [...] Sábios, heróis das *futuhat* [conquistas], líderes eminentes deixaram ali a vida" (ibid.: 142) , tudo isso devido à intervenção de Aicha na política. Ela não é responsável apenas pelo sangue derramado na batalha do Camelo, que iniciou a cisão do mundo muçulmano em dois (sunitas e xiitas) e que ela própria comandou, mas também por todas as perdas sofridas nas batalhas que a sucederam.

> Naquele dia [o da batalha do Camelo], 15 mil pessoas foram mortas segundo as estimativas menos exageradas, e isso em poucas horas. E é melhor para você [leitor] ignorar o que aconteceu depois, na batalha de Nahrawan, na de Siffin e em todas as outras batalhas em que nós viramos as armas contra nós mesmos [...] E dizer que, pouco antes, Deus havia reunido as fileiras de muçulmanos e purgado seus corações do ódio [...] (Ibid.: 348)

Al-Afghani estava convencido de que, se Aicha não tivesse interferido nos assuntos públicos do Estado muçulmano, "a história muçulmana teria tomado o caminho da paz, do progresso e da prosperidade" (ibidem). De acordo com ele, Deus queria, com a experiência de Aicha, ensinar uma lição aos muçulmanos: "Pode-se dizer que Deus criou as mulheres para reproduzir a raça, para educar as gerações e dirigir os lares, ele queria nos ensinar uma lição prática que não podemos esquecer" (ibid.: 342).

> A batalha do Camelo é um farol na história dos muçulmanos, ela está lá, presente nos espíritos, para pôr os muçulmanos em alerta cada vez que uma vertente dessas, querendo imitar cegamente outras nações ao reivindicar os direitos políticos para as mulheres, se manifestar entre eles [...] A memória de Aicha deve ser considerada mais do que nunca nos dias de hoje, ela continua a dizer aos muçulmanos: "Veja como essa tentativa fracassou no seio de nossa história muçulmana!". Não devemos repeti-la. Não devemos derramar sangue de novo, e destruir novos lares [...] Como podemos fazer uma coisa como essa tendo o exemplo ainda tão vivo de Aicha? (Ibid.: 246)

Essa tarefa que Al-Afghani atribuiu a si mesmo — dedicar boa parte da vida a redigir uma biografia cheia de lições para o futuro — foi recompensada por um enorme sucesso, tanto que a obra foi reeditada em 1971, em Beirute.

Mas em que fontes da história muçulmana Al-Afghani leu que Aicha, essa mulher "inigualável entre as mulheres e os homens de seu século" — e isso de acordo com os testemunhos de seus próprios contemporâneos —, foi uma assassina e uma insurgente? Em que autores ele encontrou a informação de que Aicha é responsável pelo sangue derramado no mundo muçulmano a partir de 4 de dezembro de 656? E, principalmente, em que fontes de história religiosa ele encontrou os argumentos que lhe permitiram generalizar, atribuindo o caso de Aicha a todas as outras mulheres e privando assim milhões de cidadãs de seus direitos políticos? Em que páginas de nossa história muçulmana, tão copiosamente documentada, ele encontrou, enquanto historiador e especialista, os elementos que o habilitaram a excluir as mulheres da vida pública, a relegá-las ao lar e a reduzi-las ao papel silencioso de espectadoras?

Al-Afghani utilizou grandes nomes da literatura religiosa muçulmana, especialmente Al-Tabari, um dos monumentos mais inatacáveis dessa literatura: "Esse autor que goza, entre os historiadores, de uma reputação sem igual, é de uma probidade e de uma honestidade inconteste, referência maior para todos aqueles que o sucederam no trabalho de historiador [...]" (ibid.: 8). Os treze volumes da *Tarikh* de Al-Tabari são efetivamente um marco e um afresco deslumbrante para todos aqueles que querem conhecer os primeiros passos do Islã. Mas o leitor é avisado, na página 5, que Al-Tabari só começou a escrever seu *Tarikh* (história) para completar seu *Tafsir* (comentário, explicação do Alcorão), que inicialmente incluía nada menos que 30 mil páginas. Sua obra sobre a história é apenas um resumo de seu *Tafsir*, que ele acabou reduzindo a trinta volumes. Enorme é a tarefa daquele ou daquela que quer voltar às fontes! Então, armada desse desejo selvagem por conhecimento, li Al-Tabari e outros autores, especialmente Ibn Hicham, autor de *Al-Sira*, biografia do Profeta; Ibn Saad, autor de *Al-Tabaqat al-kubra* (As grandes aulas); Al-'Asqalani, autor do repertório das biografias dos discípulos, *Al-Isaba*; e as coletâneas de *hadiths* de Al-Bukhari e Al-Nasai... e isso para compreender e esclarecer o mistério em torno da misoginia que as mulheres muçulmanas têm que enfrentar em 1986.

O Profeta muçulmano é um dos personagens históricos mais conhecidos de nossa história. Dispomos de informações fabulosas a seu respeito, detalhes sobre a maneira como ele dirigia as expedições, assim como miríades de descrições sobre sua vida privada, como se comportava com suas mulheres, seus problemas conjugais, suas preferências em matéria de comida, o que o fazia rir, o que o irritava etc. Deformar sua personalidade é impossível em países muçulmanos onde a educação religiosa começa na pré-escola. Um estudioso muçulmano pode, no entanto, afirmar que o profeta Muhammad excluía as mulheres da vida pública e as relegava ao lar, mas, para tal, é preciso que lance mão de uma violência incrível contra Muhammad enquanto personagem histórico, a respeito do qual temos inúmeros documentos. A questão que se coloca então é a seguinte: até que ponto podemos violentar os textos sagrados?

Além de o texto sagrado sempre ter sido manipulado, sua manipulação é uma característica estrutural da prática do poder nas sociedades muçulmanas. Como todo poder, já desde o século VII, só era justificado pela religião, os desafios políticos e os interesses econômicos levaram à fabricação de falsos *hadiths*. O falso *hadith* é um testemunho alegando que o Profeta teria dito isso ou feito aquilo, o que permite, consequentemente, legitimar um fato ou uma atitude. Segundo as conjunturas, os desafios e as pressões políticas, os depositários do discurso religioso difundiam *hadiths* que legitimavam alguns privilégios e atendiam seus detentores; tanto que, desde as primeiras gerações, os especialistas sentiram a necessidade de criar uma ciência para detectar *hadiths* fabricados. O imã hambalita Ibn Qayim al-Jawziya tentou identificar alguns para demonstrar uma técnica de detecção de *hadiths* falsos, baseada na análise de seu conteúdo. Muitos deles revelam um lado cômico e não apenas uma estratégia política: o Profeta teria aconselhado um homem estéril a comer muitos ovos e cebolas, teria dito que o crente deve comer doces, que olhar um rosto bonito é uma forma de oração etc. (AL-JAWZIYA, 1982: 213). Veremos com o caso de Al-Bukhari, um dos fundadores da ciência do *isnad* (a cadeia de transmissão dos *hadiths* desde o Profeta) no século IX, como os muçulmanos desenvolveram essa ciência da comprovação dos *hadiths*, que se parece com a técnica de entrevistas e de trabalho de campo (causando inveja nos antropólogos do fim do século XIX). Podemos constatar que o período contemporâneo não constitui uma exceção quando se trata de travestir os privilégios e os interesses de tradição do Profeta.

Eu sabia que essa viagem para a qual me preparava não seria isenta de riscos. Não se vai às fontes para beber, mas para participar de outras celebrações mais misteriosas, como tudo o que se relaciona com a memória, e "toda celebração de um mistério", nos diz Genet, "é perigosa, proibida, mas é uma festa quando acontece" (GENET, 1986: 495).

Lembrar, deslizar para o passado, é hoje uma atividade altamente monitorada. Em especial para as mulheres muçulmanas. O passaporte nem sempre é um direito. O ato de lembrar, assim como os atos de feitiçaria, na verdade, só age sobre o presente. E isso, por meio da manipulação estrita de seu oposto: o tempo dos mortos, o dos ausentes, o tempo do silêncio, que pode dizer tudo. O passado adormecido pode animar o presente, essa é a virtude da lembrança. Os mágicos sabem disso, os imãs também.

Cavalgar a sós pela memória, sem guardiões e sem guias. Escolher os caminhos, não propriamente proibidos (isso seria pueril), mas simplesmente aprazíveis, agradáveis, pouco trilhados, ainda inexplorados, talvez porque o poder nunca passou por ali. Seria pecado passear, ao prazer das leituras, pelos campos tão vastos da memória muçulmana, que é a minha? O Alcorão não significa, segundo o *Lisan al-'arab* (A língua dos árabes), um famoso dicionário, simplesmente "ler"? Mas é possível "simplesmente" ler um texto em que o político e o sagrado se juntam, se fundem e se misturam a ponto de se tornarem indistintos? Não é apenas o presente que imãs e políticos querem controlar para assegurar nossa felicidade enquanto muçulmanos, é sobretudo o passado que está sob vigilância rigorosa e gestão totalitária, aplicada a todos, homens e mulheres. O que é vigiado e controlado, na verdade, é a memória-história. Até hoje, ninguém conseguiu proibir o acesso à memória-lembrança. Esta, como os beijos na adolescência, escapa aos censores que nem sabem qual é seu gosto. A memória-lembrança é uma aurora de alegria, que fala a língua das liberdades e dos florescimentos. Ela nos fala de um Profeta-amante, que pregou em pleno deserto uma língua estrangeira para sua mãe-tribo e para seu pai-espada. Ela nos fala de um Profeta que disse coisas insensatas: da não violência à igualdade. Ele falou para uma aristocracia ferozmente orgulhosa e embriagada pelo arco e flecha.

Este livro não é um livro de história. A história é sempre uma linguagem de grupo, um relato ostensivo que escondemos sob capas de ouro e exibimos durante rituais de autocongratulação. Este livro pretende ser um relato-memória. Um deslizamento em direção a lugares onde a memória vacila, as datas ficam obscurecidas e os acontecimentos desaparecem lentamente, como nos sonhos que nos trazem força.

Este livro-navio só remonta aos séculos para extrair um suco fabuloso que faz crescer as nossas asas e nos permite planar em direção às novas estrelas, em direção à época ao mesmo tempo distante e próxima do começo da Hégira, quando o Profeta podia ser um amante e um líder hostil às hierarquias, quando as mulheres tinham seu lugar, parceiras incontestáveis de uma revolução que tornava a mesquita um local aberto, e o lar, um templo de contestação.

Levantemos velas e véus! Os do navio da memória, mas antes de tudo os de nossos contemporâneos que disfarçam o passado para velar nosso presente.

PRIMEIRA PARTE

O TEXTO SAGRADO COMO ARMA POLÍTICA

I.
O MUÇULMANO E O TEMPO

Os muçulmanos sofrem com o "mal do presente", tal como a juventude romântica europeia sofreu com o "mal do século". A única diferença é que a juventude romântica da Europa sentia sua dificuldade de estar no presente como uma aversão à vida, enquanto nós, os muçulmanos, a sentimos como um desejo de morte, um desejo de estar ausente, de estar em outro lugar. E fugir para o passado é uma forma de estar ausente. Uma ausência suicida.

Uma das razões do sucesso de pensadores marroquinos como Mohammed Abed al-Jabri e Abdelkebir Khatibi foi o fato de terem quebrado a monotonia fúnebre em que a cena intelectual do mundo árabe estava atolada desde a derrota de 1967 e nos ajudado a falar do tempo-ferida. Não para se lamentar, com os olhos fixos no outro, na superioridade militar do Ocidente inimigo e encontrar ali uma desculpa para desaparecer no passado, mas para refletir sobre nós mesmos como energia em busca de uma estrutura em que possa se desenvolver: "A memória está se transformando", explica Abdelkebir Khatibi, "ela acumula os progressos que a civilização mundial lhe dá para pensar a respeito. Explorando novas ideias e novas práticas, ela aprende a gerenciar melhor o espaço, o tempo e sua força de vida. A melhor atitude, a mais humilde e a mais eficaz, é o aprendizado" (KHATIBI, 1986). Mas aconselhar humildade a um mundo árabe humilhado, em que os políticos confiam em sonhos grandiosos e na virtude de mitos de grandeza passados, é extremamente perturbador. Compreende-se a discordância total entre as *khutbas* (pregações especialmente enfáticas) do poder e as análises pragmáticas daqueles intelectuais que escolhem falar em vez de servir de caixa de ressonância do delírio dos chefes. Mohammed Abed al-Jabri não seduz ninguém, dizendo friamente que aqueles que leem sobre grandeza nos textos antigos estão simplesmente alucinando.

O leitor árabe, segundo ele, se volta para o passado para buscar ali a força que não encontra no presente: "Ele lê suas esperanças, seus desejos. Ele gostaria", explica Al-Jabri em *Nahnu wa al-turath* (Nós e nossa herança), "de encontrar ali a ciência, a racionalidade, o progresso etc., isto é, ele procura ali tudo com que tem dificuldade de lidar no presente. Seja no nível da realidade ou do sonho, ele se volta para o passado, para tudo o que lhe falta no presente" (AL-JABRI, 1980: 22). Com uma elegância contundente, ele demonstra em seu livro mais recente, *Takwin al-aql al-'arabi* (A formação da razão árabe), que a herança mais importante deixada por nossos ancestrais é um sistema de censura tão onisciente e eficaz, no qual a política e a religião colaboram de forma tão próxima, que acabamos confundindo *al-aql* (a razão) com a própria censura (AL-JABRI, 1984; 1986).[4] Al-Jabri esclarece um dos mistérios da cena muçulmana contemporânea: a incrível presença da religião e dos imãs no campo da produção de pensamento. Afinal, poderíamos nos perguntar, por que não são os cientistas que dominam e servem de referência para os "políticos", já que nosso problema mais urgente é controlar essa tecnologia que até hoje nos é imposta como uma necessidade inevitável, para ser consumida de forma totalmente passiva? Do começo ao fim dos dois volumes de seu livro, Al-Jabri fornece amplas referências históricas, que provam que os políticos no Islã perceberam muito cedo que só poderiam gerir o presente com autoridade impondo o ancestral, o passado, como referência sagrada: a célebre *asr al-tadwin* (época da codificação) foi, segundo ele, o início de uma institucionalização da censura. Ela começa no ano 134 da Hégira (século VIII), quando os estudiosos muçulmanos começaram a listar os *hadiths* (ditos e feitos do Profeta), o *fiqh* (ciência religiosa) e o *tafsir* (explicação do Alcorão) "a pedido expresso do Estado abássida, e

4 Traduzir a palavra *aql* é uma empreitada tão perigosa que Al-Jabri dedica páginas inteiras de sua obra para definir o que entende por ela, aconselhando-nos a não a confundir com *fikr* ("pensamento").

sob sua supervisão" (ibid.: 63). Isso ocorreu durante o reinado do califa abássida Al-Mansur, que reinou do ano 136 ao 158 da Hégira. Ao folhear Al-Jabri, o presente muçulmano emerge sob uma luz extraordinária. A obsessão dos políticos modernos pelos antepassados, numa tradição árabe em que seu culto estava ligado à institucionalização do autoritarismo, torna-se extremamente suspeita num momento em que precisamos mais do que nunca vigiar de perto o investimento de nossas energias presentes. Por que esse desejo de nos dirigir para um tempo morto, quando a única batalha que importa é a do futuro? As sociedades que ameaçam nossa identidade estão definitivamente hipnotizadas pelo futuro, usando-o como uma ciência, ou melhor, uma arma de dominação e de controle.

Serge Moscovici vê na transformação do tempo a própria essência que torna o Ocidente a civilização planetária que é. Uma civilização que se impõe como irresistível e, através da homogeneização, apaga todas as outras:

> Se olharmos para o que vem acontecendo há um século, observaremos que a civilização ocidental é de fato a primeira civilização do tempo. Isto é, a primeira civilização na qual o tempo tem um papel determinante, especialmente como medida das coisas. Medimos tudo em termos de tempo: o trabalho, as distâncias, a história [...] Temporalizamos tudo [...] Também temporalizamos coisas que deveriam escapar para o espaço: a noção de velocidade, por exemplo, que é a obsessão número um de nossa civilização. É uma maneira de temporalizar o espaço [...] (MOSCOVICI, 1983: 262)

A sociedade ocidental pós-industrial obriga as outras culturas a seguirem seu ritmo. É por meio do ritmo do tempo que padroniza o comportamento, qualquer que seja o lugar e a cultura, que o Ocidente demonstra hoje sua dominação. Foi-se o tempo do exército colonial e de seu teatro de desfiles na frente da casa do general residente. Tudo isso é passado. Hoje, a dominação se infiltra pela presença familiar do relógio. O barulho muitas vezes insólito dos relógios de quartzo, que interrompe a cada hora a conversa entre dois árabes, na suavidade das noites de Tripoli ou de Riad, ilustra, na expressão máxima do absurdo, a presença avassaladora dessa nova forma de ocupação. Nessa temporalização, que é, entre outras coisas, uma desvalorização da geopolítica, o controle do espaço, que era a base e a essência do poder político e econômico de uma nação, é hoje em dia substituído pelo do tempo. Hoje, o controle do tempo é a base do poder. Não é o petróleo que se aloja no subsolo que faz crescer a riqueza de um país, mas o controle das operações de marketing necessárias a seu posicionamento no mercado.

A geopolítica era uma ciência focada na defesa do tangível: o território, as fronteiras e as riquezas que ali se encontram. Hoje, ela foi substituída pelas leis da cronopolítica, uma cena temporal em que o poder é obtido por meio da corrida pelo controle do fluido: o fluxo dos sinais, a circulação de informações e de liquidez. As multinacionais são a encarnação dessa nova forma de dominação, na qual os atores do jogo político não são mais determinados pelo espaço. As fronteiras nacionais tornaram-se obsoletas, insignificantes. O poder e a dominação utilizam outra linguagem: "Eles se definem como um projeto de investimento. A noção de investimento é ela mesma uma noção temporal: seguir os ciclos de produção, de trocas etc." (ibid.: 264). O novo imperialismo que nos domina, os não ocidentais, não se manifesta mais pela ocupação física. O novo imperialismo não é nem mesmo econômico, ele é mais insidioso: é uma maneira de contar, de calcular, de avaliar. Acabaram-se as queridas velhas canções nacionalistas que "expulsavam o inimigo". O inimigo está enraizado na nossa maquininha de calcular. Ele está na nossa cabeça, ele é nosso jeito de contar, de consumir, de comprar, de calcular. A multinacional nos força a diagnosticar, a fazer prognósticos, a programar de acordo com seus modelos. O vocabulário que usamos para nosso orçamento nacional é o dela: investimento, amortização, dívida... Os Estados Unidos não precisam ocupar os países muçulmanos para fazê-los rastejar. O novo Vietnã tem o gosto irreal da dívida e as vozes, tão distantes ao telefone, dos especialistas do Banco Mundial e do Fundo Monetário Internacional. O Ocidente, "viciado em tornar-se", desloca seu presente para o futuro e obriga todos nós a perceber que, para aceitar seu desafio, devemos lutar no terreno que ele escolheu: o presente.

O tempo está se esgotando, este é o desafio do século. Um tempo que caminha na direção errada, aquela que nos preocupa: a direção do futuro. Um tempo impulsionado para a frente, que se funde com os ônibus espaciais e os impulsos em direção ao espaço sideral. Um presente que mal se distingue do futuro em relação ao qual é definido e valorizado. E como reagimos a essa aceleração do tempo, a essa propulsão do presente para o futuro? Deslizando, doloridos, feridos e infantilizados, rumo à origem, rumo a um passado anestésico, em que estávamos protegidos, em que dominávamos o nascer e o pôr do sol. Deslizamos como equilibristas sobre a corda bamba do mau tempo. O tempo mal sinalizado, aquele que segue na direção dos mortos. O tempo sanguessuga, que nos leva para o festim dos antepassados, o tempo dos funerais de nosso presente enlutado. Convidados de vez em quando, os antepassados podem recarregar as baterias, mas, se eles se acomodam, devoram o amanhecer e o sol, e reduzem os sonhos a delírios.

Os muçulmanos não são os únicos aterrorizados pela perda da memória. Os ocidentais sofrem com isso também:

> Não há dúvida de que, nos últimos dez anos, os franceses imobilizados pela crise se puseram a olhar com complacência e ternura para as supostas harmonias de antigamente. Tudo é pretexto. O lazer e o hobby, do cartão-postal de 1900 às roupas das avós, da genealogia amadora às atividades rurais, ganharam um aspecto bem passadista. (RIOUX, 1985)

Como testemunha a historinha de Marshall McLuhan, o especialista em mídias, sobre o homem que não se lembra mais quem é:

— *Who are you?*

— *I, I hardly know, Sir, just at present, at least I know who I was when I got up this morning, but I think I must have been changed several times since then.* (MCLUHAN; FIORE, 1967)[5]

Entre os ocidentais e nós, não existe tanta diferença com relação à sensibilidade diante das mudanças quanto há com relação ao tempo, a angústia do tempo linear que avança em direção à morte. É verdade que cada um de nós tem a morte como futuro, mas não é nosso papel mudar os sinais, deixar a morte para trás, revestir com ela nossos antepassados e marchar a passos largos rumo a um futuro no qual a criação seja possível, no qual a renovação do mundo justifique a vida? O Ocidente moderno é caracterizado por um fascínio pela morte disfarçado de fascínio pelo futuro, liberando assim as energias criativas. Mas os muçulmanos modernos, encantados por uma dor subterrânea inexplicável, preferem morrer antes mesmo de viver, nem que seja por algumas décadas. A diferença entre nós e o Ocidente reside no modo como consumimos a morte, o passado. Os ocidentais consomem o passado como um hobby, um passatempo, para descansar do estresse do presente. Nós ficamos obstinados em torná-lo uma profissão, uma vocação e um horizonte. À força de invocar os ancestrais o tempo todo, vivemos o presente como um interlúdio pouco convidativo, no limite, um contratempo infeliz.

Al-Jabri explica, com tato e gentileza, que nossa busca doentia pelo passado nos impede de lê-lo. Segundo ele, somos incapazes de LER ESSE PASSADO, que cantamos como uma litania mágica, porque estamos preocupados demais em sobrepor essas páginas por nossas observações atuais. “O leitor árabe contemporâneo sofre de uma inadequação ao tempo, o tempo nos escapa. Para garantir que

5 — Quem é você?
— Eu, eu não sei bem, senhor, quem sou agora, pelo menos eu sabia quem era quando acordei nesta manhã, mas, desde então, acho que já me transformei bastante.

existimos, escapamos na direção de soluções mágicas para vários problemas [...]" (AL-JABRI, 1980: 22). O desaparecimento de si no passado é um dos principais comportamentos mágicos. Apesar de nossos grandes discursos sobre a tradição, o patrimônio e a história dos ancestrais, somos incapazes de lê-los, de decifrá-los. Para ler o texto antigo, diz Al-Jabri, é preciso estar enraizado no presente. Um movimento de distanciamento é necessário em relação ao texto para decodificá-lo, dar-lhe um sentido. É preciso que o leitor separe seu próprio tempo, o presente, do tempo do texto, senão "projetamos nossos problemas no texto ancestral, e essa projeção impede a leitura" (ibidem).

Está na hora de definir o que entendo por "nós, os muçulmanos".

O "nós" não se refere ao Islã como escolha individual ou opção pessoal. Defino o fato de ser muçulmano como o fato de pertencer a um Estado teocrático. O que o indivíduo pensa é secundário para essa definição. O fato de ser marxista, maoista ou ateu não o impede em nada de obedecer à lei nacional, aquela do Estado teocrático e dos tribunais que definem os crimes e realizam as prisões. Ser muçulmano é um estado civil, um documento nacional, um passaporte, um código familiar, um código preciso das liberdades públicas. Creio que a confusão entre o Islã como crença, como escolha pessoal, e o Islã como lei, como religião estatal, foi responsável, em grande parte, pelo fracasso dos movimentos marxistas e da esquerda em geral nos países muçulmanos.

Voltando àqueles que leem nos textos do século VII a necessidade de privar metade da população muçulmana, as mulheres, do exercício de seus direitos políticos, precisamos compreender por que, segundo eles, o problema do tempo está ligado ao problema da democracia, do exercício das liberdades públicas por todos os cidadãos, seja qual for seu gênero. Como, de um lado, o "mal do presente" e, do outro, a recusa da democracia se combinam, conjugando-se com a questão de gênero. Como três conceitos normalmente considerados independentes — a relação com o tempo, a relação com o poder e a relação com o feminino — se articulam enquanto discurso sobre identidade e, sobretudo, como a crise de identidade que está presente em todos, homens e mulheres cidadãos de uma zona culturalmente invadida, é traduzida como um problema unicamente masculino por outros autores obcecados com o passado. Talvez assim possamos entender o que leva Al-Afghani e os outros sábios a pegar a pena e produzir livros sobre a necessidade de excluir as mulheres da política, como condição de salvaguarda da identidade muçulmana.

O problema que se apresentou para os Estados muçulmanos, depois de quase desaparecerem durante o período colonial, foi verem-se feminizados, de certa forma velados, obliterados, inexistentes. Era preciso, depois da independência, que o Estado teatralizasse seu renascimento. Quando foi ameaçado de morte, de ausência de poder, o Estado muçulmano foi obrigado, graças à colonização, a se redefinir e, ao fazê-lo, redefinir seu cidadão. Mas essa operação de redefinição foi feita no rio do Tempo, onde nunca nos banhamos duas vezes. A era do Estado oficialmente totalitário, baseado na opressão do déspota como princípio e fundamento, tornara-se anacrônica. Os Estados muçulmanos ressurgentes, ansiosos por serem reconhecidos pelas potências coloniais que os amputaram, entraram na cena internacional. Entusiasmados, correram pelos corredores das Nações Unidas para assinar a Declaração Universal dos Direitos Humanos e reivindicar o respeito às liberdades fundamentais como princípio e espírito das Constituições. Redefinindo-se diante dos antigos colonizadores, foram obrigados a conceder a nova cidadania a todos os seus cidadãos, homens e mulheres. Mas desse modo, o próprio Estado muçulmano, preocupado com seu renascimento, minou a hierarquia entre os gêneros e destruiu a escala de valores que constituíam a identidade masculina. Não havia mais homens entre os muçulmanos depois da independência, havia apenas cidadãos assexuados, pelo menos no que dizia respeito ao Estado e à sua lei.

A metamorfose da mulher muçulmana, de objeto velado, oculto, marginalizado e reduzido à inércia a sujeito de direito constitucional, apagou os limites definidores da hierarquia de identidade que organizava o político e as relações entre os gêneros. Nossa identidade tradicional mal reconhecia o indivíduo, abominado por ela como uma perturbação da harmonia coletiva. No Islã, a noção de indivíduo em estado de natureza, no sentido filosófico do termo, é inexistente (OUMLIL, 1985: 31SS). A sociedade tradicional produziu muçulmanos, literalmente "submetidos" à vontade do grupo. A individualidade num sistema como esse é desencorajada, toda iniciativa privada é *bid'a*, inovação, e constitui necessariamente um erro. A sociedade tradicional tentou frear o desenvolvimento da personalidade num estágio que não ameaçasse a autoridade do chefe, um esboço de indivíduo que não tivesse acesso à autonomia (identificada com a rebelião). Oumlil ilustra isso habilmente jogando uma luz, por meio dos debates no Egito entre os partidos políticos e o novo Estado, sobre conceitos tão fundamentais para a democracia moderna como *iradat al-chaab* (vontade do povo), ou *al-sulta al-tachriia* (poder legislativo). Desde o início, os movimentos fundamentalistas contestaram e negaram, logicamente, o povo como origem da decisão política ou do poder legislativo, já que somente Deus é responsável por essa decisão. Sua vontade é lei, e Ele a revelou de uma vez por todas (ibid.: 151). O que nos leva à seguinte conclusão: não são os fundamentalistas que são absurdos na cena contemporânea, mas a esquerda muçulmana, que acreditou que poderia existir sem considerar a questão fundamental do secularismo, isto é, a transferência do poder do sagrado para o humano, a metamorfose de um divino transcendente em indivíduo banal que vive o dia a dia. E o aumento de panfletos sobre os direitos políticos das mulheres é uma dimensão chave desse grande debate, porque nos possibilita falar sobre isso sem nomear o que está em jogo. O problema da mulher permite abordar as metamorfoses cósmicas do poder sem nomeá-las. Assim, como símbolo dos exilados, dos mascarados e dos velados, ela ocupa um lugar central nos debates do cenário político.

A entronização da mulher, daquela que encarnava o próprio princípio da desigualdade, o elemento constitutivo da hierarquia, a letra *alif*, o início do ser que só existe em relações de submissão à autoridade, obrigou o muçulmano a enfrentar, em algumas décadas, aquilo que os ocidentais levaram séculos para digerir (e que ainda hoje digerem com dificuldade): democracia e igualdade de gênero. Questionar as desigualdades sociais, políticas e sexuais ao mesmo tempo é o suficiente para perder a cabeça.

Imagine o efeito de uma frase tão anódina quanto "todos os seres humanos nascem livres e iguais em dignidade e direitos" (artigo primeiro da Declaração Universal dos Direitos Humanos) nas sociedades em que a desigualdade entre os gêneros reproduzia, garantia e conduzia à desigualdade política, afirmando-a como fundamento do ser cultural, como identidade! Sobretudo se a comparamos com o artigo primeiro do Código do Estatuto Pessoal Marroquino, de 1957, que legisla sobre as relações familiares, por exemplo: "O casamento é um contrato legal pelo qual um homem e uma mulher se unem visando a uma vida conjugal comum e duradoura [...] que tem como objetivo a vida [...] na fidelidade, a pureza e o desejo de procriação pela fecundação, sobre bases estáveis e *sob o comando do marido* [...]". A questão da igualdade entre os gêneros e os debates suscitados por ela desde os anos 1880, com a publicação do livro de Qassim Amin, *De la libération de la femme*, devem ser compreendidos como o grito trágico de indivíduos que foram lançados ao mesmo tempo na cidadania que apaga as hierarquias e no tempo tecnológico que apaga as fronteiras nacionais. O acesso das mulheres enquanto cidadãs à educação e ao salário pode ser considerado uma das transformações mais fundamentais que nossas sociedades viveram no século XX. Ocupando lugares até então considerados domínio do homem e privilégio da masculinidade, a escola e o local de trabalho, a mulher passava a questionar tudo, tanto na vida privada como na vida pública.

A volta ao passado e à tradição que os homens reivindicam é um meio de recolocar as coisas "em ordem". Uma ordem que não agrada mais a todo mundo, especialmente às mulheres que nunca a aceitaram. A "volta" ao véu convida as mulheres, que deixaram o lugar "delas" (o *delas* se refere ao lugar que lhe foi designado), a abandonar os novos territórios conquistados. E esse lugar onde se quer confiná-las de novo seria periférico e sobretudo subalterno segundo o Islã ideal, o de Muhammad, o Profeta que pregava exatamente o contrário, em 610, uma linguagem tão revolucionária que a aristocracia o mandou para o exílio.

A viagem no tempo se impõe, portanto, não porque a peregrinação a Meca seja um dever, mas porque a análise do passado, não mais como mito ou como refúgio, é necessária e vital.

II.
O PROFETA E OS *HADITHS*

Como um árabe etnocêntrico, que não conhecia nenhuma língua estrangeira e viajara muito pouco (alguns passeios para o norte, até a Síria, durante a juventude), pôde transformar o mundo com uma mensagem (o Alcorão) que deu e ainda dá sentido à vida de pessoas pertencentes a culturas tão diferentes? Da China (cerca de 20 milhões nas províncias de Gansu e Yunnan, principalmente) ao Senegal, passando pela região da Rússia (bacia do Volga, Sibéria, Cazaquistão, Uzbequistão, Turcomenistão, Quirguistão, Crimeia) e da Índia (vale do Indo, planícies do Ganges, Bengala, Deccan)? O fato de que esse homem teve sucesso na vida, tanto privada como pública, tem um significado para além do anedótico?

O Islã é a saga de um homem feliz, que sonhou com um mundo diferente na juventude e realizou todos os seus sonhos na maturidade e numa velhice vigorosa, recheada de sucessos com as mulheres e de triunfos militares, dobrando com sua vontade seus inimigos mais recalcitrantes. A primeira vez que a *Lalla* Faqiha (nossa professora na escola corânica) nos falou de Cristo e do cristianismo, terminou sua lição resmungando: "Uma vida bem triste essa do *Massih* [Cristo]. Sim, bem triste, ele perdeu tudo, até a vida, diferente do nosso Profeta, que continuou lutando até a vitória final". Muhammad nasceu em Meca por volta do ano 570. Meca, mesmo importante como centro comercial florescente, não tinha nenhuma ilusão sobre seu poder. Comparados aos romanos e aos persas, os dois gigantes que dominavam a região, os árabes pareciam um povo atrasado, reduzido à condição de vassalos, quando não ocupados, ou eram simplesmente ignorados em seu deserto quando suas tribos não interferiam muito nos interesses dos grandes impérios. Os bizantinos (o Império Romano) e os sassânidas (o Império Persa), que continuamente travavam guerras entre si para controlar as rotas do grande comércio internacional que cruzavam a Arábia, entre outros lugares, criaram cada um, entre as grandes tribos árabes, Estados vassalos que defendiam seus interesses e se empenhavam em propagar sua influência e suas religiões. Esses reinos não hesitavam em guerrear entre si e se destruir se fosse necessário ou seus chefes estrangeiros o exigissem. Foi assim que, em 580 (Muhammad tinha dez anos), o reino árabe gassânida, vassalo do Império Romano, entrou em guerra contra o reino dos lacmidas, vassalo dos persas, e queimou sua capital, Hira, situada no deserto iraquiano.

Quarenta e oito anos depois, em 628, com quase sessenta anos, Muhammad, que pregava o Islã há vinte anos apenas, prometendo a conquista dos impérios romano e persa aos árabes que se convertessem à sua religião, enviou duas cartas a seus comandantes: uma para Heráclio, o imperador bizantino, e outra para o imperador persa, instando-os a se tornarem muçulmanos. Este último, que desprezava as tribos árabes, ficou tão ofendido que escreveu a seu governador no Iêmen, de acordo com as fontes árabes, nesses termos:

> Esse árabe que apareceu no Hijaz me enviou uma carta inconveniente. Mande dois homens inteligentes para trazê-lo acorrentado até mim, para que eu avalie o que será preciso fazer com ele. Se ele se recusar a vir depois que lhe comunicarem a ordem, vá encontrá-lo com um exército e traga-me a cabeça dele. (AL-TABARI, 1980: 251)

Dezesseis anos depois, o Irã seria conquistado e islamizado para sempre.

Para além de sua dimensão espiritual, o Islã foi, antes de tudo, essa promessa de poder, de unidade e de triunfo para um povo marginalizado, dividido e ocupado que gastava suas energias em guerras intestinas. O Islã ideal, que os fundamentalistas reivindicam hoje como solução para os problemas econômicos e para as derrotas militares, guarda na memória essa trajetória, difícil de acreditar, de um jovem mecano que se declarou profeta aos quarenta anos e realizou, antes de morrer, em 22 anos de pregações entrecortadas por expedições militares, os sonhos que pareciam impossíveis para seus contemporâneos: a união dos árabes por meio de uma crença (e não pela ligação a um mesmo ancestral, que é a base do sistema tribal) e sua aparição na cena internacional como uma potência mundial. A religião do profeta de Meca não era, no entanto, complicada. Os cinco deveres, ou pilares (arcanos), que os muçulmanos deviam (e devem até hoje) cumprir, giravam todos em torno de uma mesma ideia: submeter o comportamento diário do indivíduo a uma disciplina estrita, pois o Islã é antes de tudo uma religião bem terrena, enraizada nos atos mais banais da vida, como se lavar, comer etc., mas que permite também se situar constantemente no cosmos. A *chahada* é o primeiro dever: uma profissão de fé que consiste em reconhecer que não há Deus senão Deus, e Muhammad é seu profeta. A *salat*, a oração realizada cinco vezes por dia, é o segundo, um exercício extremamente rápido de meditação intensa. Devemos, onde quer que estivermos — em casa, no trabalho, na estrada —, interromper a atividade do momento, virar para Meca e tentar, por uma disciplina de concentração, transcender os problemas cotidianos e nos colocar em contato com o divino, tudo em pouquíssimo tempo. A primeira oração começa no nascer do sol; a segunda, quando o sol está no meio do céu; a terceira, quando ele começa a baixar; a quarta, no pôr do sol; e a última, quando a noite se instala. Jejuar no mês do Ramadã, do nascer ao pôr do sol, é o terceiro dever. Fazer caridade, a *zakat*, é o quarto. Por fim, a peregrinação a Meca, para aqueles que podem, é o quinto dever.

Meca era uma das cidades mais importantes da Arábia na época de Muhammad, um modesto habitante dedicado ao comércio, que se casou jovem e vivia entre os seus, o clã dos Banu Hachim, um dos mais estimados da tribo de Coraixe (literalmente "os tubarões"). Essa cidade se impôs como indispensável para a segurança das rotas do grande comércio internacional florescente nessa parte do mundo, pois ficava no cruzamento entre dois eixos-chave, de leste para oeste (da África à Ásia) e do sul para o norte (do Golfo Pérsico para a Europa). Muhammad, por seu pertencimento ao clã, estava destinado a ser comerciante; encontrou emprego com uma mulher de negócios, Khadija bint Khuwaylid, uma viúva que, como ele, pertencia à tribo de Coraixe e que havia herdado uma enorme fortuna do falecido marido. Muhammad impressionou rapidamente os mecanos com sua probidade e sua honestidade, a ponto de ganhar o apelido de Al-Amin (O Seguro). Quando voltou da Síria, Khadija ficou tão contente com a colaboração do rapaz e tão surpresa com sua retidão (que aparentemente devia ser bem rara) que lhe propôs casamento. Ele aceitou. Ele tinha vinte e cinco anos, segundo as tradições, e ela já tinha passado dos quarenta. Para ele, era seu primeiro casamento. Ela já tivera outros maridos. Deu-lhe quatro filhas e três filhos, mas os últimos morreram ainda crianças. Mesmo que não pudesse saber que o homem com quem tinha se casado seria quinze anos depois o profeta de uma nova religião, Khadija estava convencida de que ele não era um marido banal e tinha total confiança nele. Descontente com os costumes que o cercavam, ele ia todo ano, como todos os homens devotos de Meca, ao monte Hira', para ali se recolher e fazer um retiro espiritual. Gozava de ótima reputação entre os seus: "Todos os habitantes de Meca concordavam em reconhecer sua influência e sua retidão [...] Qualquer um que tivesse um depósito a fazer trazia-o até ele, e todos aqueles que tinham um litígio comum vinham submetê-lo a seu juízo" (ibid.: 61). Mas ele só recebeu sua missão profética depois: "Quando Muhammad fez quarenta anos, Deus enviou Gabriel até ele, para trazer-lhe uma visão" (ibid.: 65).

A primeira revelação que Deus lhe enviou, por meio de seu anjo Gabriel, foi o versículo 1 da sura 96, "*Iqra!*" (Leia!). O Islã começou, portanto, com uma ordem para ler, para se informar. O ano era 610. As primeiras revelações foram angustiantes; ele as descrevia para Khadija, aterrorizado pelas vozes que ouvia. Duvidou de si mesmo: "Ó, Khadija, tenho medo de ficar louco" (ibidem). Ela o tranquilizava, reconfortando-o e convencendo-o de que o que acontecia com ele era maravilhoso e único. Ele era o Profeta escolhido, aquele que daria aos árabes o que lhes faltava: o Livro revelado, base do prestígio dos judeus e dos cristãos, as duas religiões que tinham conseguido se implantar na Arábia apesar do vigor do politeísmo. Khadija celebrou o acontecimento convertendo-se à nova religião do marido, tornando-se a primeira adepta do Islã. A nova religião transformou a Meca politeísta, que abrigava em seu templo — o santuário da Caaba — cerca de trezentos ídolos. Os mecanos achavam absurda a ideia do Deus único que Muhammad passou a pregar publicamente, depois de atuar clandestinamente durante três anos. Ele teve que lutar para impor seu culto no único lugar digno dele: o santuário da Caaba, respeitado por toda a Arábia e onde acontecia a cada ano uma peregrinação grandiosa, atraindo viajantes de toda a região.

Passada a surpresa dos primeiros versículos, Muhammad habituou-se ao ritmo imprevisto e misterioso das revelações. Durante vinte e dois anos, esperou esses momentos privilegiados em que era tocado pela graça divina, os momentos da *wahi* (revelação), chamadas também de *tanzil* (descida), os dois termos se referindo ao movimento fluido de um saber que vem do céu e inunda a terra, por intermédio do *Rasul*, o Mensageiro árabe. Pois, esse é o milagre, Deus falou com Muhammad em sua língua natal, o árabe: um *Quran 'arabi* (Alcorão em língua árabe). Apenas os judeus e os cristãos haviam tido essa honra e esse privilégio. Muhammad recebeu a última revelação nove dias antes de sua morte, em 8 de junho de 632 (AL-NISABURI, 1978: 7).

O Profeta recebia a mensagem de Deus oralmente e a transmitia da mesma forma. Ele não controlava nem o momento das revelações nem sua extensão. As suras (capítulos) eram compostas cada uma de várias *ayat* (versículos), maiores ou menores: "O ritmo das revelações variava de dois a cinco versículos a cada vez, às vezes mais, às vezes menos" (IBN DIAMA, 1984: 52). Ele não sabia que um capítulo estava terminado até receber a ordem de dizer *Bismillah al-Rahman al-Rahim* (Em nome de Deus, o Clemente, o

Misericordioso) (ibid.: 9). A ordem em que as suras foram reveladas ao Profeta é diferente da que ordena sua classificação no texto que hoje temos em mãos. A ordem das revelações respondia a necessidades conjunturais: as suras reveladas em Meca expunham o dogma e os deveres do muçulmano. As suras reveladas depois, em Medina, respondiam aos problemas que o Profeta enfrentava e às perguntas que faziam os primeiros muçulmanos. Quanto à classificação que aparece no Alcorão como texto escrito, ela responde, segundo os especialistas, a uma necessidade mais educativa: as primeiras suras são aquelas em que figuram as disposições principais do Islã relativas ao casamento, à herança etc.[6] Pode-se dizer que foi em Medina que o Islã nasceu enquanto charia, a lei social de origem divina. O Profeta exilou-se ali em 622, data-chave pois marca o primeiro ano do calendário muçulmano.[7] Os mecanos, entre eles os seguidores que migraram com ele, passaram a ser chamados de Muhajirun (emigrantes) — o mesmo termo que usamos hoje para designar os trabalhadores imigrantes do norte da África que vão para a França e o resto da Europa. Os novos seguidores, recrutados entre as tribos de Medina, começaram a ser chamados de Ansar (auxiliares, apoiadores). Em 622, o Profeta chegou a Medina clandestinamente. Os mecanos o procuravam para matá-lo: ele tinha insultado seus deuses e, principalmente, suas deusas, Al-Uzza, Al-Lat e Manat, aquelas de quem gostavam mais. Quando seu tio Abu Talib ainda era vivo, Muhammad foi tão pressionado que proferiu um versículo corânico em que essas divindades eram mencionadas e seu poder era reconhecido. Mas o Profeta repudiou esse

6 Ver a introdução de Abd al-Qadir Ahmad Ata ao livro de Al-Suyuti (1978: 25ss) e, no texto do próprio Al-Suyuti, ver a partir da página 69. Al-Suyuti morreu no ano 849 da Hégira, no século XV. Ver também Al-Nisaburi (1978: 2).

7 Não se encontra equivalência entre o calendário muçulmano e o calendário cristão somando a diferença, isto é, 622, pois o mês do calendário muçulmano é lunar, portanto, mais curto que o calendário cristão. O ano de 1986 corresponde ao ano 1406-1407 da Hégira. Cada ano do calendário muçulmano ganha alguns dias. A cada século ele ganha três anos na frente do calendário cristão. Ver Hodgson (1974: v.1-52).

versículo como satânico e, mesmo que o nome das deusas permaneça no Alcorão, a parte do versículo que reconhecia sua qualidade divina foi truncada e suprimida, marcando a ruptura com Meca.[8]

Dois acontecimentos precipitaram essa ruptura: a morte de seu tio Abu Talib e a morte de sua esposa Khadija. Abu Talib gozava de um grande prestígio no seio da tribo de Coraixe, enquanto chefe do clã dos Banu Hachim. Durante dez anos, os mecanos toleraram os ataques do Profeta a seus cultos. Mas a morte de Abu Talib, por volta do ano 619, fez com que ele perdesse seu principal apoio e a garantia da proteção tribal. No mesmo ano, Muhammad perdeu Khadija, sua companheira e seguidora. Aflito e emocionalmente debilitado pela perda de seus entes queridos, Muhammad decidiu deixar Meca, cidade hostil e cada dia mais perigosa para sua segurança. Começou a pensar em ir embora, mas para onde? Um indivíduo não podia circular pela Arábia sem antes fazer firmes negociações para garantir alguma proteção, de acordo com o código das lealdades tribais. Ele começou a "se oferecer para as tribos": "A cada ano, na época da peregrinação, o Profeta abordava os árabes vindos de todos os lados e lhes apresentava sua religião. Esperava que alguém acreditasse nele para levá-lo até a sua tribo [...], livrando-o, assim, dos habitantes de Meca" (IBN HICHAM, s.d.: v.II-6; AL-TABARI, 1979: v.II-231). Mas ninguém queria dar asilo a um homem que havia desagradado Meca.

Ele tomou a iniciativa de ir para Taif, cidade que, como Medina, não era muito distante de Meca, para negociar seu exílio. Os habitantes de Taif o expulsaram (IBN HICHAM, s.d.: v.II-60; AL-TABARI, 1979: v.II-229). Assim, voltou para Meca e continuou a aproveitar a época da peregrinação para procurar uma cidade que lhe desse asilo. Foi nessas circunstâncias que entrou em contato pela primeira vez com seis peregrinos da cidade de Medina. Recitou

8 Trata-se dos versículos 19 e 20 da sura 53 ["A Estrela"]. Sobre o comentário de que eram versos satânicos e foram suprimidos, ver Al-Tabari (1979: v.II-226). Ver também o excelente resumo de Watt (1953: 103ss).

para eles alguns versículos do Alcorão e se ofereceu para pregar na sua cidade (IBN HICHAM, s.d.: V.II-70). Os seis medinenses "eram pessoas conhecidas, mas de classe média, nem muito ilustres, nem de condição inferior" (AL-TABARI, 1980: 104), e explicaram que não eram habilitados para tomar uma decisão tão importante. Seria necessário ter o consentimento dos chefes dos clãs, expondo a situação tensa que a comunidade vivia: "Somos uma comunidade destruída por dissensões e conflitos [...] Precisamos contar seu caso para os outros, quando voltarmos para Medina [...]" (IBN HICHAM, s.d.: V.II-71). "No ano seguinte, vieram doze para contatá-lo e jurar lealdade [...] No outro ano, 72 medinenses foram à peregrinação, e representavam desta vez os principais clãs das tribos Aws e Khazraj" (IBN HICHAM, s.d.: V.II-83; AL-TABARI, 1979: V.II-237). Era o início da grande aventura medinense.

A comunidade de Medina tornou-se a primeira comunidade muçulmana e representou para as gerações seguintes o modelo a seguir e a experiência a imitar, pois era comandada por Muhammad, ao mesmo tempo chefe político, militar e *hakam* (juiz), legislador inspirado pelo próprio Deus. É Deus quem responde por meio dos *ayat* (versículos) às perguntas dos novos convertidos que pedem explicações sobre o modo de ser muçulmano (AL-SUYUTI, 1983: 69).

O problema dos *hadiths* surgiu depois da morte do Profeta. Durante o período medinense, a comunidade vivia um Islã ideal, em que Deus e seu Profeta podiam ser consultados a qualquer momento, o primeiro por meio do segundo. (É essa década que atualmente é reivindicada como o momento-chave que contém os princípios orientadores do planejamento das relações econômicas e sociais nas sociedades muçulmanas modernas.) Mas depois da morte do Profeta em 632, dez anos depois da Hégira (a imigração para Medina), surgiu a questão da sucessão: era preciso substituir o Profeta tanto em suas funções políticas como legislativas. Para resolver o problema político, os especialistas muçulmanos desenvolveram a teoria política da natureza do *khalifa*: quais são as qualidades necessárias para se tornar califa, sucessor do Profeta em sua função de chefe de Estado muçulmano, e quais os termos de sua designação pela comunidade? Aparece, então, toda uma literatura, com seus especialistas, suas escolas, suas teorias... O Islã enquanto teoria política é de uma sofisticação extraordinária (nem dá para imaginar quando se vê o que acontece na prática contemporânea!). Para resolver o segundo problema, o da charia, a Lei sagrada que encarna, representa e expressa a vontade divina, os especialistas elaboraram uma ciência religiosa, o *fiqh*. Trata-se de, por um lado, cuidar do controle da interpretação do Alcorão, o texto revelado, e, por outro, estabelecer a Sunna (Tradição) do Profeta, registrando por escrito os *hadiths*, tudo o que o Profeta disse para iluminar o caminho do Islã.

Escolher o líder político justo e não se enganar sobre o sentido da interpretação da charia tirada do Alcorão e da Sunna são os dois eixos que animam, pelo menos oficialmente, toda a história do Islã. Eles justificam as guerras e a paz. São invocados para explicar as glórias e os declínios. E, finalmente, constituem a parte mais importante das aspirações de nossos contemporâneos que reivindicam a volta ao Islã como meio de resolver os problemas políticos e econômicos que dividem a sociedade muçulmana moderna. Khomeini assumiu o poder no Irã em nome desses dois motivos eternos: garantir a justiça social por meio da escolha do chefe de Estado, inspirado pela charia, para liderar e gerir a sociedade. (Ele escolheu a si mesmo, só isso!)

Para compreender o lugar da escrita, do texto sagrado e de sua manipulação na cena política de ontem e de hoje, devemos voltar aos acontecimentos ocorridos nos dias que se seguiram à morte do Profeta e, em particular, à nomeação de seu primeiro sucessor e dos três seguintes, os únicos considerados ortodoxos. Qualquer reivindicação atual de um retorno ao Islã refere-se a esses momentos fatídicos. Os conceitos políticos que os movimentos islâmicos propõem hoje como conceitos-chave que garantem a democracia se referem aos processos de indicação dos quatro califas ortodoxos. Como foi indicado o primeiro califa?

MORTE DO PROFETA: DISSENSÕES POLÍTICAS E NASCIMENTO DO *HADITH*

Quando morreu, o Profeta não tinha herdeiro do sexo masculino. Ibrahim, o último filho que teve com Maria (além dos que teve com Khadija), também morreu criança. No entanto, em seu círculo mais próximo, quatro homens desempenhavam um papel importante. Em primeiro lugar, Ali, seu genro e primo de primeiro grau, que tinha com Muhammad uma relação afetiva privilegiada. Este praticamente o adotara quando o pai de Ali, Abu Talib, atravessou uma crise financeira muito séria. O jovem pedira a seu pai que fosse confiado a Muhammad, e, quando este se descobriu profeta e recebeu suas primeiras revelações, Ali se tornou o primeiro homem a se converter (a primeira pessoa foi sua mulher Khadija). Ele não tinha mais do que dez anos (IBN HICHAM, s.d.: v.1-262). Depois, se casou com Fatima, a filha mais velha do Profeta, seguiu-o em seu exílio em Medina e se tornou seu braço direito na direção dos assuntos comunitários. Após a morte do Profeta, foi por meio dos descendentes de Ali que a linhagem continuou.

O segundo homem muito próximo do Profeta era Uthman ibn Affan, que também esteve entre os primeiros convertidos e se casou, como Ali, com uma das filhas do Profeta, Ruqaya. Uthman ibn Affan era descendente de um ramo paralelo e rival dos Banu Hachim, o clã dos omíadas, que compartilha com os coraixitas um ancestral comum, Abd Manaf. Os outros dois homens bastante próximos a Muhammad, que também faziam parte da tribo de Coraixe, eram Abu Bakr al-Siddiq e Omar ibn al-Khattab. Eles tinham com o Profeta relações de aliança, porque eram seus sogros. Abu Bakr era pai de sua mulher Aicha, e Omar, o pai de sua mulher Hafsa. (Quando morreu, o Profeta deixou nove esposas.) O lugar privilegiado que esses dois homens ocupavam junto a ele devia-se a um elemento considerado secundário pela tradição aristocrática da Arábia pré-islâmica: afinidade psicológica, uma grande amizade. Abu Bakr, homem culto, muito ponderado e sensível, interessava-se por história, principalmente pelos relatos genealógicos. Omar, por sua vez, era um homem esportivo, fogoso, violento e arrebatado, mas também altivo, orgulhoso, exigente, estrito e de uma retidão que beirava a rigidez.

Se, em vez de resistir às pressões que faziam sobre ele para indicar um sucessor de seu clã — Ali, no caso —, Muhammad tivesse aceitado reproduzir o sistema tribal, o Islã teria sido percebido desde o início como um "negócio de família" tribal, segundo a tradição pré-islâmica.

Muhammad morreu tranquilamente em casa de uma doença benigna, com uma idade respeitável. Ele, que previu e planejou expedições políticas, não podia não prever os problemas de sua sucessão: suas preferências eram claramente Abu Bakr e Omar, que se tornaram respectivamente o primeiro (por dois anos, 632-634) e o segundo (por dez anos, de 634 a 644) califas ortodoxos. O assassinato de Uthman, o terceiro califa, lançou a comunidade na primeira *fitna* (guerra civil). Ali, indicado como quarto califa em plena guerra civil, nunca exerceu verdadeiramente o poder, uma vez que a era da desordem começara. Foi contra ele que Aicha lutou na batalha do Camelo no ano 36 da Hégira (ano 658 do calendário cristão). Ali também foi assassinado por opositores políticos. Essa primeira *fitna* que se estendeu por todo o reinado de Ali (entre 656 e 661) marcou para sempre a memória muçulmana.

Foi, entre outras coisas, para se proteger contra o terror e a violência política que os muçulmanos se dedicaram a essa busca sistemática de *hadiths*: o que diz o Profeta no caso de guerra civil? Como o muçulmano deve se comportar nesse caso? Como escolher o verdadeiro merecedor entre vários pretendentes ao califado? Deve-se aceitar um califa injusto desde que garanta a paz, ou deve-se combatê-lo, mesmo que isso signifique lançar a sociedade numa guerra civil? Os assassinos do presidente egípcio Anwar al-Sadat buscaram muitos de seus argumentos e modelos nos eventos e *hadiths* desse período.[9]

9 Ver o excelente estudo de Saad al-Din Ibrahim (1980: 423-453), que teve uma parte publicada em inglês.

Quando acontece uma crise, o *hadith* emerge como uma arma política formidável.

Podemos chamar de *hadith*, nesse sentido, toda informação "pertinente" (com relação ao que se quer justificar) atribuída ao Profeta. Trata-se do que foi escrito, em compêndios, sobre tudo o que ele supostamente disse ou fez. Suas opiniões, suas reações aos fatos, o modo como ele justificava suas decisões deveriam todos ser registrados para que fosse possível se referir a eles depois, para distinguir o justo do injusto, fosse em matéria de prática do poder ou de outra coisa. Como agir contra o califa injusto? Encontraremos a resposta no Alcorão e na coletânea de *hadiths* que estabeleceu a Sunna do Profeta, sua tradição. Quais são os deveres do marido para com sua mulher, ou mulheres? Como fazer as abluções? Qual é o status do filho natural? Os compêndios de *hadiths* são, na verdade, verdadeiros afrescos da vida cotidiana do século VII, afrescos vívidos, extremamente variados, porque temos direito a várias versões do mesmo fato. Enfim, encontram-se ali, lado a lado, assuntos tão diversos como "o modo de fazer suas abluções", "como se comportar na noite de núpcias" ou "o que é preciso fazer em caso de guerra civil".

O trabalho de quem tinha como tarefa transcrever o *hadith* exigia necessariamente o domínio do que hoje chamamos de "conversa" ou "entrevista", pois a própria palavra *hadith* vem do verbo *haddatha*, "contar" ou simplesmente "dizer". Cada geração de especialistas devia recolher pessoalmente os testemunhos daqueles que ouviram o *hadith* proferido diretamente pelo Profeta (a geração dos discípulos) ou então recolher testemunhos indiretos junto à primeira geração que se seguiu aos *al-tabiun* (literalmente, os seguintes), ou ainda junto à segunda geração que veio depois dos primeiros discípulos, os *tabii al-tabiin* (os seguintes dos seguintes). Aquele que registra o *hadith* oralmente e o anota em um compêndio escrito tem vários problemas metodológicos para resolver: não deve apenas registrar tão fielmente quanto possível o próprio *hadith*, mas também estabelecer seu *isnad*, isto é, a cadeia de transmissão que o propagou desde a fonte inicial, podendo esta ser um discípulo contemporâneo do Profeta que o ouviu dizer determinado comentário ou o viu agir de certa forma. Este discípulo pode ser um homem ou uma mulher, um nobre ou um escravizado, o importante é sua proximidade, o lugar que ocupava junto ao Profeta, suas qualidades pessoais e, principalmente, sua reputação de ter uma boa memória e de não falar qualquer coisa. Daí a importância do círculo próximo do Profeta, suas mulheres, seus secretários e seus parentes enquanto fontes de *hadiths*.

Essa ciência consiste não apenas em disponibilizar o conteúdo do *hadith* ao leitor crente, mas também em fornecer-lhe informações sobre os narradores. A regra da *isnad* impõe, portanto, a necessidade de fornecer a biografia do transmissor. O leitor fiel tem o direito de receber toda informação pertinente sobre a fonte do *hadith* ou sua cadeia de transmissão, para que possa julgar se são dignos ou não de fé. O Islã era, pelo menos durante os primeiros séculos, a religião do indivíduo de bom senso, responsável, capaz de distinguir o falso do verdadeiro se fosse bem munido de instrumentos científicos, no caso, os compêndios de *hadiths*. O fato de termos, ao longo dos séculos, acompanhado o fiel que critica e julga ser substituído pelo muçulmano amordaçado, censurado, obediente e grato não esvazia essa dimensão fundamental da ciência religiosa.[10]

Uma das razões para o aumento da fabricação de *hadiths* falsos, afirma Mohammed Abu Zahra em seu livro sobre o imã Malik, no capítulo intitulado "O aumento de mentiras a respeito do Profeta com os cismas e divisões nas fileiras dos *fuqaha*", é que o mundo muçulmano foi, após a morte do Profeta, dilacerado por dissensões. Sob o entusiasmo e fervor espiritual, "prepararam-se

10 Veja as comunicações das inúmeras conferências que acontecem todo ano no mundo muçulmano sobre o direito do indivíduo moderno à dúvida, à crítica e à iniciativa. Em especial, "Tahdith al-fikr al-'arabi", número especial da revista *Al-Wahda*, n. 1, outubro de 1984; e "Al-Turath wa al-amal al-siyasi", *Al-Majlis al-qawmi li al-thaqafa al-'arabia*, 1984.

as paixões e lutas ferozes pelo poder terreno, paixões que levariam a *umma* a guerras civis intermináveis e, finalmente, a divisões que dariam ao Islã as seitas que conhecemos" (ABU ZAHRA, s.d.: 146ss) A grande cisão a que ele se refere é a divisão do mundo muçulmano, durante os cinco anos da primeira *fitna*, em *sunni* de um lado (sunitas, os que seguem a Sunna, a tradição) e *chi'a* (os xiitas, partidários de Ali) do outro, depois do assassinato do quarto califa ortodoxo Ali e a tomada do poder por Muawiya.

A divisão que deu origem à grande cisão islâmica baseou-se, entre outras coisas, na atitude que se devia ter frente a um califa injusto: os sunitas aceitavam Muawiya, o sucessor de Ali, porque, segundo eles, o mais importante era pôr fim à guerra civil. Os xiitas tomaram posição oposta, opondo-se ao sucessor de Ali, porque sua nomeação se baseou num julgamento eminentemente fraudulento, cujo preço foi a guerra civil. Segundo eles, apenas Ali e seus descendentes eram dignos de comandar a comunidade muçulmana. A cisão que vai dividir o Islã em dois, cada lado com uma teoria diferente sobre política e justiça, subdividiu-se e gerou subgrupos, provocando desordem e confusão:

> O vento da discórdia soprava forte, os ódios de uns contra os outros eram violentos. Eles [os muçulmanos] insultavam-se uns aos outros de *kafir* [infiel] e de *fasiq* [aquele que comete torpezas] [...] A *umma* estava agora dividida em *chi'a* [pró-Ali] e [pró-]omíadas [...], os *chi'a* foram eles mesmos divididos em várias facções opostas [...] O resultado de tudo isso foi que muitos se desinteressaram da religião. Ela se enfraqueceu. Houve um aumento de falsos *hadiths* atribuídos ao Profeta a tal ponto que os responsáveis entre os fiéis ficaram com medo. Eles procuraram conselhos de especialistas e tentaram aliviar esta situação escrevendo os *hadiths* que eram conhecidos, seguros, autênticos [...] (Ibidem)

Para se ter uma ideia da luta implacável dos primeiros muçulmanos pela conquista do poder político, é preciso mencionar as circunstâncias do enterro do Profeta — ele que era o representante do Divino e, como tal, incontestável.

O cadáver do Profeta, morto numa segunda-feira, foi esquecido em um canto do quarto de Aicha. Ele só foi enterrado na noite da quarta-feira seguinte: "O corpo do Profeta, coberto com um manto, jazia em sua casa: com todos ocupados com a eleição [do sucessor], ninguém pensava na lavagem do corpo ou no seu enterro" (IBN HICHAM, s.d.: V.IV-314; AL-TABARI, 1980: 352). A luta pelo poder político no Islã, já iniciada, nunca acabaria.

Um breve panorama do processo de indicação dos quatro primeiros califas ortodoxos e de suas mortes, sempre violentas (com exceção do primeiro), permite-nos compreender os acontecimentos do passado e entender os debates do presente à sua luz e, principalmente, a nos familiarizar com o contexto em que os *hadiths*, falsos e verdadeiros, foram elaborados.

Três dias depois da morte do Profeta em 632 em Medina, Abu Bakr foi designado primeiro califa por uma manobra de Omar e por seu carisma, à medida que o poder escapava das mãos dos Muhajirun (emigrantes mecanos) em favor dos Ansar (os seguidores medinenses do Profeta). A competição entre os dois grupos sempre fora muito forte, terminando em conflitos abertos que o Profeta tentava acalmar. Durante uma expedição (a dos Banu Mustaliq, ano 6 da Hégira, 628 do calendário cristão), estando o exército de Muhammad dividido em dois, os Muhajirun e os Ansar "recorreram a seus sabres", criando um verdadeiro motim no qual as antigas divisões tribais assumiram o comando. Abdallah ibn Ubay, um dos chefes dos medinenses que nunca aceitaram verdadeiramente a chegada dos estrangeiros (Muhammad e seus companheiros mecanos), resumiria assim o conflito de interesses: "Nós [os medinenses] estamos sendo punidos por termos alimentado os Muhajirun e tê-los protegido; veja como eles nos recompensam! É como um cachorro que foi educado por alguém e que, quando cresce, devora aquele que o alimentou" (AL-TABARI, 1980: 234). O Profeta ficou extremamente triste com essa observação e redobrou a vigilância para se impor como um árbitro que transcendesse as lealdades tribais. Com sua morte, o conflito entre os Muhajirun e os Ansar explodiu em plena luz do dia.

Depois do anúncio da morte do Profeta, os Ansar convocaram uma reunião urgente com os principais chefes de seus clãs, numa *saqifa*, espécie de hangar que pertencia a um deles, os Banu Saida, para indicar um sucessor para Muhammad (IBN HICHAM, s.d.: V.IV-303; IBN SAAD, 1980: V.III-171). Abu Bakr e Omar ibn al-Khattab, os discípulos mais próximos do Profeta e os únicos que deveriam ser considerados como candidatos, sequer foram avisados. "Um homem entrou na mesquita e disse: 'Os Ansar se reuniram e prestaram juramento a Saad ibn Ubada'. Abu Bakr se levantou e, puxando Omar pela mão, saiu com ele" (AL-TABARI, 1980: 349). Foi assim que se viram forçados a deixar o cadáver do Profeta sem o ritual funerário e a correr para a *saqifa* dos Banu Saida, onde se decidia o futuro da comunidade muçulmana. Os Muhajirun tiveram que fazer duras negociações com os Ansar, que propunham a eleição de dois chefes: "'O mérito de vocês, Muhajirun', diziam os Ansar, 'é incontestável, mas nós queremos nomear como chefe um dos nossos, então escolham um outro entre vocês; desse modo, cada um dos dois partidos ficará satisfeito e não haverá entre nós nem discussões nem reivindicações'" (ibid.: 350).

O projeto de Muhammad, que implicava necessariamente no fim das alianças e chefias tribais, assim como sua fusão numa ideia superior, a da *umma*, comunidade em que a ligação entre os membros é espiritual, tinha caducado. Seus dois melhores amigos, companheiros e discípulos fiéis, Abu Bakr e Omar, que queriam continuar a tradição profética, eram dos Coraixe, a tribo mecana de Muhammad, mas não pertenciam a seu clã. E, entre os Ansar, nenhum discípulo ocupou o lugar de Abu Bakr e de Omar. Como se impor aos Ansar nessas condições difíceis? Abu Bakr e Omar deixaram os Ansar falar; então, num determinado momento, Omar interveio de forma tão rápida que hipnotizou o público:

> Omar, temendo que a batalha se prolongasse e se tornasse sangrenta, disse a Abu Bakr: "Levante a mão e receba nosso *baya* [juramento], pois você é um respeitável Coraixe e o mais digno". Abu Bakr replicou: "Não, é você quem deve levantar a mão e receber meu juramento". Omar segurou a mão de Abu Bakr e prestou-lhe juramento entre suas mãos. Quando a notícia se espalhou em Medina, toda a população correu e, no tumulto, Saad ibn Ubada [o candidato dos Ansar] quase foi morto e pisoteado [...] (AL-TABARI, 1979: V.III-199; 1980: 351; IBN SAAD, 1980: V.III-186)

Foi assim que o Islã começou depois da morte do Profeta: por meio de um processo em que apenas as elites estavam envolvidas e negociavam, dependendo das circunstâncias, para salvaguardar o essencial — e o essencial variava, claro, de acordo com os interesses em jogo.

Quando Abu Bakr morreu, dois anos depois, em 634, Omar foi designado seu sucessor. Mas o processo de sua indicação foi diferente, menos espetacular e ainda mais elitista. Abu Bakr foi o único dos califas ortodoxos que morreu na cama, de morte natural, depois de uma breve doença. Ele teve tempo de preparar sua sucessão. Consultou algumas personalidades influentes, em reuniões privadas, para quem pediu segredo. Ele tentou obter a opinião deles sobre a candidatura de Omar ibn al-Khattab e pediu a cada um que não "contasse a ninguém o assunto da conversa" (AL-TABARI, 1979: V.III-51). Em seguida, Abu Bakr presidiu uma assembleia de *achraf al-nas* (dirigentes, nobres) e perguntou a eles: "Vocês aceitariam aquele que eu nomear como meu sucessor?" (ibid.: V.III-192). Em seguida, anunciou que Omar era seu candidato: "Eles responderam: 'Nós ouvimos e obedecemos'" (ibid.: V.III-51). Outra versão afirma que as pessoas souberam indiretamente da intenção de Abu Bakr de designar Omar como sucessor depois de sua morte (IBN SAAD, 1980: V.III-192).

O califado de Omar durou dez anos. Sob seu reinado, os muçulmanos conquistaram o Irã e o Egito. Deve-se a ele a organização da gestão financeira do exército. Ele foi apunhalado por um escravizado estrangeiro, em plena mesquita, enquanto comandava a oração pública. Abu Lulua, o assassino, era um escravizado *ajam* (de origem não árabe), de religião cristã, e, enquanto tal, era submetido ao imposto que os estrangeiros deviam pagar. Na verdade, Omar "tinha proibido os não árabes de ficar em Medina" (MAS'UDI, 1983: 607; AL-TABARI, 1979: V.V-16). Abu Lulua, achando que pagava impostos demais, falou sobre isso com Omar, que decidiu que a cobrança era justa. Ferido, Omar foi levado para casa. Em seu leito de morte, ele tomou uma iniciativa que ficou conhecida desde então com o nome de *chura* (consulta): indicou seis dos homens mais proeminentes deles e pediu-lhes para escolher um califa para sucedê-lo (AL-TABARI, 1979: V.III-33). Al-Tabari dedica nove páginas aos relatos das tratativas que aconteceram e foram concluídas três dias depois da morte de Omar, com a indicação de um deles como sucessor: Uthman ibn Affan, que se tornou o terceiro califa ortodoxo em 644. Ele era, como os dois primeiros califas, um Muhajir mecano da tribo de Coraixe, mas de um dos clãs próximos e rivais do Profeta, o clã dos omíadas. Os omíadas e os Banu Hachim (clã do Profeta e de Ali) estavam unidos por terem o mesmo ancestral, Abd Manaf. Além disso, Uthman, que havia se casado com Ruqaya, uma das filhas do Profeta, logo percebeu a importância excepcional da mensagem do sogro e ficou do lado dele nos conflitos que o opuseram aos coraixitas. Fazia parte, portanto, do pequeno grupo de privilegiados dentre os quais foram recrutados os primeiros califas.

Mas seu califado terminou em tragédia. Onze anos após sua designação, no fim do ano 35 da Hégira (655 do calendário cristão), uma multidão de cidadãos insurgentes, achando que ele governava o país injustamente, cercou e se infiltrou em sua casa. Ele foi assassinado por um grupo de opositores enquanto lia o Alcorão (Ibid.: V.V-113SS). Com sua morte, começa o que se chamou de a primeira *fitna*, um período de instabilidade que, apesar da indicação de Ali como quarto califa ortodoxo, empurrou o país para sua primeira guerra civil.

Ali foi indicado como califa numa Medina totalmente desestabilizada em junho de 656 (Dhu al-Hijja do ano 35 da Hégira) e muitos muçulmanos pegaram em armas para contestar sua indicação. Aicha assumiu a liderança e foi com um exército de rebeldes combater Ali em Basra, um ano depois, na famosa batalha do Camelo (ibid.: V-203). Ela sofreu uma derrota esmagadora. Depois dessa batalha, foi proferido o *hadith* que pregava a derrota para aqueles que fossem liderados por uma mulher. No entanto, enfraquecido pela batalha do Camelo, Ali enfrentou outro adversário político, militarmente mais perigoso do que Aicha: Muawiya, governador da Síria, que o criticava, assim como Aicha, por não ter punido os assassinos de Uthman, o terceiro califa. Muawiya pertencia ao mesmo clã de Uthman, o dos omíadas, rival dos Banu Hachim. Se o exército de Aicha tinha apenas alguns milhares de soldados, o de Muawiya tinha mais de 85 mil homens. Mas Ali voltou do Iraque com 90 mil (MAS'UDI, 1983: V.III-649,667).

Ali e Muawiya encontraram-se na batalha de Siffin — que foi longa e mortal, pois nenhum dos dois lados conseguiu obter vantagem. Setenta mil homens foram mortos. Um julgamento ocorrido em fevereiro de 658 indicou Muawiya como califa. Não houve, no entanto, unanimidade sobre os resultados do julgamento, que foi fraudado e provocou a divisão dos muçulmanos em sunitas (os que aceitaram os resultados do julgamento, mesmo que fraudado, já que o essencial era que um chefe forte acabasse com a guerra civil) e os xiitas, que se recusaram a reconhecer Muawiya. Para eles, o único califa continuava sendo Ali, e Muawiya era um impostor. Além desses dois partidos, existia um grupo de extremistas, os carijitas, decididos a se livrar dos dois califas e a realizar o que seria o primeiro ato de terrorismo político e de assassinato de um chefe de Estado pela vontade de um pequeno grupo.

> No ano 40 da Hégira, um grupo de carijitas reunidos em Meca ocupava-se com as guerras e as discórdias que os assolavam quando três deles concordaram em matar Ali, Muawiya e Amr ibn al-As (uma

> terceira personalidade) [...] Eles juraram não abandonar a vítima escolhida por eles antes de tê-la imolado ou morrer nessa empreitada [...] A noite do dia 17 ou, segundo alguns, do dia 21 do mês do Ramadã [28 de janeiro de 661] foi escolhida para a execução do crime. (AL-TABARI, 1979: V.VI-83; MAS'UDI, 1983: 683)

Os conjurados realizaram parcialmente seu golpe. Muawiya foi apenas ferido, mas Ali sucumbiu aos ferimentos, atacado ao nascer do sol, quando se preparava para comandar a oração na mesquita... E aqui acaba a história dos primeiros califas, pois, com a chegada de Muawiya ao poder, ninguém mais acreditará no mito da escolha "ortodoxa" — hoje diríamos "democrática" — do chefe de Estado muçulmano: Muawiya nomeou, em vida, seu filho Yazid como herdeiro. O Islã, que queria evitar a aristocracia tribal, caiu num fenômeno similar, mas na escala do Império muçulmano: o fenômeno dinástico. Muawiya conservou o poder até 680, um longo reinado que lhe deu tempo para assentar as bases do Estado absolutista.

Esse resumo dos processos de indicação dos primeiros califas ortodoxos serve apenas para familiarizar o leitor com os acontecimentos históricos durante os quais a Sunna (a Tradição, os *hadiths*) do Profeta foi elaborada, e principalmente para levantar um problema que, quinze séculos depois, os muçulmanos ainda não parecem capazes de resolver: como transformar o princípio da igualdade entre todos os fiéis (seja qual for o gênero e a origem étnica ou social) numa prática política que dê a todos o direito de participar da escolha do chefe da comunidade? Esse "período de ortodoxia" — e, sobretudo, seu fim abrupto — é, ao mesmo tempo, sintoma e símbolo para compreender a violência política moderna em países muçulmanos. Durante as primeiras décadas, e antes da chegada de Muawiya ao poder, a solução adotada foi o consenso dos *ahl al-baya* (as pessoas habilitadas a fazer o juramento de fidelidade), dos *achraf* (os notáveis, aqueles que têm a confiança dos clãs e os comandam) e dos *ahl al-hall wa al-aqd* (aqueles que podem fazer o contrato e anulá-lo, que podem atar e desatar).

Podemos imaginar a importância que teve para cada grupo de interesse a busca de legitimidade por meio do texto sagrado. Tendo os acontecimentos históricos como pano de fundo, podemos agora apreciar melhor as duas tendências contraditórias que estão em desacordo na elaboração dos *hadiths*: de um lado a vontade dos homens políticos de manipular o sagrado, de outro a vontade feroz dos sábios de se oporem a isso recorrendo à elaboração do *fiqh*, verdadeira ciência religiosa, com seus conceitos e métodos de verificação e contraverificação. Al-Bukhari representa bem essas tensões: enquanto intelectual, se isolou do poder para se concentrar nas pesquisas necessárias para uma redação objetiva dos *hadiths* e, ao mesmo tempo, foi vítima das pressões do poder que lhe pedia para pôr sua ciência a serviço da política, o que ele se recusou. Al-Bukhari, nascido, como seu nome revela, em Bukhara, no ano 194 da Hégira (século IX cristão), e morto no ano 256 da Hégira (870), como todos os estudiosos de sua época, viajou pelas terras do Islã em busca dos melhores professores e das melhores universidades, parando na Síria, no Iraque, visitando o Hijaz e depois se fixando por um tempo no Egito. A duração das etapas dependia do prazer dos encontros intelectuais e da qualidade dos mestres. "Ele percorreu todos os sábios conhecidos" que eram especialistas no campo em que deveria se especializar, isto é, os *hadiths*. Quando registrados em um compêndio, os *hadiths* constituem a Sunna, o caminho de Muhammad. Apontar para o fiel, por meio dos *hadiths* (e, claro, dos comentários do Alcorão), o caminho certo seguido pelo Profeta é traçar a trajetória que leva a uma vida digna sobre a terra e ao paraíso depois da morte.

Al-Bukhari, metódico e sistemático, conseguiu entrevistar 1080 pessoas e recolher 600 mil *hadiths*. Tratava-se, acima de tudo, de não trair Muhammad, isto é, evitar fazê-lo dizer o que não disse. O trabalho consistia sobretudo em, depois de registrado o conteúdo, certificar-se de sua autenticidade. O problema de Al-Bukhari era um problema metodológico. Como verificar se um *hadith* era falso ou verdadeiro? Para ele, escrever a história do Profeta era coisa séria: "Escrevi a partir do testemunho de

1080 pessoas [...] e não coloquei no livro nenhum *hadith* antes de cumprir o ritual de purificação e fazer duas *raka* [prostrações]" (AL-'ASQALANI, 1959-1963: V.I-261; AL-BUKHARI, 1978: V.I-1-introdução). Al-Bukhari purificava-se com a oração, expressando assim a dimensão transcendente da função que ele representava e a distância que devia existir entre o estudioso e o material estudado. Para os eruditos dos primeiros séculos, a religião era uma ciência. Era preciso evitar, na medida do possível, que a subjetividade interferisse, mesmo tendo a humildade de reconhecer que ela não é totalmente controlável. Para fazer isso, era preciso apresentar o número máximo de versões, adicionar os comentários para não negligenciar nenhum ponto de vista e, principalmente, duvidar dos testemunhos e dos transmissores: "Quando sua ciência [a de Al-Bukhari] atingiu a maturidade, ele começou a distinguir o *hadith sahih* [autêntico] dos outros. Após desenvolver um conhecimento muito avançado de vários tipos de *hadiths*, dominou as técnicas para detectar seus erros [...] sua aptidão na matéria foi inegável" (AL-BUKHARI, 1978: V.I-1-introdução). Elaborado seu método de verificação, Al-Bukhari "só guardou como autênticos 7.275 *hadiths*, se excluirmos as repetições, que somam 4 mil"[11] (ibid.: 3).

A grande lição que se pode tirar da experiência de Al-Bukhari, ao lidar com o tempo que foge e a memória que falha, é que devemos pelo menos ser dignos de seu método e prestar-lhe homenagem, continuando a duvidar de todos aqueles que resolvem seus dilemas com *hadiths*. Se no tempo de Al-Bukhari, isto é, menos de duzentos anos depois da morte do Profeta, havia já 596.725 *hadiths* falsos em circulação (600.000 - 7.275 + 4.000), imagine o que acontece hoje em dia! O mais surpreendente é que a dúvida que guiava o trabalho dos fundadores da ciência religiosa hoje desapareceu.

11 Veremos mais à frente que Al-'Asqalani, em seu comentário sobre Al-Bukhari, *Fath al-bari*, elimina ainda mais repetições e reduz os *hadiths* autênticos de Al-Bukhari a menos de 2 mil.

Al-Bukhari não se contentou em verificar o que registrava: a fim de respeitar o texto sagrado, redigiu um estudo importante sobre a vida dos transmissores dos *hadiths*, *Al-Tarikh al-kabir*. O estudo sobre os transmissores (*isnad*) tornou-se uma ciência no século II da Hégira, com o triunfo dos tradicionalistas (SCHACHT, 1983: 39). Al-Bukhari ficou famoso e o poder político não demorou a demonstrar interesse nele: "Quando Al-Bukhari voltou para casa, em sua cidade natal, foram montadas tendas e a população inteira se mobilizou para recebê-lo [...] Ele ficou por um tempo [em Bukhara] e então um conflito instalou-se entre ele e o emir da cidade, e este forçou-o a se exilar [...]" (AL-'ASQALANI, 1959-1963: V.I-265). O emir, querendo, com um gesto simbólico, demonstrar para a população que controlava o *fiqh*, a ciência religiosa, pediu que Al-Bukhari fosse ao palácio ler para ele, em sessões privadas, trechos de seu *Sahih*. Eis a resposta de Al-Bukhari que lhe valeu o exílio: "'Vai', disse ao emissário do emir, 'dizer a seu mestre que eu não desprezo a ciência e me recuso a passear com ela nas antecâmaras dos sultões'" (ibidem). Nem todos os intelectuais tinham tanto orgulho de seu trabalho como Al-Bukhari. Muitos se venderam por alguns dinares aos políticos que tentavam forçar os depositários da ciência religiosa a fabricar *hadiths* que lhes convinham. Havia tantos mentirosos que tentavam pôr na boca do Profeta o que lhes convinha, disse Abu Zahra, que Qadi Iyad decidiu fazer uma classificação. Nessa listagem, a primeira categoria consistia naqueles que atribuíam ao Profeta algo que ele não dissera, e era dividida em dois grupos: aqueles que mentiam por interesse material e aqueles que mentiam por interesse ideológico (ABU ZAHRA, s.d.). A segunda categoria reuniu aqueles que não fabricaram o conteúdo do *hadith*, mas modificaram a cadeia dos transmissores: "Por exemplo, atribuindo um *hadith* fraco a um *isnad* muito autêntico, composto por personagens famosos" (ibid.: 148). Qadi Iyad acrescentou uma terceira categoria bem interessante: "Há aqueles que simplesmente mentem. O indivíduo afirma ter ouvido comentários que, na verdade, nunca entraram em seus ouvidos. Afirma ter encontrado pessoas que nunca encontrou [...]" (ibidem).

Por trás da disseminação de mentiras relativas ao que o Profeta teria dito ou feito, devemos, portanto, ter em mente as lutas pelo poder, as batalhas de interesses de uma comunidade muçulmana que enriquecia a olhos vistos, onde a mobilidade social, assim como geográfica, graças às conquistas, era muito grande. Afirmar ser próximo do Profeta ou ter recebido dele algum tipo de privilégio escondia enormes apostas econômicas e políticas. A fonte do falso *hadith*, manipulação por excelência do texto sagrado, deve ser procurada, para além das conjunturas, na própria natureza de um sistema político que nunca conseguiu transcender suas origens elitistas e avançar na reflexão sobre as modalidades pragmáticas de uma mobilização total da população para participar da escolha do chefe de Estado. Refletir sobre uma coisa tão banal hoje em dia como uma eleição, uma urna diante da qual a população se enfileirará com uma cédula para manifestar sua escolha, passou a ser visto, apesar do princípio da igualdade de todos, como um conceito estranho, importado do Ocidente. Quanto maior a população interessada e excluída, mais violentas eram as divisões no seio das elites dirigentes e mais urgente a necessidade de manipular o sagrado.

O tempo era o grande desafio dos fundadores do Islã enquanto corpus científico. Era preciso estabelecer as regras para a verificação da autenticidade dos *hadiths*. Elas iam de afirmações de princípios e axiomas metodológicos a simples técnicas de detecção de mentiras. Por exemplo, descobrir que o transmissor X deveria ter 250 anos para ter transmitido um *hadith* ao transmissor Y significava que Y tinha mentido, mas Al-Bukhari não foi nem o primeiro, nem o único a implantar essa busca pela autenticidade. Todos aqueles que têm uma relação com o texto sagrado — *alim* (o estudioso), *fuqih* (o especialista em ciência religiosa), o cádi (juiz que se baseava na lei muçulmana) e os imãs — surgem como formadores de opinião e parceiros em todas as negociações em torno do poder e da riqueza. Califas e príncipes, conscientes da importância não apenas daqueles que estudavam o texto sagrado, mas também de todos que manipulavam a memória, como os genealogistas, os poetas e os contadores de histórias, tentaram controlá-los ou, se não conseguissem, liquidá-los. Taha Hussein, em seu estudo *Fi al-adab al-jahili* (Sobre a literatura pré-islâmica), descreve a dimensão popular desse fenômeno:

> Os contadores de histórias [*qussas*] narravam para as multidões nas mesquitas do interior. Contavam histórias antigas dos árabes e dos *ajams* [não árabes], falavam dos profetas e davam explicações do Alcorão, dos *hadiths* e da biografia do Profeta. Também abordavam as expedições e as conquistas. Esses contadores de histórias navegavam assim, ao lado das multidões, levados pela imaginação, desconhecendo os limites impostos pela disciplina científica e pelo rigor que a autenticidade exigia daqueles que abordavam tais assuntos. As multidões, fascinadas pelos contadores de histórias, engoliam todos os relatos que lhes eram oferecidos. Califas e príncipes entenderam rapidamente a importância política e religiosa desse novo meio de comunicação, encorajando-os e controlando-os, utilizando-os e explorando-os em interesse próprio. (HUSSEIN, 1969: 149-150)

Al-Isfahani, um autor do século IV da Hégira (século XI), citou um caso de uma barganha entre um homem poderoso e um poeta. O homem pediu ao poeta que fizesse para ele, por 4 mil dirhams (não confundir com o dirham marroquino de hoje), um poema que seria atribuído ao Profeta. O poema teria o objetivo de melhorar a imagem dos omíadas, o clã rival do Profeta.

O omíada: "Depois de fazer seus versos, diga que ouviu Hassan ibn Thabit [o poeta oficial do Profeta] declamá-los junto ao Profeta, que as orações e a paz de Deus estejam com ele".

O poeta: "Temo demais Deus para inventar mentiras relativas ao Profeta. Por outro lado, se quiser, posso dizer que ouvi Aicha recitando-os [...]" (AL-ISFAHANI, 1963: V.I-23).[12]

12 Al-Isfahani nasceu em Isfahan no ano 284 da Hégira (século X).

O omíada, achando que Aicha não tinha tanto prestígio, não aceitou a oferta do poeta: "Quero, insistiu, que você diga que ouviu Hassan declamá-los na frente do Profeta enquanto este estava sentado" (ibidem).

Homens poderosos, com muito dinheiro, tentavam comprar não apenas os poetas, mas as genealogias, que desempenhavam o papel de nossos registros civis atuais. Comprar uma genealogia era como se alguém hoje tentasse falsificar seus documentos. Ibn al-Kalbi, autor de um dos raros livros sobre religiões pré-islâmicas, *Kitab al-asnam* (O livro dos ídolos), e que era grande especialista em matéria de genealogia, garantiu ter vendido uma: "A primeira mentira que contei em termos de genealogia foi quando Khalid ibn Abd al-Qasri me pediu para lhe falar sobre sua avó [...]" (IBN AL-KALBI, 1924: 18). Em vez de revelar que ela era uma prostituta, Ibn al-Kalbi produziu uma genealogia brilhante para Al-Qasri e, claro, acrescentou que "Khalid ficou extremamente feliz e me gratificou".

Taha Hussein, nesse mesmo estudo sobre a literatura pré-islâmica, que caiu como uma bomba quando foi publicado, questionou a autenticidade de um dos pilares do saber árabe, a poesia pré-islâmica, amplamente utilizada como referência para a gramática e o vocabulário por comentaristas do Alcorão, biógrafos do Profeta e historiadores. Ele apresentou uma tese revolucionária segundo a qual essa poesia, chave para nossa compreensão da literatura sagrada, especialmente do Alcorão, não passava de uma invenção. Questionando boa parte da poesia contida em um texto tão fundamental como *Al-Sira* de Ibn Hicham (biografia do Profeta), ele lembrou que o texto original dessa biografia fora estabelecido inicialmente por Ibn Ishaq, que se desculpou por não conhecer muitos poemas. Então, perguntou Taha Hussein, de onde vieram essas longas tiradas poéticas que fazem parte desse texto integral, senão de acréscimos e desejos de embelezar o texto? (HUSSEIN, 1969: 152). Ele acrescentou que, se a poesia e as genealogias foram objeto de negociação, pode-se imaginar o que aconteceu com os conflitos de interpretação dos textos de poder, o Alcorão e os *hadiths*. O corpo dos ulemás era muito heterogêneo, atravessado por disputas de interesse de todos os tipos — o conflito étnico não sendo o menos importante. Não havia apenas especialistas de origem árabe; grande parte dos especialistas na interpretação e na elaboração da literatura religiosa era formada por estrangeiros, pessoas de outras culturas (Al-Tabari é do Tabaristão; Al-Bukhari, de Bukhara etc.). Outros conflitos eram internos, entre o corpo profissional, como as rivalidades que conhecemos tão bem entre especialistas pertencentes a diferentes disciplinas.

Esse panorama nos dá uma ideia da intensidade dos desafios políticos e econômicos que presidiram e ainda presidem a manipulação do texto sagrado, desde aquela segunda-feira do ano 632, dia em que o Profeta, que conseguira criar uma comunidade ao mesmo tempo democrática e poderosa, foi esquecido sem sepultura.

III. INVESTIGAÇÃO SOBRE UM *HADITH* MISÓGINO E SEU AUTOR, ABU BAKRA

De acordo com Al-Bukhari, Abu Bakra teria ouvido o Profeta dizer: "Nunca conhecerá a prosperidade o povo que confiar seus negócios a uma mulher" (AL-'ASQALANI, 1928: V.XIII-46, 1959-1963: V.XVI-166; AL-BUKHARI, 1978: V.IV-226). Como esse *hadith* figura entre os *sahih*, os milhares de *hadiths* autênticos selecionados pelo meticuloso Al-Bukhari, ele é considerado verdadeiro e acima de tudo incontestável *a priori*, até que se prove o contrário, já que estamos em território científico. Nada me proíbe então, enquanto mulher muçulmana, de fazer uma dupla investigação histórica e metodológica sobre o *hadith* e seu autor e, principalmente, sobre o contexto em que ele foi usado pela primeira vez. Quem disse esse *hadith*, onde, quando, para quem e por quê?

Abu Bakra foi um discípulo que conheceu o Profeta em vida, tendo frequentado sua casa com assiduidade para poder reportar os *hadiths* proferidos por ele. Segundo esse discípulo, o Profeta disse esse *hadith* quando soube que os persas haviam nomeado uma mulher para governá-los: "Quando Kisra [Kisra refere-se a César, mas é assim que o chefe de Estado persa foi chamado nesse texto] morreu, o Profeta, intrigado com a notícia, teria perguntado: 'E quem vai substituí-lo no comando?'. Eles teriam respondido: 'Confiaram o poder à filha'" (AL-'ASQALANI, 1928, V.XIII-46). Nesse momento, segundo Abu Bakra, o Profeta teria feito essa reflexão sobre as mulheres.

Em 628, durante as guerras intermináveis que opunham romanos e persas, Heráclio, o imperador romano, invadiu o reino persa e ocupou Ctesifonte, localizada muito perto da capital sassânida, e Cosroes Parvez, ou Cosroes II, o monarca persa, foi assassinado. Talvez Abu Bakra se refira a esse acontecimento.

Efetivamente, depois da morte do filho de Cosroes, entre 629 e 632, houve um período de instabilidade e vários pretendentes ao trono do império sassânida se apresentaram, inclusive duas mulheres (HODGSON, 1974: V.I-199). Seria esse o incidente que teria levado o Profeta a proferir o *hadith* contra as mulheres? Al-Bukhari não foi tão longe, contentando-se em relatar o que Abu Bakra dissera, isto é, o conteúdo do próprio *hadith*, assim como a referência a uma mulher que teria tomado o poder entre os persas. Para encontrar mais detalhes sobre Abu Bakra, é preciso recorrer ao imenso trabalho de Ibn Hajar Al-'Asqalani.

Nos dezessete volumes de *Fath al-bari*, Al-'Asqalani comenta cada linha de Al-Bukhari. Ibn Hajar esclarece o momento histórico de todos os *hadiths* do *Sahih*: os acontecimentos políticos que lhe serviram como pano de fundo, a descrição das batalhas, a identidade das partes em conflito e dos transmissores, assim como suas opiniões, e finalmente os debates em torno da sua confiabilidade — tudo o que é preciso para satisfazer a curiosidade do pesquisador.

Em que momento Abu Bakra lembrou-se dessa reflexão do Profeta, e por que sentiu a necessidade de contá-la? Abu Bakra devia ter uma memória fabulosa, pois lembrou-se disso um quarto de século depois da morte do Profeta, quando o califa Ali retomou Basra, depois de ter vencido Aicha na batalha do Camelo (AL-'ASQALANI, 1928, V.XIII-46).

Antes de ocupar Basra, Aicha estava fazendo a peregrinação para Meca, onde soube da notícia do assassinato de Uthman, em Medina, e da indicação de Ali como quarto califa. Foi em Meca que tomou a decisão de comandar a oposição armada que contestava Ali. Então houve vários dias de indecisão: ela deveria ir para Kufa ou para Basra? Precisava de uma cidade importante, com um número suficiente de pessoas descontentes para que pudesse operar e estabelecer seu quartel-general. Depois de vários contatos, negociações e discussões, ela optou por Basra. Abu Bakra era uma das figuras proeminentes da cidade e, como todas elas, via-se numa situação difícil: deveria pegar em armas contra Ali, primo do Profeta e califa — contestado, mas legítimo —, contra Aicha, "a amante do Amado de Deus", a "mulher do Profeta na terra e no paraíso"?[13] Além disso, se levarmos em conta que ele se tornara um nome importante em Basra, onde nem sequer tinha nascido, dá para entender melhor a amplitude de seu mal-estar.

Podemos dizer que o Islã lhe deu alegrias. Antes de se converter, Abu Bakra levava a vida dura e repleta de humilhações de um escravizado na cidade de Taif, onde só a aristocracia tinha direito à dignidade. No ano 8 da Hégira (630), o Profeta decidiu que chegara a hora de partir para conquistar Taif. Ele acabara de tomar Meca, fazendo ali uma entrada triunfal, e sentia-se à altura de subjugar os habitantes de Taif, que ainda resistiam ao Islã. Mas estes se defenderam muito bem. O Profeta acampou na frente da cidade e sitiou a cidadela durante dezoito dias. Em vão. A tribo principal que controlava a cidade, os Banu Tamim, e seus aliados estavam entrincheirados no forte e usaram arcos e flechas contra os sitiantes, ocasionando perdas do lado de Muhammad. Doze de seus homens foram mortos, o que lhe desagradou, pois ele gostava de vencer sem baixas. Cada soldado era um discípulo, ele conhecia suas famílias, não era um exército anônimo. Assim, decidiu levantar o cerco e partir. Mas antes enviou mensageiros para gritar em volta do forte e da cidade sitiada que todo escravizado que deixasse a cidadela e se juntasse às fileiras de Muhammad seria libertado (IBN SAAD, 1980: V.III-159). Uma dúzia de escravizados respondeu a seu chamado, Abu Bakra entre eles. O Profeta os declarou homens livres, apesar dos protestos de seus senhores, e eles se tornaram, depois da conversão ao Islã, irmãos, iguais a todos (ibidem). Assim, Abu Bakra descobriu ao mesmo tempo o Islã e a liberdade.

13 Sobre esse dilema e a divisão que veio em seguida, ver Al-'Asqalani (1928, v.XIII-49). Sobre as implicações políticas e os debates filosóficos que a batalha do Camelo suscitou, consultar a extraordinária descrição feita por Al-Tabari (1979: v.v-156-225).

E ei-lo, alguns anos depois, figura importante em uma cidade iraquiana, encarnando o sonho de Muhammad: que todos os pobres e humilhados do mundo pudessem ascender ao poder e à riqueza. Um discípulo resumiu muito bem a intensidade e a rapidez em torno da ascensão promovida pelo Islã para homens como Abu Bakra, que nunca teria imaginado deixar sua cidade natal como homem livre e muito menos mudar de status social de modo tão acelerado: "Vocês, árabes, estavam em um estado inqualificável de degradação, de impotência e de devassidão, o Islã de Deus e de Muhammad os salvou e os guiou até onde estão agora" (AL-'ASQALANI, 1928, V.XIII-622). Na verdade, desde sua conversão, Abu Bakra subiu na escala social num ritmo vertiginoso: "Abu Bakra era muito devoto e continuou sendo por toda a vida, até sua morte. Seus filhos estavam entre as personalidades de Basra, por sua fortuna e seu saber [...]" (IBN AL-ATHIR, s.d.: V.V-38).

Quando as biografias dos discípulos começaram a ser escritas para a posteridade, alguns especialistas ficaram incomodados, pois a paternidade de Abu Bakra não era nem um pouco óbvia. O imã Ibn Hanbal, que empreendeu pesquisas sobre a genealogia dos discípulos, garantiu "ter passado rapidamente pelo caso de Abu Bakra, sem entrar em detalhes, pois o aconselharam a não procurar demais" (ibid.: V. IV-578). Abu Bakra fazia parte dessa categoria — tão importante no fim da era pré-islâmica — de pessoas cuja paternidade era difícil rastrear. Não ter uma genealogia ilustre era quase não existir socialmente na Arábia tribal e aristocrática. É verdade que, na sociedade muçulmana, o status dos filhos ilegítimos não é prestigioso, mas as razões para esse desprezo são totalmente diferentes. No período pré-islâmico, recompor sua linhagem paterna até o ancestral mais remoto era a insígnia e o privilégio do aristocrata, já que os escravizados e todas as outras classes sociais não podiam traçar as suas origens com confiabilidade, mesmo que fosse apenas por conta do deslocamento e do desenraizamento. No Islã, o filho ilegítimo é desprezado porque sua mãe não cumpriu a lei muçulmana que só permite o ato sexual dentro do casamento, o que não era o caso na *jahiliya*, o tempo da ignorância, de acordo com a terminologia muçulmana, quando as pessoas não tinham critérios para distinguir o permitido do proibido, o lícito do ilícito. Foi isso que o Islã trouxe e, em matéria de paternidade, pode-se dizer que foi uma inovação.

Uma das instituições revolucionárias (no sentido de um rompimento com o passado) que o Islã adotou foi exatamente a *idda*, o período de espera que obrigava uma mulher muçulmana, separada do marido por uma ou outra razão (divórcio ou morte), a não se casar por alguns meses e a esperar vários ciclos. O objetivo da *idda* era encontrar, caso a mulher estivesse grávida, o genitor da criança para vinculá-la a ele. No período pré-islâmico, o vínculo com o pai era ou insignificante (para as tribos em que o matriarcado era ainda praticado), ou inadequado (no caso de mulheres prisioneiras de guerra vivendo com seus raptores ou escravizadas passando de um senhor para outro de acordo com o capricho deles e as demandas do mercado), ou impossível, e aparentemente não muito importante no caso do casamento temporário, *mut'a*.[14]

Para este último, que continua até hoje alimentando o debate entre sunitas (que o condenam) e xiitas (que o toleram), um homem e uma mulher podem decidir viver maritalmente durante alguns dias, algumas semanas ou alguns meses, contanto que marquem desde o início a data para o fim do casamento, com consenso entre os dois parceiros. Esse casamento, prático para nômades ou comerciantes que empreendiam longas viagens, foi proibido pelos sunitas, que achavam que estava em flagrante contradição com os princípios da família muçulmana e, especialmente, com a regra da paternidade que vincula a criança a seu genitor.

14 Ver capítulo sobre "a sexualidade pré-islâmica" em meu livro *Sexe, idéologie, Islam* (MERNISSI, 1983). Ali, apresento um determinado número de referências sobre a questão, especialmente os trabalhos de Gertrude Stern e Robertson Smith a respeito dos textos de história religiosa. Ver também a análise de Al-Hawfi (1970: 74-314) sobre a situação da mãe e da esposa na Arábia pré-islâmica por meio da poesia, capítulos 1 (a mãe), 2 (a esposa) e 3 (a filha). Ver, por fim, o volume 10, "As estruturas sociais entre os *badwi*", em Al-Uzziy (1960: 134).

Voltando à paternidade de Abu Bakra, ele não era um caso isolado. Pelo contrário, tinha o destino comum de toda uma população de "desenraizados" que sofriam com as dúvidas que pairavam sobre sua paternidade e denotavam seu status subalterno. Muitas biografias de discípulos começam assim, com uma ou duas frases do autor sobre a dificuldade de descobrir a paternidade do biografado. Abu Bakra foi, portanto, um homem para quem o Islã deu não apenas fortuna e prestígio, mas uma identidade: "Eu sou seu irmão na religião", ele gostava de repetir para seu círculo (IBN AL-ATHIR, s.d.: v.v-38). Com uma história como essa, é fácil imaginar por que ele foi contrário a qualquer guerra civil que pudesse destruir o estabelecimento da sociedade muçulmana.

Por que então ele foi levado a desfiar suas lembranças e a fazer o prodigioso esforço de recordar as palavras que o Profeta teria dito 25 anos antes? O primeiro detalhe, longe de ser insignificante, é que Abu Bakra se lembrou desse *hadith* depois da batalha do Camelo. Nesse momento, a sorte de Aicha não era nem um pouco invejável. Ela estava politicamente aniquilada: 13 mil homens entre seus seguidores tinham morrido no campo de batalha (MAS'UDI, 1962: v.III-646, 1983: v.II-380), Ali tinha retomado a cidade e todos aqueles que não tinham escolhido o clã de Ali deviam se justificar. Isso pode explicar por que um homem como Abu Bakra precisaria se lembrar de *hadiths* providenciais, sendo que seu dossiê estava longe de ser satisfatório, já que ele havia se recusado a participar da guerra civil. Não somente se absteve de participar, mas, como grande parte dos discípulos que optaram pela não participação, apresentou essa posição oficialmente. Pois Aicha, que acompanhara com frequência o Profeta em suas expedições, conhecia os procedimentos das negociações que aconteciam previamemente à ocupação militar de uma cidade e seguira essas regras. Antes de investir contra a cidade, tinha enviado mensageiros com cartas para todos os homens notáveis, explicando-lhes as razões que a levaram a se rebelar contra Ali, suas intenções e os objetivos que queria alcançar, e convidando-os, enfim, a apoiá-la

(AL-TABARI, 1979: V.V-182). Foi uma verdadeira campanha de informação e de persuasão, tática militar preliminar de qualquer iniciativa na qual o Profeta era exímio. E Aicha usou a mesquita como local de encontro e de debate público para informar a população, antes de ocupar a cidade. Abu Bakra fora então contatado desde o início enquanto notável (AL-'ASQALANI, 1928, V.XIII-46).

Aicha não agiu assim unicamente por fidelidade aos métodos utilizados por Muhammad; a razão era mais séria: era a primeira vez desde a morte do Profeta que os muçulmanos se encontravam frente a frente em conflito, situação que o próprio Muhammad descrevia como a pior do Islã: a *fitna*, a guerra civil, quando os muçulmanos voltam suas armas para dentro em vez de dirigi-las, como Deus quer, para o exterior a fim de conquistar e dominar o mundo. Aicha tinha, então, que explicar sua revolta contra Ali; ela o criticava por não ter feito justiça em relação aos assassinos de Uthman, o terceiro califa assassinado. Alguns entre os que cercaram Uthman, cujas identidades eram conhecidas, haviam se alistado no exército de Ali como comandantes militares. Muitos muçulmanos deviam pensar como Aicha, já que uma boa parte da cidade de Basra a acolheu, dando-lhe homens e armas. Assim, Aicha instalou seu quartel-general na cidade, depois de ter expulsado o governador que representava Ali. Com isso, deu prosseguimento, junto a seus dois aliados, Talha e Al-Zubayr, personalidades de Coraixe como ela, a uma campanha de informação/negociação/persuasão, com entrevistas individuais ou nas mesquitas, discursando para a multidão e instando-a a apoiá-la contra o califa "injusto". No ano 36 da Hégira (656), a opinião pública estava dividida: obedecer a um califa "injusto" (que não punira os assassinos de Uthman) ou se rebelar contra ele e apoiar Aicha, mesmo que a revolta levasse à desordem.

Para os primeiros, o perigo mais sério que a nação muçulmana poderia correr não era o de ser comandada por um chefe que não fosse justo, mas o de entrar numa guerra civil. Não esqueçamos que a palavra "Islã" quer dizer "submeter-se". Se o chefe é contestado, o princípio ordenador fundamental do Islã está em perigo. Outros achavam que a injustiça demonstrada pelo chefe de Estado muçulmano era mais grave do que a guerra civil, uma vez que um muçulmano não pode cruzar os braços quando vê o líder cometer alguma injustiça ou algum ato repreensível (*al-munkar*): "O Profeta disse: 'Se as pessoas veem *al-munkar* e não tentam mudar a situação, incorrem em punição divina'" (ibid.: v.XIII-50-51). Outra versão desse *hadith* é: "Que aquele que vive uma situação em que *al-munkar* é perpetrado tente mudá-la" (ibid.: v.XIII-44). Esse foi o argumento do grupo que assassinou Sadat e que é bastante representativo da literatura extremamente prolífica dos extremistas (ANSARI, 1984: 123-124).

Voltando a Basra, no ano 36, o dilema que se colocava para um muçulmano — obedecer ao califa injusto ou pegar em armas contra ele — só se colocava nos círculos da elite dirigente. Se as mesquitas eram verdadeiras assembleias plenárias em que os responsáveis vinham discutir com os governados sobre as decisões a tomar no conflito opondo Aicha e Ali, deve-se notar (a partir da leitura das atas dos debates) que a população que falava na mesquita queria principalmente ser informada sobre o que se passava. As pessoas comuns nem sabiam do que se tratava. Para esses cidadãos, o problema mais importante era o da falta de democracia. Engajar-se sem entender os motivos que movem os líderes e os conflitos que os dividem era visto por eles como uma loucura. Esses crentes justificavam sua recusa em se envolver com qualquer um dos lados alegando a ausência de democracia que regia a escolha do califa. Num dos debates que aconteceram na mesquita de Basra, em que os partidários de Aicha foram convidados pela população a se explicar sobre seus motivos, um jovem que não pertencia à elite fez uma intervenção que jogou luz sobre toda uma zona obscura da dinâmica dos princípios do Islã, e que é hoje frequentemente "esquecida": a dimensão não democrática, que foi vivida como tal pelas pessoas comuns. Esse jovem pediu a palavra na mesquita de Basra, gesto que aliás lhe custou a vida, e, dirigindo-se aos aliados e representantes de Aicha que o instigavam à rebelião, declarou:

Vocês, os Muhajirun [emigrantes originários de Meca], é verdade que foram os primeiros a responder ao chamado do Profeta. Tiveram o privilégio de se tornar muçulmanos antes de todos os outros. Mas todo mundo teve esse privilégio depois e todo mundo se converteu ao Islã. Em seguida, após a morte do Profeta, vocês designaram um dos seus sem nos consultar [as pessoas comuns, que não fazem parte da elite] e, depois da morte deste, reuniram-se e nomearam um outro [califa], sempre sem perguntar nossa opinião [...] vocês escolheram Uthman e juraram lealdade a ele, sempre sem nos consultar. Ele os decepcionou com seu comportamento, vocês declararam guerra a ele sem nos consultar. Vocês, sempre sem nos consultar, decidiram indicar Ali e jurar lealdade a ele! Então o que criticam nele agora? Por que decidiram combatê-lo? Ele cometeu algum ato ilegal? Ele fez algum ato repreensível? Expliquem-nos do que se trata. É preciso que sejamos convencidos para podermos decidir se vamos fazer parte dessa guerra. Então, do que se trata? Por que vocês estão lutando? (AL-TABARI, 1979: V.V-179)

O fato de decidir não participar da guerra civil não era, portanto, uma atitude rara, reservada a algumas personalidades da elite. As mesquitas estavam cheias de gente que achava absurdo seguir os líderes que queriam levar à divisão da comunidade. Abu Bakra não era de modo algum uma exceção.

Contatado por Aicha, Abu Bakra deu sua resposta: era contra a *fitna*. Segundo o que contou depois da batalha, ele teria mandado dizer a ela: "É verdade que você é nobre, *umm* ['mãe', aludindo a seu título de 'mãe dos crentes' que o Profeta outorgou a suas esposas durante os últimos anos], é verdade que enquanto tal você tem direitos sobre nós, mas eu ouvi o Profeta dizer: 'Nunca conhecerá a prosperidade o povo que confia o poder [*mulk*] a uma mulher'" (AL-'ASQALANI, 1928: V.XIII-46). Se, como acabamos de ver, muitos discípulos e habitantes de Basra optaram pela neutralidade, apenas Abu Bakra justificou-a pelo fato de uma das partes ser uma mulher.

De acordo com a descrição de Al-Tabari, a cidade de Basra, depois da derrota de Aicha, viveu durante alguns dias uma ansiedade justificada. Será que Ali se vingaria daqueles que não o ajudaram, como Abu Bakra? "Ali acabou proclamando uma anistia geral. Ele avisou no dia do combate que todos aqueles que deixassem suas armas e voltassem para casa teriam a vida poupada" (MAS'UDI, 1962: V.II-644, 1983: V.II-378). "Ali passou vários dias no campo de batalha, enterrou todos os mortos caídos dos dois lados e fez uma oração fúnebre comum antes de voltar à cidade" (AL-TABARI, 1979: V.V-221).

No entanto nem tudo foi assim tão simples, se acreditarmos no exemplo de Abu Mussa al-Achaari, outro muçulmano pacífico que se recusou a participar de uma guerra civil que considerava absurda. Abu Mussa al-Achaari perdeu posição e fortuna. As situações de Abu Mussa e de Abu Bakra, contudo, não são comparáveis, é verdade, para além de sua recusa em se envolver. Abu Bakra foi solicitado por Aicha, o lado perdedor, enquanto Abu Mussa al-Achaari foi chamado por Ali, o vencedor. Abu Mussa era nada menos do que o governador de Ali, seu representante e símbolo do Estado muçulmano à frente da cidade iraquiana de Kufa. Antes de ir à Basra ocupada por Aicha, Ali despachou emissários a Abu Mussa, pedindo que recrutasse a população e lhe enviasse, sem demora, tropas e armas. Além de decidir não obedecer a seu califa, Abu Mussa também se sentiu obrigado a "aconselhar" a população que estava sob sua liderança. Decidiu mobilizar o povo, reunindo-o na mesquita para informar e debater, esclarecendo as pessoas, como discípulas, sobre a posição do Profeta em relação à guerra civil. Abu Mussa recitou *hadiths* condenando a *fitna* e deu ordens para que desobedecessem ao califa e não respondessem a seu chamado de recrutamento. Para ele, o dever de um muçulmano em caso de *fitna* era se opor totalmente a qualquer tipo de participação. Os *hadiths* que recitou na mesquita de Kufa foram muitos, todos contra a *fitna*, contra a guerra civil. O gênero do líder não estava em questão (AL-TABARI, 1979: V.V-188)! Al-Bukhari reuniu esses *hadiths* em um capítulo sobre a *fitna* (a desordem, a guerra civil), entre os quais figurava o de Abu Bakra: o único que usou o gênero de um dos adversários como razão para a neutralidade (AL-BUKHARI, 1978: V.IV-221SS).

O que surpreende o leitor moderno que entra em contato com as crônicas dos desdobramentos da famosa batalha do Camelo é o respeito demonstrado pela população, independentemente de sua posição com relação à guerra, diante de Aicha. Raras foram as ocasiões em que ela foi insultada, e, quando isso aconteceu, nunca foi por representantes políticos, mas por pessoas comuns (MAS'UDI, 1962: V.II-645). Os historiadores lembram que apenas os cronistas xiitas (pró-Ali) atacavam Aicha. Por que, então, Abu Bakra se distinguiu com uma atitude misógina totalmente inédita?

Se Abu Mussa al-Achaari foi destituído de suas funções, perdeu seu cargo e foi expulso de Kufa por Ali e substituído por um governador menos pacífico — e sobretudo mais dócil (AL-TABARI, 1979: V.V-190) —, pode-se supor que a situação dos outros "pacifistas" menos ilustres era igualmente delicada. Nesse contexto, recordar-se de um *hadith* que ordenava o fiel a não participar de uma guerra se uma mulher estivesse à frente do exército parecia verdadeiramente providencial.

Abu Bakra, aliás, lembrou-se de outros *hadiths* tão providenciais quanto esse em momentos críticos. Depois do assassinato de Ali, Muawiya, o omíada, só poderia se candidatar legitimamente ao califado se Hassan, o filho de Ali e, portanto, seu sucessor, declarasse por escrito que renunciava a seus direitos, o que fez sob pressões e negociatas mais ou menos escusas (AL-'ASQALANI, 1928, V.XIII-51; AL-TABARI, 1980: V.VI- 95; MAS'UDI, 1983: V.III-4). Foi então que Abu Bakra se lembrou de um *hadith* que não poderia ser mais pertinente, em circunstâncias políticas com reviravoltas tão imprevistas: ele teria ouvido o Profeta dizer que "Hassan (o filho de Ali) seria o homem das reconciliações" (AL-'ASQALANI, 1928: V.XIII-56). Hassan devia ser um bebezinho quando o Profeta, seu avô (pela filha Fatima), teria dito isso! Abu Bakra tinha uma memória bastante conveniente para *hadiths* políticos que, curiosamente, sempre coincidiam com o curso da história — ou melhor, com os interesses do lado mais forte.

Uma vez esclarecido o contexto histórico dos *hadiths*, pode-se agora passar para sua avaliação crítica, aplicando uma das regras metodológicas que os *fuqaha* (especialistas nas ciências religiosas) destacaram como princípios do processo de verificação.[15]

A primeira dessas regras é considerar "essa religião como uma ciência", seguindo o imã Malik ibn Anas (nascido no ano 93 da Hégira, século VIII) e considerado, com Al-Chafi e Abu Hanifa, um dos "três imãs mais célebres no horizonte muçulmano, por conta de sua contribuição na elaboração do saber que habilita o crente a discernir entre o que é permitido e o que é proibido" (IBN ABD AL-BARR, s.d.: 10,16).[16] Malik ibn Anas não se cansava de repetir:

> Essa religião é uma ciência, então tome cuidado de quem você a herdou. Eu tive a sorte de nascer [em Medina] quando ainda existiam setenta pessoas [discípulos] que podiam recitar os *hadiths*. Eles iam à mesquita e anunciavam: "O Profeta disse...". Eu não registrei nenhum dos *hadiths* que eles transmitiam, não porque não fossem homens dignos de fé, mas porque achava que eles tratavam de coisas para as quais não estavam habilitados. (Ibid.: 16)

Segundo ele, não bastava ter vivido na época do Profeta para tornar-se fonte de *hadiths*; era preciso também ter uma certa base que o habilitasse a falar: "os ignorantes [*al-juhhal*] deveriam ser excluídos", afinal, como poderiam ser considerados fontes de uma

15 Com relação às pesquisas relacionadas a este capítulo, sou grata ao professor Ahmed Al-Khamlichi, atualmente chefe do departamento de direito privado da Faculdade de Direito da Universidade Mohammed V, em Rabat.

16 Ibn Abd al-Barr morreu no ano 463 da Hégira (século XI). Um dos pontos importantes desse livro é sua concisão: as biografias dos três imãs, Malik, Al-Chafi e Abu Hanifa, estão condensadas em duzentas páginas.

ciência se não tinham as aptidões intelectuais necessárias? Mas a ignorância e a aptidão intelectual não eram os únicos critérios para avaliar os transmissores de *hadiths*; os mais importantes eram de ordem moral.

Segundo Malik, algumas pessoas não poderiam de jeito nenhum transmitir um *hadith*:

> A ciência não deve ser recebida de um *safih* [louco], nem de alguém que esteja sob a influência de suas paixões e possa estimular a inovação [*bid'a*], nem de um mentiroso que diga bobagens para as pessoas [...] e finalmente não se deve receber a ciência de um xeique, mesmo respeitado e muito piedoso, se ele não dominar o conhecimento que deve transmitir. (Ibidem)

Malik lança suspeitas sobre os transmissores e a necessidade de os muçulmanos estarem atentos, a ponto de nos aconselhar a observar o comportamento na vida cotidiana como um critério para a confiabilidade de uma fonte:

> Há pessoas que excluí como transmissores de *hadiths*, não porque mentissem enquanto homens de ciência, contando falsos *hadiths* que o Profeta não disse, mas porque os vi mentir nas relações que tinham com as pessoas, em suas relações cotidianas, banais, que não têm nada a ver com a ciência. (Ibid.: 15)

Se aplicarmos essa regra a Abu Bakra, ele deverá ser imediatamente eliminado, já que uma de suas biografias, a de Ibn al-Athir, revelou que ele foi condenado e açoitado por perjúrio pelo califa Omar ibn al-Khattab (IBN AL-ATHIR, s.d.: v.v-38). Tratava-se de uma acusação muito grave que Omar punia com apedrejamento: a de fornicação (*zina*), o ato sexual ilícito. Na verdade, para acabar com a licenciosidade e a promiscuidade sexuais que existiam na Arábia pré-islâmica e para controlar a paternidade, o Islã condenava qualquer relação sexual fora do casamento como *zina*, encorajando mulheres e homens a se casarem; o celibato era considerado a porta para tentações de todos os tipos. A religião deu aos homens o direito de ter várias esposas e de se separar com facilidade, substituindo-as por outras, desde que dentro dos padrões do casamento muçulmano.

Omar, o segundo califa de uma jovem comunidade ainda sob influência pré-islâmica, teve que agir rápida e severamente para que a ideia principal do Islã, a família patriarcal, ficasse ancorada na mente das pessoas. O apedrejamento por *zina* só seria aplicado se quatro testemunhas afirmassem ter visto simultaneamente o adultério, condição extremamente difícil de ser concretizada, tornando esse castigo mais um alerta do que uma ameaça real. Era preciso, além disso, evitar que inimizades e calúnias levassem à condenação de inocentes. Se só houvesse três testemunhas que tivessem visto o flagrante delito, seu testemunho não seria válido. Mais do que isso, qualquer testemunha que se atrevesse a difamar alguém acusando-o do crime de *zina* seria punido com o castigo de calúnia (*qadhf*): açoite por perjúrio.[17]

Ora, esse foi o caso de Abu Bakra; ele estava entre as quatro testemunhas que acusaram oficialmente para Omar um personagem ilustre, um político eminente, Al-Mughira ibn Chuba, pelo crime de *zina*. Segundo os testemunhos, Al-Mughira ibn Chuba teria sido visto fornicando ilegalmente. Omar começou sua investigação, e uma das quatro testemunhas confessou não ter certeza do que vira. A dúvida por parte de uma das testemunhas pôs as outras em perigo de serem açoitadas por perjúrio, e foi exatamente o que aconteceu com Abu Bakra.

Se seguirmos os princípios de Malik em matéria de *fiqh*, Abu Bakra deverá ser rejeitado como fonte de *hadith* por qualquer bom muçulmano maliquita bem-informado.

17 Omar ibn al-Khattab institucionalizou a prática do apedrejamento pelo crime de fornicação, embora muitos de seus contemporâneos discordassem de sua posição. Ver Al-Bukhari (1978: v.IV-146ss). Sobre Omar ibn al-Khattab, saberemos mais no capítulo sobre o Islã revolucionário: ele foi o instigador do uso do véu e estava totalmente em desacordo com o Profeta quanto à forma de tratar as mulheres.

Para fecharmos essa investigação, podemos fazer um breve panorama para avaliar a atitude dos *fuqaha* dos primeiros séculos em relação a esse *hadith* misógino que se apresenta hoje como uma verdade sagrada e inatacável. Apesar de ter sido catalogado como *sahih* (autêntico) por Al-Bukhari e outros, esse *hadith* foi violentamente contestado e debatido por muitos; os *fuqaha* não entraram em acordo sobre a importância que se devia dar a esse *hadith* sobre as mulheres e a política. Havia, claro, aqueles que o tomavam como argumento para excluir as mulheres do poder de decisão, mas também outros que achavam esse argumento sem fundamento e pouco convincente. Al-Tabari figura entre as autoridades religiosas que se opuseram a esse *hadith*, não o considerando suficiente como base de reflexão para privar as mulheres de seu poder de decisão e justificar sua exclusão da política (AL-'ASQALANI, 1928: V.XIII-47).

Depois de termos tentado reconstituir o fluxo da história e a cadeia de transmissores e testemunhas que relatam uma era historicamente conturbada, só podemos aconselhar uma maior vigilância quando, tomando o sagrado como argumento, apresentamos aos crentes, como verdade primeira, um axioma tão terrível e com consequências históricas tão graves. Contudo, como veremos, esse *hadith* "misógino", embora exemplar, não é um caso isolado.

IV.
INVESTIGAÇÃO SOBRE OUTROS *HADITHS* MISÓGINOS

Durante minha infância, mantive uma relação muito ambígua com o Alcorão que nos era ensinado numa escola corânica com uma moral particularmente feroz. Na minha sensibilidade infantil, parecia-me que só o Islã altamente fantasioso de minha avó, *Lalla* Yasmina, que era analfabeta, me permitia aceder a uma religião-poesia.

Ela tinha o que chamamos de insônia, mas, naquele tempo, ideias que demonstrassem algum tipo de preocupação exagerada consigo mesmo não eram levadas em conta. Pelo menos, era assim na nossa casa. Ela se aproveitava disso para fazer a oração do amanhecer, transformando seus problemas de sono em uma ética e uma arte para usar as primeiras horas do dia. Pouco depois, nos acordava com o cheiro tentador do *mahrach* (uma panqueca de semolina camponesa), misturado ao do chá de menta. Enquanto comíamos, meus irmãos, irmãs, primos e eu, ela sonhava com uma viagem fabulosa: a peregrinação a Meca. Cantarolava trechos de uma epopeia clássica que tinha remendado a seu modo, na qual com frequência apareciam as duas palavras que sempre provocaram em mim, desde então, o desejo de voar para longe: *al-Madina al-munawara*, "Medina, a iluminada" — o objetivo de sua viagem. Quando a interrompíamos para lembrar que o destino era Meca, ela nos tranquilizava com a malícia tão lúcida dos marroquinos analfabetos: "Não se preocupem, só vou fazer uma pequena parada, o mais importante é o túmulo do Amado [o Profeta]. Espero que, na escola de vocês, eles não o tenham transferido, porque ele está enterrado em Medina. De qualquer modo, foi o que aprendi por meus próprios meios". Havia entre ela e as pessoas do saber uma guerra que ainda era incompreensível para mim. Ela cantarolava as etapas do *hajj* (a peregrinação a Meca), fazendo seu pão, e o trajeto não era igual àquele de que tanto falavam na escola corânica. Às vezes, ela esquecia o Arafa (etapa do trajeto ritual do *hajj*), ou Mina desaparecia do percurso, de tão ansiosa que ficava para chegar logo a seu destino ideal: a eterna Medina radiante, onde um Profeta doce e acolhedor os recebia: "Nada de chá de hortelã lá, crianças, podem esperar outras coisas. Esqueci o que é, mas certamente é diferente", concluía, realista e aventureira. Seu Islã era uma oportunidade de viajar para países estranhos, relaxar e descobrir amor e luz.

Eu tinha dificuldade, depois dessas epopeias matinais, de mergulhar no mundo intrincado e violento da escola. Enquanto podíamos brincar livremente com as palavras com Lalla Yasmina, na escola corânica o menor erro de pronúncia era notado e castigado. "É preciso ler o Alcorão como ele desceu do céu." Quarta-feira era o dia da recitação: cada erro de pronúncia, de acordo com sua natureza e gravidade, era punido com certo número de tapas administrados pelos *mhadria*, os alunos maiores. Raramente eram os mais brilhantes, e podíamos "comprá-los" com cerejas, pêssegos e romãs, de acordo com a estação. *Lalla* Faqiha (a professora) era tão obcecada pela pronúncia que mal explicava o que as palavras queriam dizer. Escrever e ler um texto incompreensível era para ela uma maneira de celebrar o Alcorão como mistério. Na segunda-feira, escrevíamos os versículos nas *lawhat* (tabuletas de madeira) para aprendê-los. Nós os recitávamos, sentados com as pernas cruzadas, até a quarta-feira. Tínhamos o direito de balançar o corpo de trás para frente de acordo com o ritmo da recitação: "*Al-Quran nagham*" ("o Alcorão é música"), ela nos dizia, sacudindo seu longo bastão sobre nossa cabeça. "Quem não sente a harmonia deve servir aos cristãos e aos judeus." Para minha infelicidade, eu só retinha efetivamente os versículos em que as palavras flutuavam como fios de seda chinesa:

Wa al-tur!
Wa al-Kitab al-mastur

Fi riqq manchur
Wa al-bayt al-mamur

Pelo monte!
e pelo Livro escrito
em um pergaminho aberto
pela Casa povoada[18]

Versículos como esse (sura 52, "O Monte"), de que eu só gravava o ritmo, me permitiam escapar por horas enquanto balançava para a frente e para trás, distraindo a atenção severa de *Lalla* Faqiha. Escapava da escola e ia para a Medina radiante, onde bebidas maravilhosas eram sorvidas.

Essa ambiguidade, essa dualidade que eu mantinha com o texto sagrado, ficaria gravada em mim. Dependendo de quem o utiliza, o texto sagrado pode ser um espaço de evasão ou uma prisão intransponível. Pode ser uma música incomum que nos leva a sonhar ou uma rotina desoladora. Tudo depende de quem o invoca. Quanto mais eu crescia, mais a música se distanciava. Na escola secundária, o curso de história religiosa era pontuado de *hadiths*, e muitos deles, que o professor recitava virando na nossa frente páginas escolhidas de Al-Bukhari, me deixavam extremamente desconfortável: "O Profeta disse que o cachorro, o asno e a mulher interrompem a oração se passarem na frente do fiel, interpondo-se entre ele e a *qibla*" (AL-BUKHARI, 1978: V. I-99).

Eu ficava chocada com esse *hadith* e nunca o repetia com a esperança de que, com o silêncio, ele fosse apagado da memória. Eu, que me achava inteligente, criativa, boa, apaixonada e entusiasmada, como só se pode ser aos dezesseis anos, me perguntava:

18 As citações do Alcorão ao longo deste capítulo referem-se a duas traduções para o francês: a de Denise Masson (LE CORAN, 1967) e a de Régis Blachère (LE CORAN, 1980). Traduzimos de forma livre para o português a partir das versões adotadas pela autora. [N. da T.]

"Por que o Profeta teria dito um *hadith* que me faz mal? Se esse tipo de ideia não corresponde em nada ao que contam sobre a vida de Muhammad?". Como Muhammad, "o Amado", poderia magoar a esse ponto uma adolescente que o havia transformado, no ardor da juventude, em verdadeiro suporte para seus sonhos românticos? Muhammad não era apenas um chefe de Estado, era também o amante de Aicha.

> Amr ibn al-As (um discípulo) perguntou ao Profeta:
> "Quem é a pessoa que você mais ama no mundo?"
> "Aicha", ele respondeu.
> (AL-ZARKACHI, 1980: 52)

Surpreso ao ver que não era um homem que ocupava o primeiro lugar no coração do chefe, Amr ibn al-As, discípulo cujo zelo militar era conhecido de todos, ficou desconcertado. Como os militares não estavam em primeiro lugar? E, insistindo, acrescentou: "E entre os homens, quem você mais ama?". E o Profeta confessou que o homem que mais amava era... Abu Bakr, o pai de Aicha, sua bem-amada (ibidem). Abu Bakr era conhecido por ter uma sensibilidade que beirava o sentimentalismo. Ele não conseguia ler o Alcorão sem chorar!

Numa Arábia em que a força dominava, em que a espada reinava, esse profeta que afirmava publicamente que preferia as mulheres aos homens estava passando uma mensagem muito incomum. Aparentemente, Abu Hurayra, o discípulo que considerava a mulher, assim como o asno e o cachorro, perturbações para o fiel, não apreendeu de jeito nenhum sua *risala* (mensagem), já que fez da mulher um elemento que interrompe o culto "interpondo-se entre ele e a *qibla*". Para entender o perigo de um *hadith* como esse, é preciso definir o que é a *qibla*.

A *qibla* é a orientação em direção a Meca, onde fica a Caaba, santuário milenar anexado pelo Islã no ano 8 da Hégira (630), quando

Muhammad reconquistou sua cidade natal. A *qibla* dá para a oração muçulmana, para além de seu objetivo espiritual (meditação) e pragmático (disciplina), sua dimensão cósmica. É colocar em órbita a possibilidade de se situar no mundo, de se conectar ao universo, inclusive ao céu. A Caaba nem sempre foi a direção sagrada para os muçulmanos. Durante meses, estes, encorajados por seu Profeta, viraram-se para um santuário estrangeiro, Jerusalém. Na infância de Muhammad, a Caaba era o centro dos cultos idólatras. Mas, a partir do momento em que foi visitado por Gabriel e recebeu suas primeiras revelações, foi naturalmente na direção da Caaba que se virou com sua esposa Khadija para realizar pela primeira vez a estranha oração. Quando Meca se mostrou hostil, desprezando sua mensagem e persistindo na idolatria, Muhammad pensou em procurar o divino em outros lugares. Já que os árabes persistiam na idolatria, ele se voltaria para Jerusalém: "Quando o Profeta chegou a Medina, durante dezesseis meses, fez a oração virado para Jerusalém. Então, um dia, um homem que já tinha feito a oração com o Profeta no meio de um grupo de Ansar disse: 'Testemunho que vi o Profeta fazer a oração com o rosto virado para a Caaba, então mudem de direção'".[19]

Por que essa reviravolta? Por trás da mudança de direção esconde-se o gênio do Islã, que estava condenado, dada a estrutura georreligiosa da região, a ser apenas um sincretismo, uma síntese bem específica dos cultos idólatras locais ou uma variante do cristianismo ou do judaísmo que dominavam a área, incluindo a Arábia. Para que direção deveria se voltar Muhammad, que desejava criar algo novo e especificamente árabe? A Caaba era a direção dos idólatras. Em 622, estes tinham acabado de expulsá-lo de Meca. Virar-se para Jerusalém? Isso seria se colocar sob as ordens dos judeus e dos cristãos. A hostilidade dos mecanos era tamanha que os judeus e os cristãos, os povos do Livro (*ahl al-Kitab*),

19 Ver Al-Nasai (1930: v.1-242), comentário de Al-Suyuti e referência de imã Al-Sindi.

pareceram-lhe, à primeira vista, os aliados mais lógicos, ideologicamente mais coerentes. Mas, enquanto o cristianismo tomava a feição magnânima, compreensiva mas distante, do lendário *Najachi* (*Negus*) da Etiópia, que abrigou os primeiros perseguidos por Meca, os judeus, muito numerosos e influentes em Medina, os atacaram.[20]

A comunidade judaica usou toda a sua influência para "banalizar" o Profeta, acusando-o de ser um impostor e impedindo-o de reivindicar, como base de sua missão, o patrimônio judaico-cristão. Há uma literatura abundante dispersa nas fontes árabes sobre essa guerra do saber entre os judeus de Medina e Muhammad, convencido no início de que obteria o apoio deles contra um inimigo comum, o politeísmo. Ele só renunciou a Jerusalém como *qibla* quando perdeu a esperança nos judeus:

> Quando o Profeta veio a Medina, onde o culto dos cristãos e dos judeus que se viravam para Jerusalém dominava, Deus ordenou que ele se virasse também para lá, para orar, a fim de não os contrariar e para que eles lhe fossem favoráveis [...] No entanto, em seu íntimo, ele desejava que a direção para a oração fosse a Caaba, santuário que tinha sido também a *qibla* de Abraão e de Ismael. Orava diariamente para que Deus lhe concedesse esse desejo [...] (AL-NASAI, 1930: V.I-242; AL-TABARI, 1979: V.II-264; AL-TABARI, 1980: 135)

Os orientalistas se debruçaram intensamente sobre essa questão, analisando-a em geral com base no contexto internacional em que Muhammad começou a atuar, especialmente as forças em disputa que se confrontavam no campo da religião e do conhecimento. Pode-se ver na atitude daqueles que tacharam Muhammad de falso profeta, epilético segundo alguns, histérico de acordo com outros,

20 Sobre a primeira *hijra* (imigração), em que parte dos companheiros do Profeta decidiu se instalar na Etiópia, ver Ibn Hicham (s.d.: v.I-344ss).

o reflexo da atitude dos judeus de Medina para com um árabe que teve a audácia de se apropriar do conhecimento judaico-cristão.[21]

Se Muhammad parecia uma ameaça mais real para os judeus do que para os cristãos, isso se deve em parte à proximidade geográfica e, portanto, ao conflito de interesses: em Medina, o poder era compartilhado entre as duas tribos árabes politeístas, os Aws e os Khazraj, que convidaram Muhammad para se encontrar com eles e a comunidade judaica. Como uma das bases da força dessa comunidade era o controle do conhecimento judaico-cristão, Muhammad, que esboçava as premissas de uma ideologia árabe nacionalista, só poderia se impor de duas maneiras: tendo o apoio da comunidade judaica ou combatendo-a caso ela o desacreditasse ou difamasse. Todo o resto — incluindo a expulsão dos judeus e, por vezes, sua liquidação física — decorria dessa lógica implacável imposta pela guerra do saber, a única guerra que só pode ser total, como demonstra atualmente o conflito entre o Ocidente que domina a produção do saber tecnológico e os países do Terceiro Mundo, que se limitam a consumi-lo. O que o Profeta fez foi "nacionalizar", "arabizar" o patrimônio judaico-cristão — como se hoje surgisse um profeta árabe reivindicando Einstein, Marx e Freud não apenas como ancestrais dos árabes muçulmanos modernos, mas como um legado que apenas uma sociedade islâmica seria capaz de fazer

21 Sobre a atitude de difamação de Muhammad por parte dos orientalistas, ver as poucas páginas que Montgomery Watt (1977: 17) dedica ao tema no capítulo "Criticisms of the Claim to Prophethood" de seu livro *Introduction to the Qur'an*. Ver também seu resumo sobre os estudos dos orientalistas sobre o Alcorão, e especialmente os problemas que são colocados para eles enquanto não muçulmanos em "The Qoran and Occidental Scholarship", capítulo 11 do mesmo livro, a partir da página 173. No que diz respeito ao modo como alguns orientalistas analisaram a relação de Muhammad com a comunidade judaica de Medina, ver as seguintes análises, em que notamos se desdobrar em filigrana as opções políticas e ideológicas de seus autores: por exemplo, a análise de Montgomery Watt (1953: 158ss) no anexo B, "Arabian Monotheism and Judeo-Christian Influences", de *Muhammad at Mecca*; a análise de Maxime Rodinson (1961: 61) no capítulo III, "Naissance d'un prophète", de *Mahomet*; ou ainda H. A. R. Gibb (1969) no capítulo II, "Mohammed", de *Islam*.

frutificar, sendo a única apta a desenvolver sua mensagem científica. Os judeus viam o Profeta como um impostor que lhes roubava seus próprios profetas, "indigenizando-os" para benefício próprio. Queriam acabar com o Profeta por duas razões: além de minar a fonte de prestígio deles — o acesso ao sagrado, ao céu, ao texto revelado, aos profetas —, ele também usava seus profetas, suas próprias lendas, seu próprio conhecimento para se constituir como a força que dominaria o mundo. O Profeta foi bastante ingênuo ao acreditar que a comunidade judaica o veria apenas como um aliado. Foi somente durante os anos críticos, entre 5 e 8 da Hégira, os anos de insegurança militar e crise econômica, que ele decidiu declarar-lhes guerra total. O que seria do Islã se os judeus tivessem apoiado Muhammad? Pode-se imaginar que ele nunca teria surgido, transformando-se num judaísmo um pouco diferente, mais uma seita peculiar no vasto Mediterrâneo, que já viu tanta coisa!

No entanto não se deve esquecer que, se o Profeta cumpriu sua missão, foi porque o território árabe estava maduro para passar por uma transformação ideológica: a Arábia vivia uma crise ideológica muito grave, que refletia uma crise econômica e social profunda e explicava a forte presença de cristãos e judeus. Os árabes os admiravam como comunidades que tinham obtido o que lhes faltava: um sentido de identidade, um sentimento de pertencimento a uma civilização superior, a convicção de serem um povo eleito, com o qual Deus havia dialogado. É por isso que no Alcorão se insiste tanto em afirmar que o Livro revelado é árabe. O mundo árabe vivia em um estado de crise tão profundo que não acreditava ser digno de ter um profeta da própria raça, nem um Deus que falasse árabe com eles. O comentário de Al-Tabari sobre o versículo 3 da sura 41 — que diz que o Alcorão é "uma revelação árabe, para um povo que compreende" — expressa bem esse papel do Islã como resposta a uma crise nacionalista, uma crise de autoconfiança (AL-TABARI, 1983: V.XXIV-90). As antigas solidariedades tribais, que tinham funcionado até então, estavam ameaçadas por novas solidariedades de ordem econômica, as alianças comerciais. As perturbações das estruturas econômicas e sociais eram vividas por muitos, tal qual nos dias de hoje, como uma angústia intelectual, uma crise religiosa, uma busca de um Deus que permitiria às tribos árabes em plena desintegração posicionar-se como força no mundo.

Aí está o cerne da questão que levou Muhammad a mudar sua decisão sobre a *qibla*, afastando-se de Jerusalém e orientando as orações para Meca. Era preciso abandonar Jerusalém como horizonte simbólico, pois era ainda mais perigoso do que investir em Meca. E essa escolha da Caaba como direção que organiza o sagrado e estrutura o espaço foi responsável por transformar o Islã em uma religião que, ao mesmo tempo, se inscreve na tradição monoteísta judaico-cristã e se distingue dela, colocando-se como uma força rival, disputando a dominação universal, mas com um distanciamento em relação à mensagem elitista judaica: o Islã se dirigia a todos, pois a mesquita de Muhammad, diferentemente das outras religiões, não é um prédio, uma construção, mas sim um horizonte. A mesquita está em toda parte: "A terra inteira torna-se minha Mesquita" (AL-NASAI, 1930: V.I-211). Para realizar as preces, o crente só precisa virar-se na direção de Meca (para os norte-africanos é o leste, o nascer do sol, enquanto para os indonésios e os chineses é o contrário) e se colocar diante de um objeto que, simbolicamente, representa o túmulo santo. A *qibla* faz o universo girar, tendo como epicentro uma cidade árabe. Excluir as mulheres da *qibla* é, portanto, excluí-las de tudo, tanto da dimensão sagrada quanto da dimensão nacionalista, que expressa o espaço como campo do etnocentrismo árabe e muçulmano.

No espaço do Islã podemos orar em qualquer lugar,: na rua, no corredor, no jardim ou no campo de batalha. O Profeta, por exemplo, colocava sua espada diante de si e criava sua *qibla*; podia até mesmo fazer os gestos da oração quando estava na estrada ou em plena expedição (ibid.: V.II-62). Mas, uma vez que colocamos uma *qibla* simbólica diante de nós, é preciso evitar que coisas se intercalem entre nós e ela, para não nos distrairmos. Já que a terra inteira é mesquita, pôr a mulher com o cachorro e o asno, como faz o *hadith* de Abu Hurayra, e considerá-la um fator de confusão equivale a dizer que há uma contradição fundamental entre a sua essência e a do divino. Localizando-a entre dois animais de estimação, o autor do *hadith* faz da mulher, por um efeito de contágio inevitável, um ser que pertence à espécie animal. Basta que uma mulher apareça no campo de visão para que o contato com a *qibla*, isto é, com o divino, seja perturbado. Como o cachorro e o asno, ela destrói com sua presença a relação simbólica com o divino. É preciso interromper a oração e começar de novo.

Como a civilização árabe é uma civilização da escrita, felizmente temos outros pontos de vista sobre essa questão além do de Abu Hurayra. Segundo Ibn Masruq, quando se invocava diante de Aicha o *hadith* que dizia que as três causas para interromper a oração eram o cachorro, o asno e a mulher, ela dizia: "Vocês nos comparam agora ao asno e aos cachorros. Por Deus, vi o Profeta fazer sua oração enquanto eu estava lá, deitada na cama, entre ele e a *qibla*. E, para não o distrair, evitava me mexer [...]" (AL-BUKHARI, 1978: V.I-199). Os fiéis habituaram-se a procurar Aicha para verificar o que tinham ouvido, confiando em seu julgamento, não apenas por ser próxima ao Profeta, mas por suas próprias competências. "Eu vi grupos de discípulos do Profeta, entre os mais eminentes, fazer-lhe perguntas a respeito dos *faraid* (os deveres práticos dos muçulmanos, os rituais etc.), e Ibn Ata disse: 'Aicha era, entre todas as pessoas, aquela que tinha mais conhecimentos de *fiqh*, a mais culta e, comparada aos que a cercavam, a que tinha o melhor julgamento'" (AL-'ASQALANI, s.d.: V.VIII-18). Apesar de sua vigilância, a influência de Abu Hurayra, no entanto, infiltrou-se nos textos religiosos mais prestigiosos, entre eles o *Sahih* de Al-Bukhari, que, parece, nem sempre se sentiu obrigado a inserir as correções trazidas por Aicha. Muitos desses *hadiths* tinham como objeto a essência "poluente" do feminino.

A importância para o Islã desse aspecto do feminino que evoca a perturbação e a contaminação faz com que nos debrucemos sobre a personalidade de Abu Hurayra, aquele que de certo modo o legalizou. Sem querer brincar de psicanalista ou detetive, pode-se dizer que todo o destino de Abu Hurayra e suas ambiguidades relativas às mulheres estão inscritos na história de seu nome. Abu Hurayra, literalmente "Pai da Gatinha", chamava-se antes Abd al-Chams (Servo do Sol) (ibid.: v.VII-427). O Profeta decidiu mudar esse nome por ter fortes traços de idolatria. "Servo do Sol" era originário do Iêmen, uma parte da Arábia onde as pessoas, além de se dedicarem ao culto do Sol, um astro feminino em árabe, eram comandadas por mulheres nas questões dos negócios e do coração. O Iêmen é o país da rainha de Sabá, Belquis, a rainha que intrigou Salomão, que governava um reino feliz e que marcou a memória árabe no século VII, já que aparece no Alcorão (sura 27, versículos 23 e 24) retomando o maravilhamento de Salomão:

> Abraço (em meu conhecimento) o que
> não abraças (ô Salomão).
> E trago-te, de Sabá, uma notícia segura.
> Soube que uma mulher é tua rainha,
> que com todas as coisas foi provida
> e que tem um trono magnífico.
> Encontrei-a, ela e seu povo,
> Prostrando-se diante do sol
> e não de Deus.

Abu Hurayra era originário da tribo iemenita dos Daws (AL-UZZIY, 1981: 13). Com trinta anos, o "Servo do Sol" se converteu ao Islã. O Profeta lhe deu o nome Abdallah (Servo de Deus) e o apelido Abu Hurayra (Pai da Gatinha), porque ele sempre andava com uma gatinha que amava (AL-'ASQALANI, s.d.: v.VII-426). Mas Abu Hurayra não ficou contente com o apelido que ganhou do Profeta, pois não gostava do toque feminino em seu nome: "Abu Hurayra disse: 'Não me chamem de Abu Hurayra. O Profeta me apelidou de Abu Hirr [Filho do Gato], e o macho é melhor que a fêmea'" (ibid.: v.VII-434). Ele tinha outra razão para ficar sensível a essa história de feminilidade, pois não tinha uma profissão muito masculina. Em uma Medina em plena efervescência econômica, em que os medinenses, principalmente os judeus, faziam da agricultura uma arte, os emigrantes mecanos continuavam suas atividades comerciais e davam um jeito de combiná-las com as expedições militares. Abu Hurayra preferia, de acordo com seus próprios comentários, estar na companhia do Profeta: ele o servia e dava às vezes "uma ajuda nos apartamentos de suas esposas" (ibid.: v.VII-441) — o que pode esclarecer o mistério de seu ódio às mulheres, assim como seu ódio às gatas: ambas pareciam estranhamente ligadas por uma fixação bastante curiosa.

Ele estava tão preocupado com as gatas e com as mulheres que se lembrou de que o Profeta lhe contara um *hadith* relacionado a essas duas criaturas — no qual a gata se sai muito melhor do que a mulher. Mas Aicha testemunhou o contrário, segundo contou um discípulo:

> Estávamos na casa de Aicha, e Abu Hurayra estava conosco. Aicha disse a ele:
> "Pai da Gatinha, foi você que disse que ouviu o Profeta declarar que 'uma mulher foi para o inferno porque deixou uma gata com fome e não lhe deu água'?"
> "Ouvi o Profeta dizer isso", respondeu o Pai da Gatinha.
> "O crente tem muito valor aos olhos de Deus", replicou Aicha, "para que ele o torturasse por causa de uma gata [...] Pai da Gatinha, na próxima vez, quando for repetir as palavras do Profeta, tome cuidado com o que diz." (AL-ZARKACHI, 1980: 118)

Não surpreende que Abu Hurayra ataque Aicha de volta. Mesmo sendo ela a "mãe dos crentes" e "a amante do Amado de Deus", Aicha o contradizia em demasia. Um dia ele perdeu a paciência e, quando ela o atacou, ele se defendeu.

> "Você conta", disse Aicha a Abu Hurayra, "*hadiths* que nunca ouviu." O contra-ataque dele foi contundente: "Ó mãe, eu me dedicava à busca de *hadiths* enquanto você estava ocupada demais com o delineador e o espelho". (AL-'ASQALANI, s.d.: v.VII-440)

Um dos principais temas que causam conflito desde a origem do Islã é o comportamento frente ao ato sexual e às menstruações: seriam ambos fonte de contaminação? Aicha e as outras mulheres do Profeta não perdiam a oportunidade de destacar que o Profeta não compartilhava a atitude fóbica da Arábia pré-islâmica sobre esse assunto. O Profeta se purificava ou não depois de fazer amor no mês do Ramadã? "Eu ouvi Abu Hurayra dizer que aquele que a aurora surpreende sujo [*junub*], aqui se trata da sujeira do ato sexual] não pode jejuar" (AL-ZARKACHI, 1980: 112). Ouvindo essa nova lei decretada por Abu Hurayra, os discípulos foram atrás das esposas do Profeta para se certificar de sua veracidade: "Eles fizeram a pergunta para Umm Salma e para Aicha [...] Elas responderam: 'O Profeta passava a noite *junub*, sem fazer o menor ritual de purificação, e de manhã jejuava'" (ibidem). Os discípulos, perplexos, voltaram a falar com Abu Hurayra.

> "Ah é? Elas disseram isso?", ele comentou.
> "Sim, disseram", repetiram os discípulos cada vez mais ansiosos, pois o Ramadã é um dos cinco pilares do Islã.
> Abu Hurayra confessou então, sob pressão, que não tinha ouvido isso diretamente do Profeta, mas de outra pessoa. Ele voltou atrás no que havia dito e mais tarde soube-se que, antes de morrer, se retratou totalmente sobre esse assunto. (Ibid.: 112-113)

Abu Hurayra não foi o único a relatar *hadiths* sobre o ritual de purificação, verdadeiro ponto de disputa e de conflitos entre Aicha e os discípulos.

> Ibn Omar ordenava às mulheres que faziam o ritual de purificação para desfazer suas tranças (antes de passar a mão molhada sobre os cabelos). Quando lhe contaram o ensinamento que ele propagava, Aicha teria respondido: "Estranho... Por que, já que é assim, ele também não ordena que elas raspem o cabelo? Eu me lavava com o Profeta, nós nos purificávamos com o mesmo balde de água. Eu passava a mão molhada sobre os cabelos três vezes e nunca desfazia as tranças!". (Ibid.: 111)

Aicha insistia nas correções porque estava consciente de suas implicações: a Arábia pré-islâmica considerava a sexualidade, e a mulher menstruada em particular, como fonte de poluição, de contaminação, um polo de forças negativas. Essa teoria sobre a contaminação revelava uma visão do feminino que se expressava por meio de todo um sistema de superstições e crenças que Muhammad queria condenar, porque constituía, por um lado, a essência da *jahiliya* (o tempo da ignorância) e, por outro, a das crenças da comunidade judaica de Medina.

O debate sobre a poluição era um problema de fundo. Aliás, os *fuqaha* que tomaram parte nesse debate — longamente discutido na literatura religiosa — e que se pronunciaram a favor de Aicha tinham como argumento o fato de que sua versão dos *hadiths* parecia estar mais de acordo com a atitude do Profeta, que tentava por todos os meios "lutar contra a superstição sob todas as suas formas" (ibid.: 115).

Era um assunto que não interessava apenas aos imãs, mas preocupava também intensamente os califas: "Muawiya ibn Abu Sufyan perguntou a Umm Habiba, esposa do Profeta, se acontecia com ele, que Deus ore por ele, de fazer a oração com as roupas com as quais tinha feito amor, e ela disse que sim, pois ele não via mal nisso" (AL-NASAI, 1930: V.I-155). O imã Al-Nasai explicou por que insistia tanto no assunto da menstruação em seu capítulo sobre o ritual de purificação: o Profeta queria reagir contra o comportamento fóbico das populações judaicas de Medina que declaravam ser tabu a mulher que menstruava. "Ele lhes ordenava [aos crentes do sexo masculino que lhe perguntavam sobre o tema] que comessem com suas mulheres, bebessem com elas, compartilhassem sua cama, fizessem com elas tudo o que quisessem, menos copular" (ibid.: 152).

Todos os livros de *fiqh* dedicam um ou vários capítulos aos rituais de purificação que o muçulmano deve seguir cinco vezes por dia, antes de realizar a oração. É inegável que o Islã tem uma atitude bastante ansiosa em relação à limpeza corporal, que provoca em muitos uma rigidez quase neurótica. As preliminares de nossa educação religiosa começam por essa atenção dada ao corpo, a suas secreções, aos líquidos, aos orifícios que a criança deve aprender a observar, a controlar incessantemente; o ato sexual impõe um ritual mais elaborado para o homem e para a mulher e, depois de menstruar, a mulher deve se lavar totalmente de acordo com um ritual preciso. O Islã insiste no fato de que o sexo e a menstruação são efetivamente eventos bastante extraordinários (no sentido original do termo), mas não fazem da mulher um polo negativo que "aniquila" de algum modo a presença do divino e atrapalha sua ordem. Mas, quinze séculos depois, parece que a mensagem do Profeta ainda não se refletiu nas práticas de todo o mundo muçulmano, a julgar pela proibição que me foi reiterada em Penang, na Malásia, em Bagdá, no Iraque, ou em Kairouan, na Tunísia, quando eu estava na porta de uma mesquita e queria entrar no santuário.

Umm Maymuna, uma das esposas do Profeta (eram nove nos últimos anos de sua vida em Medina), conforme repetiu o meticuloso Al-Nasai, disse: "Acontecia de o Profeta recitar o Alcorão, com a cabeça sobre os joelhos de uma de nós que estava menstruada. Acontecia também de uma de nós levar seu tapete de oração para a mesquita e estendê-lo, enquanto estava menstruada" (ibid.: 147). Já no tempo em que o imã Al-Nasai escrevia (ele nasceu no ano 214 ou 215 da Hégira, século IX), os estudiosos desconfiavam de que havia ali uma mensagem que perturbava a misoginia arraigada, incrustada no Mediterrâneo árabe, antes e depois do Profeta, e tentavam ficar o mais atentos possível para não trair essa dimensão tão perturbadora do Mensageiro de Deus. Esses *fuqaha*, que sentiam o perigo da misoginia como uma possibilidade de trair o Profeta, passaram a tomar inúmeros cuidados, investigando minuciosamente e analisando a vida sexual dele, dando voz a suas esposas como única fonte confiável sobre o assunto. Eles reuniram detalhes sobre a sua vida tanto na mesquita como em casa. Ibn Saad dedicou um capítulo à planta da casa do Profeta, capítulo que é, logo veremos, extremamente importante para esclarecer essa dimensão do chefe do Islã: uma revolução total em relação à tradição judaico-cristã e à *jahiliya* (período pré-islâmico) em relação ao trato com o feminino. Mas a tendência misógina rapidamente se impôs entre os *fuqaha* e ganhou destaque, ressurgindo em muitos *hadiths* esse medo supersticioso do feminino que o Profeta queria vencer.

Podemos ler entre os "autênticos" de Al-Bukhari o seguinte *hadith*: "O azar está em três coisas: a casa, a mulher e o cavalo" (AL-BUKHARI, 1978: V.III-243). Al-Bukhari não inclui outras versões, ainda que a regra para o *fiqh* fosse dar uma ou várias versões contraditórias a fim de mostrar ao leitor pontos de vista conflitantes, permitindo-lhe ficar suficientemente informado para tomar uma decisão sobre práticas que tivessem sido objeto de litígio. Ora, em Al-Bukhari não se encontra nenhum traço do desmentido que Aicha fez desse *hadith*. Escreveu o imã Al-Zarkachi:

> Contaram a Aicha que Abu Hurayra afirmou que o Enviado de Deus disse: "Três coisas dão azar: a casa, a mulher e o cavalo". Aicha respondeu: "Abu Hurayra decididamente aprendeu mal suas lições. Ele entrou em nossa casa quando o Profeta estava no meio da frase. Só ouviu o fim. O Profeta disse: 'Que Deus combata os judeus, eles dizem: três coisas dão azar: a casa, a mulher e o cavalo'." (AL-ZARKACHI, 1980: 113)

Al-Bukhari, além de não acrescentar essa correção, tratou o *hadith* como se não houvesse tido nenhuma contestação a ele. Citou-o três vezes, cada uma com uma cadeia de transmissão diferente, o que comumente consolida o *hadith* e sugere uma ideia de consenso. Não foi feita nenhuma menção ao debate que aconteceu entre Aicha e Abu Hurayra sobre o assunto. Pior, Al-Bukhari pôs na sequência desse *hadith* misógino um outro, de igual teor, refletindo a mesma visão do feminino como polo de destruição e de azar: "O Profeta disse: 'Eu não deixei para trás nenhuma causa de perturbação mais nociva aos homens do que as mulheres'" (AL-BUKHARI, 1978: V.III-243). A fonte é Abdallah ibn Omar, filho de Omar ibn al-Khattab, o segundo califa, conhecido por seu ascetismo pouco comum e que, ao longo da noite, realizava orações e purificações.[22] Abdallah foi uma fonte muito valorizada por Al-Bukhari, sendo autor de um outro *hadith* famoso que joga as mulheres no inferno: "Abdallah ibn Omar disse que o Profeta afirmou: 'Dei uma olhada no paraíso e notei que a maioria de sua população é constituída de pessoas pobres. Dei uma olhada no inferno e percebi que as mulheres constituem a maioria ali'" (AL-BUKHARI, 1978: V.IV-137).

O que podemos concluir? Que mesmo os *hadiths* considerados *sahih*, os autênticos, devem ser examinados com uma lupa de modo cuidadoso? É nosso direito, disse Malik ibn Anas: Al-Bukhari, como todos os *fuqaha*, começou seu compêndio pedindo a ajuda de Deus e afirmando que só este é infalível. Duvidar de tudo, principalmente dos *fuqaha* e dos imãs, é nossa tradição, e mais do que nunca devemos desenterrá-la dos séculos de esquecimento em que conseguiram escondê-la, e acima de tudo evitar cair em generalizações e afirmar que todos os imãs foram e são misóginos, o que não é verdade hoje e não era verdade ontem. Prova disso é o imã Al-Zarkachi, que, para nossa felicidade, registrou por escrito todas as contestações de Aicha.

22 Pode-se ler a biografia de Abdallah ibn Omar em Al-'Asqalani (s.d.: V.IV-182).

O imã Al-Zarkachi é de origem turca, nascido no Egito no meio do século XIV (exatamente no ano 745 da Hégira). Como todos os estudiosos de seu tempo, vagou pelo mundo muçulmano em busca de conhecimento e se especializou em ciências religiosas, deixando nada menos do que trinta compêndios, vários deles desconhecidos pelos pesquisadores modernos, já que só sabemos seus títulos. Entre os que chegaram até nós, figura um livro dedicado à contribuição de Aicha ao Islã enquanto fonte de ciência religiosa. O livro começa assim: "Aicha é a mãe dos fiéis [...] ela é a amada do Enviado de Deus [...] ela viveu com ele durante oito anos e cinco meses, tinha dezoito anos quando o Profeta morreu [...] ela viveu 65 anos [...] Devemos a ela 1.210 *hadiths* [...]" (AL-ZARKACHI, 1980: 37-38). E acrescentou:

> Este livro é dedicado a sua contribuição particular nessa área, especialmente nos pontos em que ela não estava de acordo com os outros, os pontos sobre os quais trouxe um acréscimo de informação, os pontos sobre os quais estava em desacordo total com os homens da ciência de seu tempo [...] dei a esse livro o título de *Al-Ijaba li-ma istadrakathu Aicha ala al-sahaba* [Compêndio das correções que Aicha fez aos testemunhos dos discípulos]. (AL-ZARKACHI, 1980: 32)

O livro permaneceu como manuscrito até 1939. Al-Afghani o descobriu pesquisando a biografia de Aicha na biblioteca Al-Zahiriya em Damasco. Por que o imã Al-Zarkachi, um dos maiores estudiosos da escola chafita de seu tempo, fez esse trabalho sobre Aicha? Trabalho que, obviamente, considerava extremamente importante, já que dedicou o livro ao Juiz dos Juízes (*Qadi al-Qudat*), o equivalente ao ministro da Justiça hoje, a autoridade suprema em matéria de religião em uma cidade muçulmana. Ele afirmou: "O Profeta reconheceu a importância de Aicha, tanto que disse: 'Busque uma parte de sua religião com a ruivinha'" (ibid.: 31). Um dos diminutivos preferidos do Profeta quando falava de Aicha era *al-humayra* (ruiva), em referência a sua pele muito branca realçada por um leve bronzeado, muito rara no Hijaz, a parte norte da Arábia (KADDURA, 1976).

Aicha contestou muitos *hadiths* de Abu Hurayra e declarou para quem quisesse ouvir: "Ele não é dotado para a escuta e, quando é questionado, dá péssimas respostas" (AL-ZARKACHI, 1980: 116). Aicha podia se permitir criticá-lo, pois sua memória era fabulosa. "Nunca vi alguém que tivesse tantos conhecimentos no *fiqh*, na poesia e na medicina como Aicha" (AL-'ASQALANI, s.d.: v.VIII-17). Abu Hurayra tinha o talento de irritá-la. "Mas quem ouviu isso de Abu al-Qassim (apelido do Profeta)?", exclamou ela quando vieram lhe contar de mais um *hadith* revelado por Abu Hurayra, descrevendo o que o Profeta fazia depois do amor (AL-ZARKACHI, 1980: 120).

Dedicar um tempo a Abu Hurayra, autor de *hadiths* que influenciam a vida cotidiana de toda mulher muçulmana moderna e que foi alvo de extensas críticas na literatura religiosa, não é uma tarefa vã. Abu Hurayra era e ainda é objeto de controvérsias. Ele está longe de ser unanimidade enquanto fonte confiável. O último livro sobre ele, publicado recentemente por uma editora libanesa em conjunto com uma iraquiana, é uma homenagem celebratória escrita por um admirador que dedica nada menos do que quinhentas páginas para... defendê-lo. Abd al-Munim Salih al-Ahly al-Uzziy deu a seu livro um título bem eloquente: *Difaa an Abu Hurayra* (Em defesa de Abu Hurayra), obra de sucesso, já que teve uma nova edição em 1983 (AL-UZZIY, 1981). O autor começa afirmando que "os sionistas e seus aliados e apoiadores encontraram uma outra arma contra o Islã, que é incitar a dúvida no que diz respeito aos narradores de *hadiths* [...] e principalmente entre aqueles que relataram muitos [...]" (ibid.: 7). Isso para dar uma ideia da intensidade da controvérsia a respeito de Abu Hurayra. O certo é que Abu Hurayra, bem antes do sionismo, foi objeto de ataques de discípulos de sua própria geração. Desde o início gozava de uma reputação bastante duvidosa, e Al-Bukhari sabia disso, pois ele mesmo conta que "as pessoas diziam que Abu Hurayra relatava *hadiths* demais" (AL-BUKHARI, 1978: V.I-34). Abd al-Munim, para defendê-lo, expôs todos os incidentes nos quais foi violentamente contestado, e não apenas por Aicha. Garantiu que Omar ibn al-Khattab, o segundo califa ortodoxo, não disse que "o mais mentiroso dos *muhaddithin* [narradores de *hadiths*] é Abu Hurayra" (AL-UZZIY, 1981: 122). Contesta que Omar tenha ameaçado exilá-lo e enviá-lo de volta ao Iêmen, seu país de origem, se ele continuasse a transmitir *hadiths* (ibidem).

Omar, que gozava junto ao Profeta e à comunidade muçulmana de ontem e de hoje de uma influência incomparável, por várias razões, entre elas seu prestígio enquanto homem político, sua audácia no plano militar, sua forte personalidade e seu horror pela mentira, evitava dizer *hadiths*. Ficava aterrorizado com a ideia de não ser preciso. Por essa razão, estava entre os discípulos que preferiam se basear em seu próprio julgamento em vez de se fiar na memória, por vê-la como perigosamente falível (ABU ZAHRA, s.d.: 146). Ele ficava extremamente irritado com a facilidade com a qual Abu Hurayra recitava os *hadiths*: "Omar ibn al-Khattab", pode-se ler na biografia que lhe dedicou Ibn Hajar, "teria feito um dia a seguinte reflexão a respeito de Abu Hurayra: 'Temos muito a dizer, mas temos medo de dizê-lo, e esse homem não tem nenhuma medida'" (AL-'ASQALANI, s.d.: V.VII-440).

A falibilidade da memória era para o discípulo devoto uma oportunidade de meditar sobre a fragilidade do ser diante do tempo-rio, que rouba não apenas a juventude, mas principalmente as lembranças. Omar ibn Hisn, outro discípulo consciente da traição da memória que naufraga, disse:

> Se eu quisesse, poderia contar sem parar *hadiths* sobre o Profeta durante dois dias inteiros. O que me segura e me impede de fazê-lo é que vi homens entre os discípulos do Enviado de Deus que ouviram exatamente o que eu ouvi, que viram o que eu vi, e esses

> homens narram *hadiths*. Esses *hadiths* não são exatamente o que nós ouvimos. E eu tenho medo de alucinar como eles alucinam. (ABU ZAHRA, s.d.: 145)

O termo árabe utilizado é *yuchabih*, literalmente "alucinar", isto é, ver uma realidade que não existe, mas que se parece, por sua qualidade, com a "verdadeira".

Abu Hurayra, por outro lado, durante os três anos passados na companhia do Profeta, teria conseguido a façanha de recordar 5.300 *hadiths* (AL-'ASQALANI, s.d.: v.VII-432). Al-Bukhari identificou oitocentos especialistas que o citaram como fonte (AL-BUKHARI, 1978: v.I-34). Eis como Abu Hurayra explicou sua memória fabulosa: "Eu disse ao Profeta: 'Ouço-o com atenção, gravo muitas de suas palavras, mas esqueço muitas'" (ibidem). Então, o Profeta teria dito a ele que estendesse seu manto enquanto falava e que o recolhesse no fim da sessão. "Foi assim que eu não esqueci mais nada" (ibidem). Numa religião como o Islã, que tem horror aos mistérios de todos os tipos, em que Muhammad resistiu à pressão de seus contemporâneos para fazer milagres e atos mágicos e na qual a maioria dos *fuqaha* caiu muito cedo num pragmatismo exagerado, contar-lhes a história do manto não é a melhor forma de convencê-los.

Abu Hurayra dava também outra explicação, um pouco mais realista do que a primeira: os outros discípulos, contava ele, envolviam-se nos negócios e passavam o tempo percorrendo os mercados, fazendo contratos de comércio e ganhando dinheiro, enquanto ele não tinha nada a fazer além de seguir o Profeta por toda parte (AL-'ASQALANI, s.d.: v.VII-517). Omar ibn al-Khattab, que era conhecido por seu vigor físico e acordava a cidade ao amanhecer para orar, não gostava de preguiçosos e de pessoas que não tinham uma ocupação precisa. Uma vez convocou Abu Hurayra para lhe oferecer um emprego. Para sua grande surpresa, este declinou a oferta. Omar, que não brincava com esse tipo de coisa, disse a ele:

"Você se recusa a trabalhar? Pessoas melhores que você imploraram trabalho."

"Quem são as pessoas melhores do que eu?", perguntou Abu Hurayra.

"José [o profeta], filho de Jacó, por exemplo", disse aquele para pôr fim a uma conversa que o cansava demais.

"Ele", respondeu Abu Hurayra, rebelde, "era um profeta, filho de um profeta, e eu sou Abu Hurayra, filho de Umayma." (AL-'ASQALANI, s.d.: V.VII-517)

Com essa historinha, voltamos ao nosso ponto de partida, a relação do "Pai da Gatinha" com o feminino, e à questão bastante séria da relação entre o sagrado e a mulher. Relação que se desdobra, aliás, com uma teatralidade muito singular no caso do Islã enquanto relações de gêneros, já que se singulariza por um jogo em que o *hijab* ocupa um lugar central. Todas as religiões monoteístas são atravessadas pelo conflito divino-feminino, mas nenhuma foi tão longe quanto o Islã, que optou pela ocultação do feminino, pelo menos simbolicamente, tentando velá-lo, escondê-lo, mascará-lo. Essa atitude quase fóbica em relação às mulheres é ainda mais surpreendente porque vimos que o Profeta encorajou seus seguidores a renunciar a ela, já que representava a *jahiliya* e suas superstições. Daí surge a seguinte questão: será possível que o Islã, no nível das mentalidades profundas relativas às mulheres, tenha tido apenas um efeito limitado e superficial? Será possível que o *hijab*, a tentativa de esconder a mulher, que reivindicamos hoje como constitutiva da identidade muçulmana, seja de fato apenas a expressão da mentalidade pré-islâmica, a mentalidade da *jahiliya* que o Islã deveria destruir?

O que representa realmente o *hijab* em seu contexto muçulmano antigo? O que significa a palavra? Quais são sua lógica e sua justificativa? Quando foi instaurado, onde, por quem e por quê?

SEGUNDA PARTE

MEDINA EM REVOLUÇÃO: OS TRÊS ANOS FATÍDICOS

I.
O *HIJAB*, O VÉU

O *hijab*, literalmente "cortina", "desceu" para pôr uma barreira entre dois homens e não entre um homem e uma mulher. O *hijab* é um acontecimento datado, correspondendo ao versículo 53 da sura 33 que foi revelada durante o ano 5 da Hégira (627).[23]

> Ó você que crê,
> Não entre nos aposentos do Profeta
> A não ser que tenha sido autorizado por um convite para uma refeição.
> Nesse caso, só entre quando a refeição estiver pronta para ser servida.
> Se for então convidado [para uma refeição], entre, mas saia assim que terminar de comer, e não se demore em conversas familiares. Essa demora faz mal ao Profeta, que tem vergonha de dizer isso a você. Mas Deus não tem vergonha de dizer a verdade.
> Quando for perguntar alguma coisa [para as esposas do Profeta], faça isso atrás de um *hijab*. É mais puro para seu coração e para o delas.[24]

Os *fuqaha* usam a expressão "a descida do *hijab*", que compreende na verdade dois eventos simultâneos, que acontecem em dois âmbitos totalmente diferentes: por um lado, a descida do versículo corânico, vindo do céu, isto é, a revelação feita por Deus ao Profeta, operação que se enquadra no âmbito intelectual; por outro, a descida de um *hijab* de tecido, um *hijab* material, uma cortina que o Profeta estendeu entre ele e o homem que estava na porta de sua câmara nupcial.

23 Todos os autores estão de acordo sobre o ano, mas o mês varia. Ver Ibn Hicham (s.d., v.III-237), Al-Tabari (1980: 221SS), Ibn Saad (1980: v.VIII-174) e Al-Tabari (1979: v.III-42).

24 As traduções de Régis Blachère e Denise Masson deixam na sombra a dimensão espacial do *hijab* expressa pela palavra *sitr*, adotando a palavra "véu" para traduzir tanto *hijab* quanto *sitr*.

O versículo do *hijab* "desceu" no quarto do casal para proteger sua intimidade e excluir uma terceira pessoa — no caso, Anas ibn Malik, um dos discípulos do Profeta. Anas foi excluído pelo *hijab*, como testemunha e símbolo de uma comunidade que se tornava invasiva demais — e é o próprio Anas quem relata esse episódio. Quando se sabe como esse gesto-acontecimento repercutiria na vida das mulheres muçulmanas, a descrição de Anas é importante: o Profeta acabara de se casar e estava impaciente para ficar com a nova esposa, sua prima Zaynab, mas não conseguia se livrar de um pequeno grupo de convidados indelicados que ficara ali, perdido na conversa. O véu seria uma resposta de Deus para uma comunidade de modos grosseiros, que feria, com sua indelicadeza, um Profeta cuja educação beirava a timidez — é essa pelo menos a interpretação de Al-Tabari.

> Anas ibn Malik disse:
> "O Profeta se casou com Zaynab bint Jahch. Ele me encarregou de convidar as pessoas para o banquete de núpcias. Fiz isso. As pessoas vieram em grande número. Chegaram em grupos, uns depois dos outros. Comiam e depois iam embora. Eu disse ao Profeta:
> 'Enviado de Deus, convidei tanta gente que não encontro mais ninguém para convidar'.
> Num determinado momento, o Profeta disse:
> 'Parem o banquete!'
> Zaynab estava sentada num canto do quarto. Era uma mulher muito bonita. Todos os convidados tinham ido embora, menos três que ficaram por ali. Eles ainda continuavam no quarto, conversando. Contrariado, o Profeta saiu do quarto. Ele foi para o aposento de Aicha. Vendo-a, cumprimentou-a:
> 'A paz esteja com você, moradora da casa', disse a ela.
> 'E que a paz esteja com você, Profeta de Deus', respondeu Aicha. 'O que achou de sua nova companheira?'
> Ele visitou assim os apartamentos de suas esposas, que o acolheram como Aicha. Finalmente, deu meia-volta e retornou para o quarto

> de Zaynab. Ele percebeu que os três convidados ainda não tinham ido embora. Continuavam lá conversando. O Profeta era um homem extremamente educado e reservado. Saiu rapidamente e foi de novo ao aposento de Aicha. Não me lembro mais se fui eu ou outra pessoa que foi avisar que os três indivíduos tinham finalmente decidido ir embora. Em todo caso, ele voltou para o quarto nupcial, pôs um pé dentro do quarto e deixou um pé do lado de fora, e foi nessa posição que ele abriu um *sitr* (cortina) entre mim e ele e o versículo do *hijab* desceu nesse momento". (AL-TABARI, 1957: V.XXII-26)

Nessa versão, Al-Tabari usa dois conceitos que tendem a ser confundidos: *hijab* e *sitr*, que quer dizer literalmente "cortina". Retomemos os fatos mais destacados desse testemunho:

1. Puxando a cortina, contou Anas, o Profeta disse o que se tornaria, na classificação do texto corânico, o versículo 53 da sura 33, que é para os especialistas O VERSÍCULO DO *HIJAB*. Trata-se das palavras que Anas ouviu o Profeta dizer quando puxou o *sitr* (cortina) entre eles. Palavras que eram a mensagem inspirada por Deus para seu Profeta, em resposta a uma situação em que, aparentemente, Muhammad não sabia o que fazer nem como agir. Lembremos aqui que o Alcorão é um livro enraizado na vida cotidiana do Profeta e de sua comunidade; com frequência oferece uma resposta para alguma situação.

2. O segundo fato a ser destacado é que o Profeta festejava seu casamento com Zaynab bint Jahch.

3. Ele convidou quase toda a comunidade muçulmana de Medina.

4. Todos participaram do banquete de núpcias e foram embora, menos três homens mal-educados que continuaram conversando, sem se preocupar com a impaciência do Profeta e com seu desejo de ficar sozinho com sua nova esposa.

5. O Profeta, irritado, dirigiu-se para o pátio, andou de um lado para o outro, voltou para o quarto e esperou que os que haviam ficado decidissem ir embora.

6. Assim que eles saíram, Deus revelou ao Profeta o versículo sobre o *hijab*.

7. O Profeta puxou um *sitr* entre ele e Anas, enquanto recitava o versículo 53 da sura 33, que detalharemos em seguida.

Al-Tabari não tentou, em sua descrição da "descida do *hijab*", revelar as razões da irritação do Profeta, conhecido por seu sangue-frio e sua paciência infinita — uma irritação que precipitaria a revelação de uma decisão tão grave como a de instaurar o *hijab*. Na conjuntura que trouxe a revelação do *hijab*, já se pode notar a excepcional rapidez de encadeamento dos acontecimentos: a irritação do Profeta e a reação divina quase imediata. Teremos a oportunidade de estudar vários versículos e seus *asbab al-nuzul* (as causas da revelação), e existe, com frequência, entre o momento em que o problema aparece e aquele em que a solução é revelada, um período de gestação, de algum modo, uma espera, um tempo que passa. No caso do *hijab*, no entanto, a rapidez bastante incomum da revelação não combina com o ritmo psicológico regular das revelações e, principalmente, com o que se conhece do caráter do Profeta.

O Profeta era conhecido por sua incrível capacidade de dominar a si mesmo. Ele nunca agia por impulso, passando dias inteiros em reflexão quando era confrontado com um problema e as pessoas estavam acostumadas a essa lentidão. Registrar o problema e pensar nele por um longo tempo antes de tomar uma decisão eram traços de caráter que lhe permitiram sobreviver e se comunicar com uma sociedade de modos violentos. A impressão dominante que se depreende de seu retrato "oficial", como figura nos livros de história, é a de um homem doce e tímido. O Profeta

> tinha um tamanho mediano, nem muito alto nem muito baixo. Sua pele era de um branco rosado; seus olhos eram pretos, seus cabelos, espessos, brilhantes e bonitos. Sua barba emoldurava seu rosto e era bem cheia. Seus cabelos longos, que chegavam até os ombros, eram pretos. Seu pescoço era branco [...] Havia em seu rosto tanta doçura

> que, ao ficar em sua presença, não era possível deixá-lo [...] Qualquer um que o tivesse visto concordava que nunca havia encontrado, nem antes, nem depois, um homem com palavras tão encantadoras [...] (AL-TABARI, 1980: 337).

Paradoxalmente, numa sociedade em que, de acordo com Al-Tabari, as pessoas recorriam facilmente à espada para resolver seus problemas, Muhammad se distinguia por sua capacidade de absorver tensões, de ficar calmo. O Profeta era um homem público, experiente na arte do contato, na arte de encantar, de convencer os indivíduos e as multidões de diferentes horizontes. Ele estava acostumado a suportar homens grosseiros e sem modos: não era possível para alguém se impor como uma autoridade na sociedade árabe sem ter um controle exemplar de si mesmo; foi isso que levou o Profeta a ser reconhecido, desde muito jovem, como um *hakam*, um árbitro em casos de conflito. Como então explicar que uma irritação tão pequena tenha precipitado, com tamanha rapidez, uma decisão tão draconiana como o *hijab*, que dividiu o espaço muçulmano em dois?

O contexto histórico pode nos ajudar a começar a esclarecer esse mistério. O ano 5 da Hégira (627) não foi um ano como os outros. Foi o ano mais desastroso para o Profeta enquanto chefe militar de uma seita monoteísta, que tentava se impor numa Arábia politeísta e satisfeita com isso.

Voltemos ao momento em que Muhammad, perseguido em sua cidade, decidiu deixar Meca para pedir asilo junto às tribos de Medina. Uma cidade de sedentários e agricultores como Medina não teria decidido abrigar um contestador, que declarou guerra a toda a Arábia, a seus deuses e a Meca, temida e poderosa, se não esperasse ganhar alguma coisa com isso.

É preciso ver as coisas de modo realista: Muhammad e sua empreitada só tiveram sucesso graças a uma preocupação constante com a realidade e suas tensões. Ao fugir de Meca após tentar invadir o santuário, Muhammad sabia que só poderia triunfar voltando para lá. Os mecanos também estavam cientes disso, de forma que estavam decididos a impedi-lo de tomar a cidade. Assim, qualquer um que recebesse o Profeta e o abrigasse expunha-se à guerra com uma das tribos mais poderosas da Arábia, os coraixitas e seus aliados, a própria tribo do Profeta cujos interesses ele ameaçava.

O Profeta sabia que os medinenses esperavam que ele se impusesse militarmente na região. Alcançar vitórias no campo de batalha era necessário para que os Muhajirun (os emigrantes mecanos) sentissem confiança em si mesmos e para mostrar aos medinenses que haviam feito uma boa escolha optando pelo Islã. O ano 5 foi o ano da estagnação e do marasmo, desde a derrota militar de Uhud, que aconteceu no ano 3 da Hégira (625). Foi um ano mais difícil ainda por ter se seguido ao sucesso das tropas de Muhammad na batalha de Badr, que aconteceu no ano 2 (624).

Em Badr, o número de muçulmanos era ridiculamente pequeno, comparado ao dos adversários: eles eram apenas 314, com 83 emigrantes mecanos, enquanto os Ansar, seus aliados medinenses, eram compostos de 61 da tribo dos Aws e 170 da tribo dos Khazraj (IBN HICHAM, s.d.: v.XI-364). Os mecanos vieram em número de "950; cem deles tinham cavalos, os outros montavam camelos" (AL-TABARI, 1980: 150).

Quando a batalha começou em torno da colina de Badr, "o Profeta, com Abu Bakr, entrou na tenda, prosternou-se novamente, chorou e suplicou, dizendo: 'Ó Senhor, se essa tropa que está comigo morrer, não haverá mais depois de mim ninguém que O adorará; todos os fiéis abandonarão a verdadeira religião'. Ele manteve as mãos levantadas para o céu, orando [...]" (ibidem). Deus despachou então como reforço um exército de 5 mil anjos invisíveis (IBN HICHAM, s.d.: v.II-285). Mas o Profeta não se contentou em apenas orar, ele usou toda tática militar — informações sobre o inimigo, estudo do território (em particular, a ocupação de um poço estratégico), negociações na base com os homens da tropa, sonhos proféticos e outras técnicas — para transformar um punhado de indivíduos no princípio de um exército de conquistadores. "O Profeta orou por muito tempo; depois, saiu da tenda e os muçulmanos se ordenaram para a batalha. O Profeta, com um bastão na mão, passou diante das filas para alinhá-las. Um dos Ansar, chamado Sawad ibn Ghaziya, estava um pouco fora da fila. O Profeta bateu com o bastão em seu ventre [...]" (AL-TABARI, 1980: 154). As perdas inimigas foram severas: catorze muçulmanos mortos contra 72 do lado dos mecanos, somando o mesmo número de prisioneiros (IBN HICHAM, s.d.: V.II-372). Como a maioria destes últimos era formada por aristocratas, seus parentes foram obrigados a resgatá-los (para evitar que fossem escravizados), pagando quantias que constituíram um butim fabuloso.

Infelizmente, o milagre de Badr não se reproduziu quando os muçulmanos tiveram que enfrentar um enorme grupo de mecanos na batalha de Uhud, treze meses depois. Uhud foi um desastre: os mecanos eram "3 mil homens completamente armados, parte deles habitantes de Meca, parte árabes beduínos. Duzentos deles tinham cavalos, os outros, camelos. Setecentos homens estavam com armaduras. Eles marcharam sobre Medina, chegando às portas da cidade, parando perto de uma montanha cuja altura é de um *mille*"[25] (AL-TABARI, 1980: 191). O Profeta se apressou a ir ao encontro deles para evitar que tomassem Medina. Saiu liderando mil homens. Tinham um único cavalo, além daquele do Profeta. Quando se sabe que o número de armaduras e de cavalos garantia a sorte do vencedor, percebe-se que o triunfo dos mecanos foi rápido: "O Profeta, em pé, viu os muçulmanos que fugiam para Medina. Ele se rendeu com seus companheiros sobre uma colina de areia e gritou: 'Meus amigos, estou aqui, eu, o Profeta de Deus!'. Mas eles, mesmo ouvindo sua voz, não voltaram [...]" (ibid.: 201). A descrição dessa batalha e as razões de seu fracasso, em particular o fato de que alguns muçulmanos estavam mais interessados na pilhagem do que na guerra santa, ocupam páginas e páginas dos

25 Antiga medida romana que corresponde a 1.481,5 metro. [N. da T.]

livros de história (IBN HICHAM, s.d.: V.III-64-112). O mais duro foi a volta para Medina: as perdas dos muçulmanos aumentaram para setenta homens. "Não havia uma única casa em Medina que não estivesse de luto. Quando o Profeta entrou na cidade, ouviu os lamentos na porta da mesquita. Perguntou qual era o significado daquilo. Responderam-lhe que eram as mulheres dos Ansar que choravam os mortos de Uhud" (AL-TABARI, 1980: 209).

O ano 5 da Hégira — o da descida do *hijab* — foi, portanto, um ano particularmente desastroso. Desde Uhud, o Profeta não tinha parado de organizar expedições para manter vivos o desejo de vencer e a lembrança de Badr, e não conseguia realizar seu sonho: vencer os mecanos para consolidar militarmente sua autoridade aos olhos de seus discípulos medinenses e, por fim, aos de todos os outros árabes. Pior, estes, sob o comando dos mecanos, sitiaram Medina naquele ano. O versículo do *hijab* faz parte da sura 33, "Al-Ahzab", literalmente a sura "dos clãs", das facções. Essa sura descreve, entre outras coisas, o cerco de Medina, conhecido como batalha de *Khandaq*, a batalha da Trincheira, pois Muhammad havia ordenado que fosse cavado um fosso em volta da cidade para protegê-la.

O Islã vivia um momento de crise militar grave, do qual só saiu na primavera do ano 8 (630), quando o Profeta obteve uma vitória decisiva sobre os mecanos, depois da qual conquistou Meca e toda a Arábia. O incidente que aconteceu durante a noite de núpcias do Profeta e de Zaynab deve ser situado nesse contexto, uma época de dúvidas e de derrotas militares que minaram o moral dos habitantes de Medina.

O versículo 53 da sura 33 é considerado pelos fundadores da ciência religiosa a base para a instituição do *hijab*. Os livros do *fiqh* dedicam sempre um capítulo à "descida do *hijab*". Esse versículo não é o único a respeito desse acontecimento, mas foi o primeiro de uma série que levou a uma cisão do espaço muçulmano. Uma releitura atenta desse versículo nos revela que as preocupações de Deus são de ordem cultural: impor aos discípulos modos educados que eles parecem não ter, como entrar na casa de alguém sem pedir permissão.

Para além das regras de educação, a última parte do versículo aborda um outro assunto: a decisão de Deus de proibir aos muçulmanos o casamento com as mulheres do Profeta depois da morte dele. O versículo do *hijab* acaba assim: "Vocês não devem fazer mal ao Profeta de Deus casando-se depois de sua morte com suas esposas. Nunca façam isso; esse ato seria uma enormidade perante Deus".

Al-Tabari, que explica o Alcorão frase por frase, abordou essa última parte separadamente. O Profeta foi ameaçado por homens que afirmavam, quando ele estava vivo, o desejo de se casarem com as mulheres dele depois de sua morte. Como era possível? A crise da sociedade deveria ser bem profunda para que tamanha agressão — verbal, é verdade, mas simbolicamente perigosa — pudesse ser proferida. Além do incidente da falta de educação dos convidados no dia do casamento com Zaynab, parece que o *hijab* veio pôr ordem numa situação bem confusa, numa dinâmica complexa. O *hijab* seria o resultado de toda uma rede de conflitos e de tensões. Mas uma leitura rápida do texto corânico, como a do testemunho de Anas que Al-Tabari reproduziu, dá a impressão contrária, do que decorre a seguinte questão metodológica: somos obrigados a limitar nossa investigação sobre esse versículo à noite de núpcias de Zaynab ou o Islã nos habilita a procurar as causas em outros lugares, no contexto histórico, por exemplo? Aparentemente, a tradição científica inaugurada pelos *fuqaha* nos encoraja a levar a pesquisa tão longe quanto possível. Al-Suyuti, por exemplo, autor de um livro sobre as causas das revelações, disse: "É impossível compreender um versículo sem conhecer a *qissa* (a história) e as causas que levaram à sua revelação" (AL-SUYUTI, 1983: 13). Ele acrescentou que "acontece com frequência de os *mufassirun* (comentaristas, aqueles que explicam o Alcorão) trazerem várias causas para o mesmo versículo" (ibid.: 15). Apesar da abundância de comentários e de interpretações do texto corânico, não se encontra em lugar nenhum (que eu saiba) uma síntese que integre o conjunto de causas relacionadas a determinado versículo, num encadeamento cronológico e com a análise de seu impacto psicológico e social. Al-Suyuti, que quer identificar as causas da revelação, assim como Al-Tabari, que quer explicar o versículo e pretende, portanto, fazer um trabalho mais global, contentam-se em fazer a crônica dos acontecimentos. O livro de Al-Suyuti sobre as causas é um resumo de algumas centenas de páginas do enorme *Tafsir* de Al-Tabari, que compreende trinta volumes e acrescenta à identificação das circunstâncias da revelação a análise linguística de cada termo, as nuances e os debates, entre os especialistas, relativos à interpretação e, finalmente, a conclusão do próprio Al-Tabari. Nada de síntese. Sem síntese, no entanto, não se pode hoje em dia apreender todas as complexidades do acontecimento, daí a necessidade de examinar cada informação de que dispomos, em particular a dimensão linguística do termo *hijab*.

O conceito de *hijab* é tridimensional, e as três dimensões muitas vezes se cruzam. A primeira dimensão é visual: esconder do olhar. A raiz do verbo *hajaba* quer dizer "esconder". A segunda é espacial: separar, demarcar uma fronteira, estabelecer um limite. Por fim, a terceira é ética: ela se refere ao que é proibido. Nesse nível não se trata mais de categorias palpáveis, que existem na realidade dos sentidos, como o visual ou o espacial, mas de uma realidade abstrata, da ordem das ideias. Um espaço escondido por um *hijab* é um espaço proibido. O dicionário *Lisan al-'arab* não ajuda muito. Ele explica que *hajaba* quer dizer "esconder com um *sitr*". E *sitr*, em árabe, quer dizer literalmente "cortina". Portanto, uma operação que divide o espaço em dois e esconde uma parte do olhar. O dicionário acrescenta que alguns sinônimos do verbo "esconder" são formados a partir das palavras *sitr* e *hijab*, como *satara* e *hajaba*. Aquele que tem a paciência de seguir o autor desse dicionário, pelos exemplos que ele toma o cuidado de mencionar, chega gradualmente a decantar e enriquecer essa noção fundamental.

O depositário da chave da Caaba, o túmulo santo, tem o privilégio da *hijaba*: "Os Banu Qussai (Bani Chaiba)", ele explica, "diziam que tinham a *hijaba* da Caaba, isto é, que eram responsáveis por sua proteção e que tinham suas chaves [...]". Manzur cita também o "*hijab* do príncipe": o homem mais poderoso da comunidade muçulmana recorria ao véu para escapar dos olhares de sua comitiva — tradição que, aplicada aos dias de hoje, escandalizaria os chefes de Estado árabes! O *hijab* é, entre outras coisas, a cortina atrás da qual ficavam os califas e os reis para escapar dos olhares de seus familiares, diz a *Encyclopédie de l'Islam*: "Esse costume, ignorado, ao que parece, pelos antigos habitantes do Hijaz, teria sido introduzido no Islã, provavelmente sob influência da civilização sassânida, pelos omíadas [...] Muawiya e seus sucessores eram separados de seus familiares por uma cortina, *sitara* e *sitr*, mas trata-se de um mesmo costume, que, evoluindo, acabou se tornando institucional".[26] Esse costume, que hoje nos parece estranho, foi praticado desde Muawiya, o quinto califa.[27] Foi introduzido em seguida na Andaluzia, na África do Norte e no Egito, onde a dinastia fatímida (909-1171) o desenvolveu a ponto de torná-lo um verdadeiro cerimonial. Com os fatímidas, a dimensão sagrada do califa adquiriu uma importância particular: "Considerado a hipóstase da inteligência ativa do mundo, o califa era quase um objeto de culto.

26 Em *Encyclopédie de l'Islam*, ver *hijab*. A 1ª edição foi publicada em três idiomas, francês, inglês e alemão, entre 1913 e 1939, em quatro volumes. Uma segunda edição ampliada (doze volumes) foi publicada entre 1960 e 2005 e está disponível em francês e inglês, também em versão digital, no site da editora Brill.

27 Não há quinto califa na ortodoxia muçulmana. Há quatro: Abu Bakr, Omar, Uthman e Ali. Muawiya, que tomou o poder usando um método considerado inadmissível, uma arbitragem fraudulenta, constitui, portanto, uma ruptura na cadeia de transmissão do poder. Utilizo o número cinco apenas como objetivo didático, para ajudar o leitor a se localizar.

Por isso, devia escapar, na medida do possível, do olhar de seus fiéis, que ficavam assim protegidos do brilho de seu rosto".[28]

Não se pode explorar o sentido da palavra *hijab* sem mencionar a utilização que fazem dela os sufis muçulmanos, que não tem nada a ver com "cortina". Com eles, alcançamos os horizontes sem fim das aspirações espirituais que o muçulmano deve reivindicar, nos quais o *hijab* é um fenômeno essencialmente negativo, uma perturbação, uma incapacidade. "No sufismo, chamamos de *mahjub* (velado) aquele cuja consciência é determinada pela paixão sensual ou mental e que, consequentemente, não percebe a luz divina no coração. Segundo essa expressão, é o homem que é coberto por um véu, ou por uma cortina, e não Deus" (BURCKHARDT, 1969). Na terminologia sufi, o *mahjub* é aquele que está preso em sua realidade primeira, incapaz de experimentar estados elevados de consciência. A pessoa não iniciada na disciplina sufi não sabe como explorar suas capacidades extraordinárias de percepções múltiplas, que podemos, com treinamento e disciplina, extrair da matéria e dirigir para o alto, para o céu, para o divino.

Para Al-Hallaj, a busca constante de Deus é o que permite ultrapassar o *hijab* que aprisiona nossa consciência: "As criaturas se perdem em uma noite tenebrosa procurando-Te [Deus] e só percebem alusões" (AL-HALLAJ, 1981). O oposto do *hijab*, entre os místicos, é o *kachf*, a descoberta (AL-DARQAWI, 1978).

Vemos, então, que o conceito de *hijab* é um dos conceitos-chave da civilização muçulmana, como o do pecado na civilização cristã ou o do crédito na civilização capitalista dos Estados Unidos. Reduzir ou transformar esse conceito em um pedaço de pano que os homens impuseram às mulheres para que se cubram quando andam na rua é realmente empobrecer esse termo, para não dizer esvaziá-lo de seu sentido, sobretudo quando se sabe que o *hijab*, segundo o versículo do Alcorão e a explicação de Al-Tabari citada acima, "desceu" do céu para dividir o espaço entre dois homens.

28 Em *Encyclopédie de l'Islam*, ver *hijab*.

É crucial compreender que o *hijab* pode expressar uma dimensão espacial, marcar um limiar entre dois domínios distintos, e ocultar — o que representa poder, como no caso do *hijab al-amir* (o *hijab* do comandante), ou ainda expressa a noção contrária, como no caso do *hijab* sufi, que impede o conhecimento do divino. Nesse último caso, é o indivíduo diminuído que está velado. Portanto, se o *hijab* que separa a pessoa do príncipe deve ser respeitado, o que separa a pessoa de Deus deve ser destruído. Para completar, é preciso observar a utilização anatômica da palavra *hijab*, que designa um limite e uma proteção ao mesmo tempo. A sobrancelha, nos diz o *Lisan al-'arab*, é um exemplo que combina esses dois conceitos: "*Al-hajiban* [sobrancelhas] são os dois ossos localizados sobre o olho, com seus músculos e seus pelos [...] eles foram chamados assim porque protegem o olho dos raios do sol [...]". Tudo o que separa e protege é um *hijab*, daí seu uso frequente na anatomia: o diafragma é *hijab al-jawf* (*hijab* do estômago) e o hímen é *hijab al-bukuriya* (*hijab* da virgindade).

Quando deixamos o domínio linguístico para voltar ao texto corânico, descobrimos um *hijab* negativo, similar à noção sufi de um obstáculo que nos impede de ver Deus:

> Encontramos no Alcorão, que o utiliza apenas sete vezes, informações ainda mais valiosas sobre o significado real e metafórico desse termo [*hijab*], que nos esclarecem também, de certo modo, sua evolução. De maneira geral, ele designa uma separação: é o véu ou a cortina atrás da qual Maria ficou separada dos seus (sura 19, versículo 17); é também o isolamento (depois, o gineceu) imposto primeiramente apenas às esposas do Profeta (sura 33, versículo 53 e versículo 32), parece que por aconselhamento de Omar. No dia do Julgamento Final, os eleitos são separados dos amaldiçoados por um *hijab* (sura 7, versículo 46), uma muralha, dizem os comentaristas que se baseiam nessa interpretação do Alcorão (sura 56, versículo 13): "Não é dado ao homem que Deus fale com ele, a não ser por revelações, ou atrás de um *hijab*" (sura 42, versículo 51),

> destinado aparentemente a proteger o eleito do brilho do rosto divino [...][29]

Esse último significado do *hijab*, véu que esconderia Deus dos homens, ganha às vezes no Alcorão um valor eminentemente negativo, quando descreve a incapacidade de alguns indivíduos de perceber Deus. É o caso do versículo 5 da sura 41, em que, de acordo com Al-Tabari, o véu de que se fala expressa as dificuldades que tinham os coraixitas, politeístas por tradição, de apreender a mensagem monoteísta de Muhammad:

> Eles [os politeístas] dizem: "Nossos corações estão em esconderijos que nos impedem de compreender aquilo para o que você nos chama. E nossos ouvidos sofrem de uma doença que nos impede de ouvir. Entre você e nós há um *hijab*".

Nesse versículo, o *hijab* é uma diminuição da inteligência humana. Além disso, o título da sura, "Fussilat", significa "Sura dos Versos Aclarados". Aqui, *hijab* é sinônimo de *akinna*, que é "um esconderijo, como o que protege o arco" (AL-TABARI, 1957: V.XXIV-91). E Al-Tabari acrescenta que *hijab* nesse versículo "quer dizer uma diferença conflitante de religião" (ibid.: 92), pois os coraixitas que se opunham ao Profeta praticavam o culto aos ídolos enquanto o Profeta os convidava a adorar um Deus único: "O *hijab* que eles [os politeístas] alegam existir entre eles e o Profeta de Deus é, na verdade, fruto de suas próprias escolhas conflituosas em matéria religiosa" (ibidem). Aquele que está cegado pelo *hijab* é antes de tudo o politeísta. Para alguns teólogos, como Al-Nisaburi, o *hijab* é uma punição: "Entre as invocações que Sari al-Saqati recitou, podemos notar a seguinte: 'Deus, se vai me torturar com alguma coisa, não me torture com a humilhação do *hijab*'" (AL-NISABURI, 1978). É estranho, portanto, observar a trajetória moderna desse conceito, que tinha

29 Em *Encyclopédie de l'Islam*, ver *hijab*.

inicialmente, no Alcorão, uma conotação tão fortemente negativa: antes, sinal do que é amaldiçoado, excluído do privilégio e das graças espirituais que o muçulmano pode alcançar, ele é, hoje, reivindicado como um símbolo da identidade muçulmana, um maná para a mulher muçulmana.

Muitas reedições de livros a respeito da mulher, do Islã e do véu são feitas por autoridades religiosas "preocupadas com o futuro do Islã" e explicam em suas introduções que seu objetivo é "salvar a sociedade muçulmana do perigo que a mudança representa". Numa época em que o livro árabe vive uma grave crise, devido, entre outras razões, à guerra do Líbano (tradicionalmente um grande centro da indústria editorial), levando ao aumento vertiginoso dos preços dos livros, surpreende ver que essas reedições sejam muitas vezes luxuosas (com lombada dourada!), circulando com preços espantosamente baixos: por 58 dirhams pode-se comprar a nova edição de 1981 do *Kitab ahkam al-nisa* (Disposições legais relativas às mulheres), de Ibn al-Jawzi (1980), autor conservador do século XIII (morto no ano 589 da Hégira). Com Ibn al-Jawzi, a dimensão prisional do *hijab* alcança o delírio. A simples leitura de alguns títulos de capítulo dá o tom: capítulo 26, "Desaconselhar as mulheres a sair"; capítulo 27, "Os benefícios da mulher que opta pelo lar"; capítulo 31, "Argumento para provar que é melhor para a mulher não ver os homens". É óbvio que a participação das mulheres na oração coletiva se tornou um ato clandestino. Ele citou um estranho *hadith* em que as mulheres do Profeta se infiltravam na mesquita no meio da noite, orando totalmente cobertas por seus véus e deixando o lugar às pressas antes da aurora (IBN AL-JAWZI, 1980: 200). Quanto ao direito de fazer o *hajj*, a peregrinação a Meca, Ibn al-Jawzi começou o capítulo falando das condições exigidas para que uma mulher pudesse empreender uma viagem como essa: era preciso que ela fosse livre (a mulher escravizada era, portanto, automaticamente privada do *hajj*), que tivesse ultrapassado a idade da puberdade e que fosse capaz de raciocinar. Era preciso também ser suficientemente rica (para poder pagar a viagem) e, finalmente, ser acompanhada por um homem que lhe seja proibido pela lei do incesto (*muharram*). Ele acrescentou que, de qualquer forma, a mulher não pode viajar mais de três dias se não estiver acompanhada pelo pai, pelo marido ou pelo filho (ibid.: 251). Porta-voz do *madhab*, o representante mais conservador, mais ascético e mais rígido das quatro escolas de jurisprudência do Islã sunita, Ibn al-Jawzi descreve as mutilações físicas impostas às mulheres, como a excisão, que não tem nada a ver com o Islã e que é totalmente desconhecida na Arábia de Muhammad do século VII. O capítulo 6 se intitula "A circuncisão das mulheres" (ibid.: 144), e o capítulo 67 dá ao marido "O direito de bater em sua mulher" (ibid.: 330).

A reedição do livro de Ibn al-Jawzi não é um ato isolado, mas faz parte de uma verdadeira campanha midiática. Desde 1983, foi difundida uma primeira edição, vinda do Cairo dessa vez, de *fatwas* relacionadas às mulheres, *Fatawi al-nisa*, do xeique Ibn Taymiya (autor do século XV), extraída de seu monumental *Majmu al-fatawa al-kubra* (O compêndio das grandes fatwas; as *fatwas* são opiniões de grandes autoridades religiosas sobre determinado assunto). Quem cuidou dessa publicação extraiu tudo o que se relacionava às mulheres dos 35 volumes de *fatwas*, decisões de natureza jurídico-religiosa a respeito de todo tipo de problema. Seu objetivo é "nos ajudar, nós, as mulheres muçulmanas, pondo à nossa disposição todas as *fatwas* num único volume fácil de manejar, para nos permitir 'combater aqueles que hoje em dia falam da liberdade das mulheres'" (IBN TAYMIYA, 1983: 5).[30] O desejo de esconder o corpo feminino aparece nessa obra como uma obsessão: um capítulo detalha "a necessidade de cobrir o rosto e as mãos com o véu durante a oração" (ibid.: 33ss), enquanto outro se pergunta: "A oração da mulher não vale nada quando seus cabelos estão descobertos?" (ibid.: 35). Enfim, um dos capítulos apresenta um dilema econômico que parece ter torturado nosso xeique: "Uma mulher

30 O autor morreu no ano 728 da Hégira.

que possui mil dirhams deve utilizá-los para fazer a peregrinação a Meca ou para comprar o enxoval de sua filha?" (ibid.: 89). E, claro, há o capítulo 4, "A circuncisão da mulher", que não tem nada a ver nem com o Islã, nem com a cultura árabe!

Mas o auge no mercado do "livro feminino" é a nova edição (1980) do livro do *faqih* de origem indiana Muhammad Siddiq Hassan Khan al-Qinnawji, *Husn al-uswa*, que ultrapassa todos os outros em matéria de misoginia.[31] Por 60 dirhams, pode-se ler tudo sobre "O grande apetite sexual das mulheres" (AL-QINNAWJI, 1981: 52) e o fato de a mulher "não ser obrigada a ir à mesquita ou à oração pública da sexta-feira" (ibid.: 345). Podemos ler em detalhes "tudo o que nos foi reportado sobre a incapacidade da mulher para raciocinar, sua incapacidade no que diz respeito à religião" (ibid.: 365) e, claro, tudo o que ele sabe sobre "o número de mulheres entre a população do inferno" (ibid.: 331).

Esse salto na história — da constituição do *hijab* à sua interpretação ao longo dos séculos — ressurge no fim do século XX e fascina uma população muçulmana em busca de identidade com uma produção editorial que destaca o enclausuramento, o confinamento da mulher, como fundamento do Islã. É preciso ter essa dupla perspectiva em mente se quisermos compreender o que significava o *hijab* no ano 5 da Hégira, quais eram os desafios que representava e quais são os desafios hoje.

A "descida do *hijab*" é dupla desde o início e compreende um nível concreto — o Profeta puxou uma cortina palpável entre ele e Anas ibn Malik — e um nível abstrato — a descida do versículo, do céu para a terra, de Deus para o Profeta que o recitou. O Profeta fechou uma cortina real entre ele e o único homem estranho à sua casa que ainda estava com ele após a partida dos convidados, recitando ao mesmo tempo o versículo imediatamente inspirado por Deus.

31 O autor morreu no ano 1307 da Hégira, isto é, no fim do século XIX ou início do XX.

Numa das versões de Al-Bukhari, Anas disse: "Quando as pessoas foram embora, o Profeta voltou ao quarto [da noiva], entrou no cômodo e puxou uma cortina". E acrescentou, detalhe importante: "E eu ainda estava com ele no quarto quando ele se pôs a recitar: 'Ó você que crê, não entre nos aposentos do Profeta, a não ser que seja autorizado, na ocasião de um convite para jantar [...]" (AL-BUKHARI, 1978: V.III-254). Nessa descrição de Al-Bukhari, como na de Al-Tabari, o *hijab* é um corte do espaço em duas zonas, isolando cada um dos dois homens presentes, o Profeta de um lado, e Anas, a testemunha, que descreve o acontecido, do outro. Essa dimensão do *hijab*, de delimitação de zonas, é muito sustentada em algumas versões em que é dito que "o Profeta bateu num *sitr* entre ele e Anas, e o *hijab* desceu [...]" (IBN SAAD, 1980: V.VIII-173; AL-BUKHARI, 1978: V.III-254), com *sitr* (cortina) referindo-se à cortina física e *hijab* ao versículo corânico. É preciso assinalar que, nas traduções francesas do Alcorão usadas neste livro, a de Denise Masson e a de Régis Blachère, o conceito de *hijab* está restrito ao de "véu", elemento de vestuário; a dimensão espacial, a do *sitr*, "cortina", não aparece.

Um incidente relativamente menor — convidados que ficaram mais do que deveriam depois de um jantar de casamento — provoca uma resposta tão fundamental quanto a cisão do espaço muçulmano em dois universos, o universo interior (o lar) e o universo exterior (o espaço público). Só podemos nos surpreender com a desproporção entre o incidente e sua resposta; o Profeta poderia apenas pedir às pessoas que não mais entrassem em sua casa sem permissão. Ele era suficientemente amado e respeitado para ser obedecido. O versículo, como as explicações que são dadas, faz supor que as pessoas iam à casa do Profeta sem nenhuma formalidade. Também nos faz supor que a casa do Profeta era facilmente acessível para a comunidade e que, além disso, não havia nenhuma separação entre sua vida privada e sua vida pública, entre o espaço privado (a casa do Profeta, os aposentos de suas mulheres) e o espaço público (a mesquita, o lugar da oração, o lugar de encontro da comunidade...).

Conclui-se, portanto — retomando todos os elementos um pouco dispersos deste capítulo —, que, durante um período tumultuado no início do Islã, o Profeta proferiu um versículo bastante excepcional e determinante para a religião muçulmana, que introduziu uma ruptura no espaço entendida como uma separação entre o público e o privado, ou entre o profano e o sagrado, mas que se orientou para uma segregação entre os gêneros: esse véu que desceu do céu cobriu a mulher, separou-a do homem, do Profeta e, portanto, de Deus. Uma vez esclarecido esse aspecto das coisas — a realidade linguística, social, histórica e religiosa do *hijab* —, não seria necessário se perguntar como vivia o Profeta, que relações tinha com seus discípulos, suas mulheres e seus concidadãos, e em que locais — ele, que sentiu a necessidade de se proteger como uma necessidade absoluta e radical?

II.
O PROFETA E O ESPAÇO

Durante todo o período de sua missão profética, seja em Meca (610 a 622) ou em Medina (622 a 632), Muhammad destinou um lugar importante às mulheres em sua vida pública. Ele tinha quarenta anos (algumas versões dizem 43) quando recebeu sua primeira revelação, em 610, e foi nos braços de sua primeira mulher, Khadija, que foi se aconchegar em busca de conforto e apoio. As descrições das angústias do Profeta durante suas primeiras revelações são muitas, e todas o mostram buscando na relação conjugal a energia de que precisava. Não foi para um homem que ele revelou seus medos: "Muhammad desceu da montanha. Ele foi tomado por um tremor e voltou para casa [...] Seu corpo todo tremia de medo e terror inspirados por Gabriel [...] Ele abaixou a cabeça e disse: 'Cubra-me! Cubra-me!'. Khadija cobriu-o com um manto e ele adormeceu. Khadija, que havia lido os textos antigos e conhecia a história dos profetas, tinha aprendido a conhecer o nome de Gabriel [...]" (IBN HICHAM, s.d.: v.I-249; AL-TABARI, 1979: v.II-209, 1980: 67).

Uma das razões da angústia do Profeta era não querer ser visto como os poetas e os iluminados (AL-TABARI, 1979: v.II-207), movidos por forças invisíveis que lhes ditavam palavras que não controlavam e jorravam do além. Esse além o aterrorizava, e um tio de Khadija, Waraqa ibn Nawfal, que tinha se convertido ao cristianismo, insistia que ele não era nem louco nem poeta, mas simplesmente o Profeta de uma nova religião. Khadija será sua primeira adepta: "'Quem eu chamarei? Quem vai acreditar em mim?', perguntou-lhe um dia Muhammad, durante uma das longas conversas que tinham sempre que Gabriel aparecia para ele. Feliz em ver que ele não duvidava mais de sua nova missão, Khadija exclamou: 'Você pode ao menos me chamar, eu, antes de todos os outros homens. Pois eu acredito em você!'. O Profeta ficou muito feliz, apresentou a fórmula para Khadija e

Khadija acreditou" (AL-TABARI, 1980: 68). A fórmula de que se tratava é a *chahada*: "Não há Deus senão Deus, e Muhammad é seu profeta".

Foi assim que o Islã começou, nos braços de uma mulher amada. Depois da morte de Khadija, o Profeta procurou o amor junto a outras mulheres. Ele se casou novamente, tornou-se polígamo e conheceu o destino dos maridos polígamos: disputas, ciúme, mas também o prazer de ser o centro das atenções de mulheres belas e inteligentes. Às vésperas da Hégira, a imigração para Medina, ele se casou com uma mulher mais velha, como ele, Sawda. O grande amor de sua vida foi Aicha, filha de um de seus discípulos e amigos, Abu Bakr. Eles ficaram noivos um pouco antes da partida para Medina. Com ela, conheceu os risos da mulher-criança, vendo sua inteligência se desenvolver, viva e impactante, admirando sua memória fabulosa para a história das genealogias que aprendeu com seu pai, Abu Bakr. No entanto, ele se casou com outras mulheres, das quais ela tinha ciúme a ponto de organizar conspirações — contra Maria, a copta, por exemplo, uma beldade de cabelos cacheados que deu ao Profeta um filho, Ibrahim. O Profeta foi o primeiro marido de Aicha, o que não era o caso das outras esposas, como Umm Salma, o que talvez explique a atitude da jovem. Alguns de seus casamentos deviam-se a considerações de ordem militar: reforçar as redes de alianças com as novas tribos convertidas ou aliadas. Mas, em outros, a beleza física das mulheres era o fator predominante: ele se casou com Juwayriya bint al-Harith depois da derrota de sua tribo durante a expedição contra os Banu Mustaliq durante o ano 6 da Hégira. Zaynab bint Jahch (foi durante a noite de núpcias com ela que o véu foi revelado) era sua prima, de forma que não havia nenhum interesse militar que justificasse essa aliança,[32] e ainda estava casada com o filho adotivo do Profeta, Zaid, quando ele se apaixonou por ela.

32 Montgomery Watt sustenta o contrário em seu livro, *Mahomet: Prophète et homme d'État* (1962: 139). Seu argumento me parece ainda menos convincente, sendo que todas as fontes muçulmanas falam da "paixão fulminante" do Profeta por Zaynab.

Al-Tabari, como todos os historiadores, descreveu essa paixão fulminante e histórica. Zaynab era “a mulher mais bonita de seu tempo”, ele disse. “Um dia, o Profeta foi encontrar Zaid em sua casa, pôs a mão na porta e a abriu. Vendo Zaynab sentada, no meio do aposento, com a cabeça descoberta, ele lhe perguntou, virando o rosto, onde estava Zaid, e ela respondeu que ele tinha saído” (ibid.: 222). Ele já tinha tido a oportunidade de ver Zaynab antes. Mas, segundo Al-Tabari, o fato de tê-la surpreendido em sua intimidade teve um grande impacto sobre ele: “Ela o impressionou muito e, não querendo vê-la uma segunda vez, fechou os olhos e disse: ‘Louvado seja Deus, o grande, louvado seja Deus, que dispõe dos corações e dos olhos!’. Então, foi embora” (ibidem). Foi paixão à primeira vista. Depois do divórcio de Zaynab com Zaid, Muhammad se casou com ela.

Quando morreu, o Profeta tinha nove esposas, mas só mantinha relações sexuais com aquelas por quem sentira uma forte atração física desde o início. Efeito do acaso? Era também com elas, Aicha e Umm Salma, por exemplo, que ele tinha uma forte ligação intelectual. A guerra não o separava de suas mulheres, fosse em expedições rápidas ou durante cercos bem longos: ele ia acompanhado por uma ou duas delas, escolhidas por sorteio para evitar os ciúmes e os rancores.

Muhammad era um chefe de Estado que valorizava o afeto e o sexo. E, no campo de batalha, suas mulheres não eram apenas figurantes, mas compartilhavam com ele suas preocupações estratégicas. Ele ouvia seus conselhos, às vezes decisivos em negociações espinhosas. Durante o tratado de Hudaybiya com os mecanos em 628, considerado pelos discípulos como humilhante no plano militar, o Profeta estava perturbado e se abriu com a esposa que o acompanhava:

> Depois da conclusão do tratado, o Profeta ordenou aos muçulmanos que raspassem a cabeça e renunciassem ao estado de penitência.

> Nenhum deles respondeu o seu chamado, repetido três vezes por ele. O Profeta, muito aflito, foi à tenda de sua mulher Umm Salma, que tinha ido com ele. Ela perguntou a causa de sua tristeza e ele lhe disse: "Ordenei-lhes três vezes que raspassem a cabeça e ninguém obedeceu". Umm Salma disse: "Não se aflija, apóstolo de Deus, raspe você sua cabeça e cumpra o sacrifício".
> O Profeta se levantou, degolou o camelo destinado ao sacrifício que ele mesmo deveria oferecer e raspou a cabeça. Seus companheiros, vendo-o fazer isso, falaram uns com os outros, e cada um raspou sua cabeça e imolou as vítimas. (AL-TABARI, 1979: V.III-80; 1980: 248)

A primeira comunidade muçulmana não era dirigida por um homem assexuado totalmente consumido pela busca do poder. Ele mesmo teria comandado 26 expedições (algumas versões falam em 27) e ainda teria "executado, representado pelos corpos de suas tropas, 35 expedições, sem delas participar pessoalmente" (MAS'UDI, 1962: V.III-527; AL-TABARI, 1980: 325). Essas atividades militares e religiosas não o levaram, no entanto, em nenhum momento, a desvalorizar sua vida privada ou a relegá-la a segundo plano. Seus problemas conjugais o preocupavam tanto que ele falava deles para seus discípulos mais próximos, especialmente para seus sogros, Abu Bakr e Omar. É exatamente essa insistência de sua parte em pôr no mesmo pé de igualdade sua vida privada e sua vida pública que foi usada contra ele por uma Medina que se tornou, durante a crise dos anos 4, 5 e 6, tão hostil e venenosa quanto a Meca de antes.

Foi por meio dessas mulheres que os *munafiqun*, os hipócritas, esses medinenses que viam nele uma ameaça para seus interesses e para a segurança da cidade, o agrediram, desestabilizando-o em seus afetos. Na Medina enlutada pela derrota de Uhud (ano 3), ensanguentada após o cerco da batalha de Khandaq (batalha da Trincheira, ano 5), a oposição política tomou a feição horrível daqueles que o Profeta chamou de *munafiqun*, pois raramente o atacavam diretamente; preferiam usar calúnias, rumores e outros métodos mais insidiosos: seguir as esposas do Profeta e assediá-las nas ruas, por exemplo. Métodos contra os quais o Profeta, desmoralizado por suas derrotas militares, ficava sem defesa. Métodos que o levarão a duvidar das mulheres e a aceitar o famoso *hijab*.

Em 622, quando o Profeta chegou a Medina, foi abrigado por uma família Ansar, na casa de Kulthum. Mas organizou seus contatos com os notáveis da cidade na casa do solteiro Saad ibn Khaythama: "Quando ele saía da casa de Kulthum para encontrar as pessoas", explicou Ibn Hicham, "ia à casa de Saad, porque Saad era solteiro, não tinha família. Ele era o anfitrião da casa frequentada pelos solteiros entre os Muhajirun" (IBN HICHAM, s.d.: v.II-137). Desde seus primeiros contatos, as diferenças de costumes, relativas particularmente às relações entre homens e mulheres, afirmaram-se entre os Muhajirun (emigrados de Meca) e os Ansar (medinenses), para quem a separação entre os gêneros parecia um problema menor. Assim, Ali ibn Abu Talib, que se juntou ao Profeta três noites depois, foi abrigado na casa de uma mulher "que não tinha marido" (ibidem). Esses pequenos detalhes foram, com o passar dos dias, tomando proporções inesperadas e se tornando um dos temas de tensão e de conflito mais preocupantes entre as duas comunidades. Houve outros. O Profeta, muito solicitado pelos Ansar, estava diante de um problema delicado: como escolher uma casa conciliando as suscetibilidades e as rivalidades políticas? Todos os Ansar queriam acolher o Profeta, mas ele sabia que aceitar esta ou aquela oferta seria abrir a porta para interpretações de preferência e de aliança privilegiada, algo que queria evitar de qualquer jeito. Ele teve uma reação, que encontraremos com frequência, baseada na preocupação rigorosa com a igualdade: pediu às pessoas que não bloqueassem o caminho de sua camela e ele escolheria a casa diante da qual ela parasse: "Deixem-na ir para onde quiser [...] Deixem-na passar, ela está numa missão oficial" (ibid.: v.II-140), repetia.

A camela parou diante de uma casa com um *mirbad*, um lugar onde se secavam tâmaras. Era de um Ansar, que se chamava Abu

Ayub (ibidem). Muhammad desceu de sua montaria, perguntou a quem pertencia o terreno e qual era seu preço, e decidiu escolhê-lo como domicílio e construir ali uma mesquita, um local de encontro dos adeptos para orar e debater os problemas da comunidade. (É interessante notar que, hoje em dia, o Estado muçulmano opõe-se à ideia de a mesquita voltar a ser uma arena política, onde os problemas sociais e econômicos são debatidos!)

Ele pagou aos proprietários e começou as obras (ibidem),[33] morando no local durante todo o período da construção da mesquita e de seus aposentos. Não se contentava apenas em inspecionar o avanço dos trabalhos: "Para estimular os muçulmanos e levá-los a participar da construção, ele mesmo se pôs a trabalhar" (ibid.: v.II-141). A preguiça dos fiéis, porém, deve ter prevalecido sobre o entusiasmo, tanto que um deles improvisou um poema em que observava que era praticamente impossível "ficar sentado enquanto o Profeta trabalhava duro na obra" (ibidem).

Quando as obras terminaram, havia, no antigo local, não apenas uma mesquita, mas nove cômodos para uso pessoal do Profeta. Cinco foram construídos com *jarid* (ramo de palmeira) coberto de terra, os quatro outros com pedra (IBN HICHAM, s.d.: v.II-143; IBN SAAD, 1980: v.VIII-167). As mulheres do Profeta ocuparam, à medida que chegavam, os cômodos que os historiadores ora chamam de *buyut* (casas), ora de *hujarat* (aposentos), e o termo coletivo para designar o conjunto sendo *manazil* (residências). "As *manazil* das mulheres do Profeta", explicou Ibn Saad, "ficavam do lado esquerdo [da mesquita], quando você se levanta para a oração, de frente para o imã em pé no mimbar" (IBN SAAD, 1980: v.VIII-167).[34] Menção especial é feita ao aposento de Aicha, que o Profeta erigiu de modo que tivesse acesso direto à mesquita: "O Profeta construiu

33 Em uma das versões de Al-Tabari, o terreno era ocupado por um campo de tamareiras e um cemitério; cf. Al-Tabari, 1980: 112.

34 O mimbar é a peça de madeira sobre a qual fica o imã, no centro da mesquita, para ter o máximo de visibilidade quando comanda a oração.

o aposento de Aicha e abriu uma porta na parede da mesquita que dava para o aposento dela. Ele usava essa porta quando ia para a oração" (ibid.: 166). A proximidade entre a mesquita e o quarto de Aicha era tal que às vezes, para as necessidades do ritual de purificação, o Profeta pedia a Aicha que lavasse seus cabelos sem que ela precisasse sair da mesquita. "Bastava ao Profeta", disse Ibn Saad, "curvar-se na mesquita para que sua cabeça ultrapassasse a soleira de Aicha, que lavava seus cabelos mesmo quando menstruada" (ibidem). Ibn Saad citava esse detalhe para esclarecer o problema já abordado da contaminação.

Na verdade, a divisão do espaço fazia com que a mesquita, os aposentos do Profeta e os de seus parentes próximos e discípulos formassem um conjunto contínuo. Quando um novo imigrante chegava, tentava primeiramente encontrar um alojamento no entorno da mesquita, que já tinha se tornado também, além de polo religioso e político, uma referência espacial que modulava as aspirações "residenciais" da comunidade, tanto imigrada como Ansar. Fatima, a filha do Profeta e esposa de Ali, que chegou um pouco atrasada, só encontrou uma casa longe da mesquita. O Profeta desejava que ela estivesse mais perto. Ela era, entre suas filhas, aquela de quem ele mais gostava, e uma das razões para isso era que havia assegurado a descendência do Profeta, casando-se com Ali, seu primo, um hachemita como ele, a quem deu dois filhos: Hassan e Hussein. Todos os *churafa*, isto é, aqueles que reivindicam descendência do Profeta, retraçam até hoje sua genealogia a Hassan ou Hussein. É o caso, por exemplo, do atual rei da Jordânia.[35] Para os xiitas, Fatima é incontestavelmente a primeira-dama do Islã e seu modelo de feminilidade mais edificante. Mas, quando o Profeta era vivo, sua ternura por ele era tão excessiva que ela mantinha relações extremamente tensas com Aicha, a quem

35 Em 1987, quando Fatima Mernissi publicou o livro, a Jordânia era governada pelo rei Hussein. Depois da sua morte, em 1999, o país passou a ser liderado pelo rei Abdullah II. [N. da E.]

via como uma rival. Como esta não tinha filhos, o Profeta tratava Hassan e Hussein como sua prole direta. E daí a insistência de Fatima em morar tão perto quanto possível do pai. Porém, mesmo desejando que ela achasse uma casa perto dele, Muhammad hesitava em intervir junto ao proprietário, Numan ibn Haritha, que "tinha casas perto da mesquita e no seu entorno". Fatima insistia e pressionava o Profeta: "'Ele nos cedeu tantas casas', Muhammad lhe disse, 'que fico sem jeito de pedir-lhe mais uma'" (ibidem). Por fim, o proprietário ficou sabendo do caso e propôs pessoalmente uma troca de residências.

Pois bem, por que todos esses detalhes? Para evocar o contexto socioespacial em que o Islã foi vivido na sua origem. A relação de um chefe político com seu círculo muda totalmente se ele mora num palácio distante das pessoas, numa montanha ou num vale com acesso difícil, ou, ao contrário, se escolhe viver entre seus "governados", nas mesmas condições, e tem com eles relações de vizinhança e de trocas constantes. Essa proximidade entre governante e governados deveria nos ajudar a compreender a extrema sensibilidade do Profeta aos rumores, aos mexericos, à dinâmica da cidade. Dada a densidade dos contatos no espaço que tinha organizado para si, ele estava imerso nas preocupações cotidianas das pessoas e podia captar as tensões e sentir as pressões e as resistências.

Entre seus discípulos, que ao mesmo tempo eram seus vizinhos, não havia apenas bons muçulmanos, mas habitantes cuja fé era da boca para fora e que a história conservou, como dissemos, sob o nome de *munafiqun*, os hipócritas. Os setenta notáveis que concluíram um acordo com o Profeta, convidando-o a se instalar em Medina, deveriam representar toda a população. Esta, no entanto, era estimada em 10 mil habitantes, se não mais (AL-TABARI, 1980: 6), e, como sabemos que se trata mais de negociações de proteção tribal, a representação deveria ser mais uma questão de clientelismo do que de jogo democrático. Isso explica a existência dos *munafiqun*, indivíduos que aparentemente não se sentiam tão ligados ao Profeta pelo juramento de lealdade de seus chefes. Medina era uma antiga aglomeração localizada a trezentos quilômetros a noroeste de Meca. Os habitantes eram sedentários, dedicando-se à agricultura e à exploração agrícola de árvores frutíferas. Não era uma cidade tanto quanto "um agregado de aldeias, de fazendas e de cidadelas, dispersas sobre a extensão de um oásis fértil, que se estendia por cerca de trinta quilômetros de terrenos rochosos e não cultiváveis [...]" (WATT, 1953: 141). Entre aqueles que não tinham convidado o Profeta nem dado seu aval para esse convite, estava a comunidade judaica de Medina:

> Medina era ocupada por duas tribos: os Aws e os Khazraj. Estes últimos eram os mais numerosos. As vilas do território de Medina, como Khaybar, Qurayza, Wadi al-Kura e Iambo, eram habitadas por judeus ou árabes descendentes dos Banu Israel, daqueles que tinham vindo da Síria e de Jerusalém [...] Os Aws e os Khazraj queriam tomar essas vilas, mas não conseguiam, pois os judeus tinham castelos fortes, grandes e sólidos [...] (AL-TABARI, 1980: 103)

Medina era, portanto, um lugar onde os interesses das diversas comunidades divergiam, e onde os conflitos maiores entre judeus e não judeus eram reforçados por disputas entre os clãs no interior de cada tribo, e, claro, pelas rivalidades no interior de um mesmo clã, entre diversas famílias, de acordo com os interesses de cada um.

Podemos dizer que o termo *munafiqun* designa aqueles entre os habitantes de Medina que, não sendo judeus, deviam lealdade aos chefes das tribos Khazraj e Aws, mas não aprovavam a instalação de um chefe estrangeiro na cidade, aqueles cujas convicções mudavam ao sabor das circunstâncias, isto é, dos interesses políticos e econômicos. O nome *munafiqun* aplica-se aos oportunistas de todo tipo, aos oponentes políticos de Muhammad, assim como a todos que criticavam sua vida privada. Não é possível entender a influência que tiveram esses *munafiqun* na dinâmica da cidade sem levar em conta o peso da opinião pública, das fofocas, devido, ao mesmo tempo, à densidade das habitações da comunidade imigrada e às relações intensas que essa comunidade mantinha entre seus membros. Ibn Saad relata que Numan ibn Haritha, que possuía terrenos perto da mesquita, cedia-os "ao Profeta cada vez que um parente deste último chegava a Medina", de modo que, no fim, "todas as casas de Ibn Harith tinham passado para as mãos do Profeta ou de suas mulheres" (IBN SAAD, 1980: V.VIII-166). Os casamentos entre famílias de emigrantes, prática corrente, reforçavam a intensidade das relações e a infiltração dos rumores e sua manipulação.

Quanto mais intensa é a vida de uma comunidade, menor é a iniciativa individual: aqueles que viveram nas medinas de cidades antigas ou em pequenos vilarejos sabem muito bem. Mas essa intensidade, com a qual sonham os habitantes dos subúrbios anônimos das grandes metrópoles europeias, tem sua desvantagem: o peso do controle social, que recai sobre o indivíduo e o impede de ser diferente, de inovar, de mudar as coisas em torno de si. Foi o peso desse controle social, devido à vitalidade das trocas nessa primeira comunidade muçulmana, que funcionou como uma extraordinária força de resistência à mudança. Para avaliar melhor essa proximidade espacial nos primeiros tempos do Islã, é preciso ler Ibn Saad, que nos ensina que, com o triunfo do Islã, o projeto de aumentar a mesquita se impôs, e a mudança mais evidente foi a integração dos aposentos das esposas: "Vi os aposentos das mulheres do Profeta quando Omar ibn Abd al-Aziz era príncipe de Medina sob o califado de Al-Walid ibn Abd al-Malik (705-715). Ele decidiu destruí-los para aumentar a mesquita". O autor acrescentou que os medinenses choraram quando essa decisão foi tomada, porque queriam "que as pessoas não gastassem muito dinheiro na construção e vissem com os próprios olhos onde vivera o Profeta, esse homem que tinha as chaves do universo na mão" (ibid.: V.III-167). Seus cômodos eram muito modestos e sua simplicidade devia incomodar os califas que viviam, poucas décadas depois, em palácios. Os da dinastia abássida geraram a expressão hoje tão significativa de "palácio de *As mil e uma noites*". Que diferença entre esses esplendores e a casa humilde de Muhammad, como relatou uma jovem testemunha: "Eu ainda era adolescente quando entrei na casa do Profeta, e pude tocar o teto com a mão facilmente" (ibid.: v.II-143).

A simplicidade das habitações, sua falta de privacidade e sua proximidade com a mesquita conferiram uma dimensão democrática à comunidade islâmica que nos faz sonhar com a proximidade entre o chefe e "seu povo". Graças à facilidade de trocas entre os Muhajirun (emigrantes mecanos) e à presença da mesquita, a integração dos Ansar (apoiadores) e dos novos convertidos se deu com rapidez. Para acelerar a assimilação de medinenses e mecanos, Muhammad recorreu a rituais que criariam laços de fraternidade: cada um dos Ansar ficaria com um "irmão" emigrante e seria encarregado de "ajudar a vencer o sentimento de desenraizamento" (ibid.: v.II-150).

Porém, em todo lugar onde há amor, admiração e entusiasmo, há também controle, resistência e barreira. Essa intimidade do espaço entre mesquita, casa e o amor quase tribal com que as famílias imigradas cercavam o Profeta iria fornecer-lhe a força e o entusiasmo de que ele precisava, mas com frequência também constituiria uma barreira e uma resistência a seus projetos, principalmente aos mais revolucionários. Qualquer mudança, mesmo mínima, nas estruturas libidinais constitui, como bem sabemos hoje, uma ameaça ao ser profundo, mobilizando as resistências e as violências. Ora, o simples modo de viver do Profeta era, para aqueles que o cercavam, uma ameaça, pois ele não acreditava nem um pouco nas virtudes da divisão do espaço público-privado, e a supremacia masculina só pode existir e se consolidar se a divisão entre público e privado for mantida como algo quase sagrado.

Para apreendermos esse Islã cotidiano, o Islã como prática que englobava o espaço e teatralizava, por meio dele, seus desejos de horizontes infinitos, em que a arquitetura era fluidez, escolheremos o momento crítico da doença e da morte de Muhammad. O

Profeta começou a se sentir indisposto no fim do *safar*, o segundo mês do ano de 633. Ele foi obrigado a ficar de cama no primeiro dia do terceiro mês e morreu no dia 13 do mesmo mês.[36] Durante o período de sua doença, o futuro do Islã o preocupava, assim como o ritual da oração que o simbolizava: no início, ele comandava a oração do aposento de Aicha, onde estava acamado, já que dava diretamente na mesquita. Quando se sentiu fraco demais, pediu a Abu Bakr que comandasse a oração em seu lugar.

> Um dia, o Profeta, sentindo-se um pouco melhor, veio assistir à oração da manhã. Abu Bakr, em pé na frente das pessoas, a comandava. Quando o Profeta entrou na mesquita, apoiado em Ali [...], houve um movimento na assembleia. Abu Bakr, sem interromper a oração, recuou. Mas o Profeta o manteve em seu lugar no *mihrab*, apoiando a mão em suas costas, e ficou à sua direita. E, não podendo continuar em pé, sentou-se e terminou a oração assim. Depois, o Profeta entrou em sua casa e se deitou novamente. (AL-TABARI, 1980: 341)[37]

No dia de sua morte, ele fez uma aparição na soleira do quarto de Aicha: "Uma manhã, as pessoas estavam fazendo a oração quando o Profeta ergueu o *sitr* [cortina], abriu a porta e ficou em pé na soleira de Aicha. Os muçulmanos estavam tão contentes em vê-lo, e tão empolgados com sua presença, que a oração quase virou uma bagunça. Ele fez sinal para que continuassem e sorriu ao ver a disciplina deles durante a oração" (IBN HICHAM, s.d.: V.IV-302).

36 Embora todos concordem sobre o dia e o mês da morte do Profeta, o ano não é unanimidade: alguns dizem que foi no ano 10 da Hégira (632), outros que foi no ano 11 (633) (IBN HICHAM, s.d.: V.IV-291; AL-TABARI, 1979: V.II-188SS). Mas Mas'udi (1962: V.III-575, 1983: V.II-287,297) passou em revista as diversas versões da idade e da data de morte do Profeta, criticando-as. Para as correspondências de datas entre o calendário muçulmano e o calendário cristão, eu me refiro tanto à *Encyclopédie de l'Islam* como ao livro de Montgomery Watt.

37 A versão de Al-Tabari, no texto árabe, varia um pouco: está escrito que o Profeta saiu do quarto e se dirigiu ao mimbar "arrastando os pés" (AL-TABARI, 1979: V.II-196). Ver também Ibn Hicham (s.d.: V.IV-302).

No período de sua enfermidade, os Ansar e os Muhajirun iam visitá-lo no aposento de Aicha; havia um vaivém contínuo de homens e mulheres, próximos ou distantes da família do Profeta (ibid.: v.IV-297). A acústica entre os dois espaços era tamanha que Muhammad podia seguir de ouvido tudo o que se passava na mesquita, como relata o seguinte episódio: quando percebeu que não tinha mais energia para comandar o ritual da oração, deu ordens para que chamassem Abu Bakr para fazer isso. Aicha tomou a iniciativa de não lhe obedecer, achando que sua escolha era inadequada. Mesmo que Abu Bakr fosse seu pai e que tal gesto fosse de algum modo a designação dele como sucessor político do Profeta, Aicha chamou outro discípulo, Omar. Depois, ela explicaria que temia o momento em que Abu Bakr fosse chamado para suceder ao Profeta. Preferiria que ele ficasse longe disso, pois sabia que conflitos surgiriam. Quando o Profeta, ainda acamado no quarto, ouviu a voz de Omar ressoar na mesquita, ele exclamou, surpreso e contrariado: "Mas onde está Abu Bakr?". Aicha explicou que tinha mandado chamar Omar em vez de seu pai, pois este tinha a voz fraca e era tão sensível que choraria quando recitasse o Alcorão. Omar, ela explicou, tinha uma voz que se ouvia de longe (ibid.: v.IV-302). Foi nessa ocasião, aliás, que o Profeta, irritado por não ter sido obedecido, fez a reflexão sobre Aicha, segundo a qual em cada mulher dorme uma traidora como a amante de José. Reflexão anódina, tingida de ternura, que assumiu, com séculos de acumulações misóginas, o rigor de um verdadeiro anátema contra o gênero feminino. Meu professor de literatura não parava de repetir isso para nós na escola, cada vez que uma aluna distorcia um poema ou misturava as datas (IBN HICHAM, s.d.: v.IV-303; AL-TABARI, 1979: v.III-195).

Para concluir, pode-se dizer que a arquitetura profética era um espaço em que a distância entre a vida privada e a vida pública era nula, onde os limiares físicos não constituíam o menor obstáculo. Era uma arquitetura em que a casa dava diretamente para a mesquita e iria assim desempenhar um papel decisivo na vida das mulheres e em sua relação com a política. Essa osmose espacial entre casa e mesquita terá duas consequências que o Islã moderno oficial não achou bom reter ou não enxergou. A primeira é que essa equação entre privado e público favoreceu a formulação de reivindicações políticas pelas mulheres, particularmente a contestação dos privilégios masculinos em relação à herança e ao direito de portar armas. A segunda, que decorre da primeira, é que o *hijab*, que nos é apresentado como emanando da vontade profética, foi imposto por Omar ibn al-Khattab, porta-voz da resistência masculina às reivindicações das mulheres. Muhammad só cedeu a isso em meio ao desastre militar, quando as crises econômicas e políticas destruíam Medina por todos os lados e a entregavam, frágil e incerta, às lutas ferozes dos *ahzab*, termo que os ocidentais traduzem por "facções" e que, em árabe, significa atualmente "partidos políticos".

III.
O PROFETA E AS MULHERES

O Deus muçulmano é o único Deus monoteísta cujo local sagrado, a mesquita, se abre para o quarto de dormir, o único que escolheu um Profeta que não calava suas preocupações de homem, mas, pelo contrário, refletia em voz alta sobre a sexualidade e o desejo.

Os imãs podiam, obviamente, aproveitar-se de nossa ignorância a respeito dos textos sagrados para tecer um *hijab* — tela sobre a mesquita-morada —, mas todos sabem que "a memória é útil aos fiéis", de acordo com o versículo 9 da sura 87, e que basta se debruçar sobre as páginas de livros amarelados de nossa história para ver aparecer o riso de Aicha e os ardores e perguntas de Umm Salma, assim como assistir a suas reivindicações políticas numa cidade muçulmana fabulosa: Medina aberta para o céu.

MULHERES DO PROFETA: O TEMPO FELIZ

Quando o Profeta pediu a mão de Umm Salma, no ano 4 da Hégira (626), Aicha ficou muito enciumada, pois tinha ouvido falar de sua beleza. Quando a viu pela primeira vez, perdeu o fôlego: "Ela é muito mais bonita do que me contaram!". O autor de *Al-Isaba* descreveu Umm Salma como "uma mulher de uma beleza fora do comum, com julgamento aguçado, raciocínio rápido e uma capacidade extraordinária de formular opiniões justas" (AL-'ASQALANI, s.d.: V.VIII-224).

Umm Salma, como Muhammad, pertencia à aristocracia de Coraixe. Tinha quatro filhos do primeiro casamento quando o Profeta pediu sua mão; no início ela recusou, pois, como disse: "Já tenho filhos e sou muito ciumenta". Para convencê-la, o Profeta disse a ela que iria orar para Deus livrá-la de seu ciúme e, no que dizia respeito à idade, ele era bem mais velho do que ela de qualquer jeito. Foi o filho de Umm Salma que a deu ao Profeta em casamento. A noiva amamentava sua última filha, Zaynab, quando foi viver na casa do Profeta, e este criou o hábito de cumprimentá-la quando voltava para casa, dizendo-lhe: "Onde está Zunab?", diminutivo carinhoso de Zaynab (ibid.: v.VIII-223).

Umm Salma pertencia à categoria de mulheres da aristocracia de Coraixe em que beleza física e inteligência garantiam, com a idade, uma especial ascendência sobre seu círculo e o privilégio de ser consultada quando se tratava dos assuntos vitais da comunidade (ibidem). A primeira mulher do Profeta, Khadija, era bem representativa dessas mulheres cheias de iniciativas, tanto em público como na vida privada. Khadija tivera dois maridos antes do Profeta e havia dado um filho a cada um. Foi ela quem "pediu a mão do Profeta", porque achava que ele tinha as qualidades que ela mais apreciava em um homem. Era também, como já vimos, a herdeira de uma enorme fortuna que seu marido anterior havia deixado, fortuna que ela fazia frutificar investindo em operações de comércio internacional. A tradição insiste na diferença de idade no momento do casamento entre Muhammad (25 anos) e Khadija (40 anos), mas podemos nos perguntar se Khadija não seria um pouco mais jovem, sabendo que ela lhe deu, em quinze anos de vida em comum, sete filhos.

O típico exemplo da mulher dinâmica, influente e cheia de iniciativa tanto no plano privado como na vida pública é, no entanto, Hind bint Utba, que desempenhou um papel central na oposição mecana a Muhammad, a ponto de, quando o Profeta conquistou Meca, seu nome figurar na lista dos raros mecanos cuja morte o Profeta exigiu. Este não a perdoava pelos rituais de cantos e danças que fez no campo de batalha de Uhud, entre os cadáveres de muçulmanos:

As mulheres, voltando das montanhas, mantinham-se atrás do exército, batendo o pandeiro para encorajar os soldados. Hind, mulher de Abu Sufyan, saltitava e dançava cantando esses versos:

"Somos filhas da estrela da manhã:
Pisoteamos almofadas com os pés.
Nosso pescoço é enfeitado com pérolas:
Nossos cabelos são perfumados com almíscar.
Se vocês lutarem, nós os abraçaremos:
Se recuarem, nós os abandonaremos.
Adeus ao Amor."
(AL-TABARI, 1980: 198)

Um dos papéis das mulheres na Arábia pré-islâmica, durante a guerra, era encorajar os homens a lutar até o fim, a não recuar, a enfrentar a morte no campo de batalha. Papel que, obviamente, não tem nada a ver com a imagem da mulher cuidadora, que trata os ferimentos e leva ajuda aos moribundos. Hind e seu canto de guerra expressam, ao contrário, uma imagem do feminino como pulsão de morte. Além do mais, Hind é descrita pelos historiadores muçulmanos como uma antropófaga, posto que supostamente teria comido o fígado de Hamza, o tio do Profeta que ela detestava particularmente (IBN HICHAM, s.d.: V.III-96). Ibn Hajar, aliás, justificou os excessos de Hind no campo de batalha de Uhud lembrando que ela detestava o tio do Profeta porque este havia matado seu próprio tio, Chaiba, e participado das intrigas que levaram à morte de seu pai, Utba (AL-'ASQALANI, 1959-1963: V.VIII-141). Seu ódio contra o Islã era não apenas conhecido, mas reconhecido como justo, já que este dizimara seu clã. Compreendemos, portanto, por que o Profeta pediu sua cabeça depois de sua entrada triunfal em Meca no ano 8 da Hégira (630). Como ela era a mulher de Abu Sufyan, o chefe da cidade, este implorou a Muhammad que a perdoasse. Uma vez concedido o perdão, ela deveria se apresentar diante de Muhammad com as delegações da população feminina de Meca, para fazer seu *baya* (juramento de lealdade), depois, é claro, de ter feito sua declaração de fé. O juramento de lealdade de Hind, que os historiadores transcreveram palavra por palavra, é uma obra de arte de humor e de insolência política por parte de uma mulher obrigada a se submeter, mas que não renunciou de jeito nenhum a seu direito de expressão. Quando o Profeta lhe pediu que jurasse "não cometer adultério", Hind replicou: "Uma mulher livre nunca comete adultério". Supostamente, o Profeta teria lançado um olhar zombeteiro para Omar, "pois conhecia as aventuras de Hind e suas relações com Omar antes do islamismo" (AL-TABARI, 1980: 286). A personalidade de Hind fascinou de tal modo os historiadores que eles lhe dedicaram páginas inteiras (IBN HICHAM, s.d.: V.IV-47; AL-TABARI, 1979: V.III-121).[38] E como falavam de Hind, essa mulher que recebeu o Islã com tanta reticência? Por mais estranho que possa parecer atualmente, e para o crédito dos historiadores muçulmanos, a personalidade de Hind emerge em toda a sua complexidade, por um lado com seu ódio excessivo e sua antropofagia, que a fez engolir a carne muçulmana, mas por outro com seus dons inegáveis: "Hind tornou-se muçulmana no dia da conquista de Meca. Ela estava entre as mulheres mais dotadas de julgamento" (AL-'ASQALANI, 1959-1963: V.VIII-141).

O Profeta — ao contrário de Aicha, que ainda era adolescente — não ficou surpreso, portanto, ao ver uma mulher como Umm Salma levantar questões eminentemente políticas que só mulheres maduras teriam condições de fazer: "'Por que', um dia ela perguntou ao Profeta, 'os homens são citados no Alcorão e nós não somos?'" (AL-TABARI, 1957: V.XXII-10). Uma vez feita a pergunta, ela esperou a resposta do céu.

Um dia, quando penteava tranquilamente os cabelos, preocupada com o fato de sua pergunta ainda não ter resposta — sendo que,

38 Ver também Ibn Assakir (1982: 437), obra dedicada às mulheres, apresentada por Sakina Chihabi.

naquele tempo, Deus respondia quando uma mulher ou um homem fazia uma pergunta a respeito de seu status e seu lugar na nova comunidade —, ela ouviu o Profeta recitar na mesquita o último versículo que lhe tinha sido revelado e que dizia respeito a ela:

> Perguntei ao Profeta por que o Alcorão não fala de nós como fala dos homens. E qual não foi minha surpresa quando, numa tarde, ouvi seu chamado do alto do mimbar, enquanto estava desembaraçando os cabelos. Eu os prendi rapidamente e corri para um dos cômodos (de onde se podia ouvir melhor), colei o ouvido na parede, e ali estava o Profeta que dizia: "Ó pessoas! Deus disse em seu livro: 'Os homens submissos e as mulheres submissas, os homens fiéis e as mulheres fiéis etc.'", e ele continuou assim até que chegou à passagem final em que disse: "Eis aqueles para quem Deus preparou um perdão e uma recompensa sem limite". (ibidem)

A resposta do Deus muçulmano para Umm Salma era bem clara: Deus fala para os dois gêneros, que são rigorosamente iguais enquanto fiéis, isto é, enquanto membros da comunidade. Deus identifica aqueles que fazem parte de sua cidade, que têm direito a sua recompensa sem limites, e não é o gênero que determina sua graça, mas sim o desejo, ao mesmo tempo, de servi-lo e de obedecer a ele. O versículo que Umm Salma escuta, na sura 33 ("Os Partidos"), é revolucionário e sua leitura não deixa nenhuma dúvida sobre isso:

> Os homens submissos e as mulheres submissas,
> Os homens fiéis e as mulheres fiéis,
> Os homens piedosos e as mulheres piedosas,
> Os homens sinceros e as mulheres sinceras,
> Os homens pacientes e as mulheres pacientes,
> Os homens que temem a Deus e as mulheres que temem a Deus,
> Os homens que dão esmola e as mulheres que dão esmola,
> Os homens que jejuam e as mulheres que jejuam,

> Os homens que protegem seus órgãos sexuais e as mulheres que protegem os seus,[39]
> Aqueles que invocam muito Deus e aquelas que fazem o mesmo,
> Esses são aqueles para quem Deus preparou um perdão e uma recompensa sem limite.

As preocupações de Umm Salma eram compartilhadas por outras mulheres ou se tratava de uma iniciativa puramente individual, de uma excentricidade por parte de uma aristocrata ambiciosa e arrogante? Era um capricho de Umm Salma ou, ao contrário, uma tendência de opinião entre as mulheres de Medina?

Muitos indícios nos levam a acreditar que se tratava de um verdadeiro movimento de protesto das mulheres. A pergunta de Umm Salma foi o resultado de uma agitação reivindicatória e não dos caprichos de uma esposa mimada. Primeiramente, algumas versões dizem que a iniciativa vinha de mulheres da comunidade: "Mulheres procuraram as esposas do Profeta e lhes disseram: 'Deus falou de vocês [as esposas do Profeta] explicitamente no Alcorão, mas não disse nada a nosso respeito. Será que não existe nada em nós que mereça ser mencionado?'" (ibidem).

Não apenas as mulheres compartilhavam as preocupações de Umm Salma, mas tomaram essa resposta do céu pelo que era: uma ruptura com as práticas pré-islâmicas, o questionamento dos costumes que reglam as relações entre os gêneros. Quaisquer que fossem essas tradições, as mulheres aparentemente estavam contentes com a mudança e esperavam ver as coisas mudarem com o novo Deus. Seu triunfo é tamanho que uma sura ganhou seu nome, a sura 4, "Al-Nisa" (As Mulheres), que contém as novas leis sobre herança que privam os homens de seus privilégios. Não apenas a mulher não será mais "herdada" como os camelos e as palmeiras,

39 R. Blachère (p. 449) e D. Masson (p. 556) traduzem como "casto" — o que não traz todas as nuances — a expressão *al-hafidin furujahum*, que significa literalmente "aqueles que protegem seu aparelho sexual".

mas ela herdará. Dessa forma, entra em competição com o homem na divisão das fortunas:

> Dê para os homens uma parte do que seus pais e seus parentes deixaram, e para as mulheres uma parte do que seus pais e seus parentes deixaram, seja isso pouco ou muito. (Alcorão 7:99)

Esse pequeno versículo caiu como uma bomba entre a população masculina de Medina, que se encontrava, pela primeira vez, em conflito direto e pessoal com o Deus muçulmano. Antes desse versículo, somente os homens tinham direito à herança na Arábia, enquanto as mulheres faziam parte dos bens herdados: "Quando um homem morria, seu filho mais velho herdava sua viúva. Ele podia, se ela não fosse sua mãe, desposá-la ou passar os direitos sobre ela para seu irmão ou seu sobrinho, se assim desejasse. Estes podiam assim desposá-la em seu lugar" (AL-TABARI, 1957: V.XXII-107).

A nova regulamentação da herança tocava, segundo os homens, num domínio em que o Islã não deveria intervir: sua relação com as mulheres. O Islã, de acordo com muitos discípulos, devia mudar tudo, menos seus privilégios em relação às mulheres. Eles foram duplamente afetados: os bens herdados se reduziram, já que a mulher, que representava uma boa parte deles, não estava mais incluída; e o pouco que restara para herdar deveria ser dividido com ela.

A mulher na tradição pré-islâmica não tinha nenhum direito à herança, que era, em todos os casos, um assunto de homens, fossem do clã do marido ou de seu próprio clã:

> Antes do Islã, quando um homem perdia seu pai, seu irmão ou seu filho, e estes tivessem deixado para trás uma viúva, o novo herdeiro, aproveitando os privilégios do dote pago pelo defunto, corria para a casa dela, cobria-a com suas roupas e assim garantia o direito exclusivo de esposá-la. Ao se casar com ela, ele a privava de seu direito à parte da herança constituída pelo dote. Mas, se a viúva do defunto conseguisse se juntar a seu próprio clã antes da chegada do novo

herdeiro, este era privado de seus direitos sobre ela em proveito do clã dela. (Ibidem)

A mulher, na hora da sucessão, só aparecia como objeto sobre o qual se afirmavam as pretensões dos herdeiros masculinos, fossem os que pertenciam ao clã do defunto ou os que pertenciam ao clã da mulher.

As novas leis punham tudo em questão: o Islã afirmava a noção do indivíduo enquanto sujeito, vontade sempre presente no mundo, consciência soberana que não pode desaparecer enquanto a pessoa está viva. Os homens se opuseram a essas leis, entendendo que, se as deixassem passar, logo Muhammad e seu Deus apoiariam outras reivindicações das mulheres, particularmente o direito de guerrear e o direito ao butim.

Em caso de guerra, as mulheres ficavam passivas, fora do conflito; em caso de derrota, ficavam restritas ao estatuto de *sabiyat* (cativas de guerra) enquanto os homens eram fisicamente liquidados. A Arábia era uma sociedade escravagista, em que os indivíduos pertenciam a duas categorias: os seres livres (*ahrar*) e os escravizados (*abid*). E isso valia para os dois gêneros, mas, enquanto a vontade soberana de um homem livre nunca podia ser suspensa — se fosse preso, seria morto —, a da mulher desaparecia em caso de herança e de derrota militar: as mulheres livres podiam ser "herdadas" e reduzidas ao status de cativas se não fossem compradas novamente. E o status de cativa é bastante similar ao de escravizada.[40]

"Lembrar é bom", diz o Alcorão, no versículo 9 da sura 87. À luz do passado, o presente ganha uma clareza perturbadora: a forma como os contemporâneos do Profeta reagiram a essas leis

40 Sobre a escravidão e as cativas de guerra, ver Al-Tabari (1957: v.VIII-151ss), Al-Hawfi (1970: 464-524); os capítulos de Al-Uzziy (1960) dedicados à análise das "Estruturas da sociedade beduína pré-islâmica" (capítulos 9, 10, 11, 12), Zaydan (s.d.) e Abd al-Munim (1972).

é muito conhecida. Eles começaram primeiramente as rejeitando, querendo continuar aplicando a tradição da *jahiliya* apesar de sua conversão ao Islã. Depois tentaram pressionar o Profeta para que Deus mudasse essas leis. Finalmente, desesperados, lançaram-se à interpretação de texto como meio para escapar delas, tudo isso com o Profeta vivo. Mas as mulheres não deixaram isso acontecer: corriam para o Profeta quando os homens teimavam em aplicar a tradição, isto é, as práticas pré-islâmicas.

Foi o caso de Umm Qajja, uma mulher que foi se queixar ao Profeta: "'Meu marido morreu', disse ela, 'e fui impedida de herdar.' O irmão de seu marido lhe disse, para justificar a decisão, que se apegasse à tradição e ignorasse as novas leis: 'As mulheres não andam a cavalo nem lutam [...]'" (AL-'ASQALANI, s.d.: V.VIII-258). Umm Qajja teve cinco filhas que foram completamente excluídas da herança pelos homens do clã. Naquele momento, "apenas os homens herdavam. A criança do gênero masculino e a mulher foram excluídos da herança" (AL-TABARI, 1957: V.IX-255). Eram considerados cidadãos de segunda classe, porque não tomavam parte do ato de guerra, o que permitia à tribo, numa sociedade de escassez, ter direito ao butim, uma das formas mais comuns, com o comércio e a herança, de ter acesso a riquezas. Mas Umm Qajja não foi a única que reclamou; o Profeta assistia a um desfile incessante de mulheres que vinham lhe pedir a aplicação da nova lei. O caso de Kubaycha bint Maan teve repercussões importantes, já que Deus teve que decidir.

O enteado de Kubaycha quis ter acesso à madrasta como herança, conforme a tradição. "'Profeta de Deus', disse ela, 'eu nem herdei de meu marido, nem ganhei a liberdade de me casar novamente com quem eu quisesse'" (ibid.: V.VIII-105). Seu enteado, Abu Qays ibn al-Aslat, recusava-se a aplicar a nova lei e insistia em querer herdar a mulher de seu pai, que, aparentemente, tinha outros planos em vista. O conflito que punha os homens contra as mulheres dividia mais uma vez a comunidade. Dessa vez, porém, as mulheres triunfaram, pois Deus respondeu a seu apelo, e o versículo 19 da sura das mulheres caiu como um machado. Qays perdeu as prerrogativas da virilidade que davam a ele o direito de montar a cavalo e manejar a espada e o arco:

> Ó você que crê,
> Não é lícito herdar mulheres contra a vontade delas,
> nem as impedir de se casarem novamente,
> para ficar com uma parte daquilo que você lhes deu, a menos que tenham cometido claramente uma ação desonrosa. (Alcorão 7:19)

A população masculina de Medina, principalmente os Ansar, foram particularmente atormentados por esse versículo. Kubaycha pedia simplesmente o fim dos costumes da cidade:

> A herança entre as pessoas de Yathrib (antigo nome de Medina) era assim: quando um homem morria, seu filho herdava sua madrasta. Esta não podia se opor a essa apropriação. Ele podia se casar com ela, se desejasse, e então podia ter com ela as mesmas relações que seu pai tinha antes dele, ou podia se separar dela se não a amasse mais. Quando o filho herdeiro era muito jovem, impedia-se a madrasta de se casar novamente, ela era obrigada a esperar que o filho crescesse o suficiente e pudesse tomar uma decisão a seu respeito. (AL-TABARI, 1957: V.VIII-107)

O que interessava ao clã e a seus herdeiros homens eram menos os encantos físicos da madrasta do que seu direito à herança. Em princípio, o herdeiro devia entregar a parte da herança da madrasta aos homens de seu clã, no caso de não se casar com ela, a "obscenidade" do interesse material sendo mascarada pelo aparato do ato conjugal. Quanto às pessoas de Meca, que eram em muitos sentidos menos refinadas com suas mulheres do que os medinenses, nem se incomodavam com essas formalidades de que os Ansar precisavam. Em Meca, praticava-se por exemplo o *adl*, a privação de liberdade no sentido mais forte do termo. Eram verdadeiras operações de chantagem, registradas em contrato, e que podiam acontecer até fora da herança:

> O *adl* existia entre os Coraixe em Meca. Um homem se casava com uma mulher nobre (*charifa*). Se ela não lhe agradasse, ele se separava depois de ter combinado que ela só poderia se casar novamente com sua permissão. O marido chamava testemunhas e assinava diante delas um contrato por escrito registrando os termos do acordo. Quando um pretendente pedia a mão dessa mulher, ela não podia responder nada antes de ter a permissão do ex-marido. E, para ter sua permissão, devia pagar-lhe dinheiro suficiente para compensá-lo e satisfazê-lo, senão ele se opunha ao casamento. (Ibid.: V.VIII-113)[41]

A prática do *adl*, assim como a da mulher sendo herdada pelo herdeiro de seu marido, foram objeto de vários versículos que as condenaram como imorais. As mulheres casadas não eram as únicas a sofrer privações de liberdade e chantagens; em caso de morte do chefe da família, as filhas solteiras também o eram. Sua situação, na verdade, era pior. É a essas jovens que devemos os rosários de versículos dedicados às órfãs. Por exemplo, na sura das mulheres, os versículos 2, 3, 6, 10, 36, 127; na sura 2 (a sura da vaca), os versículos 177, 215 etc. Muitos árabes achavam esses versículos incompreensíveis; era um absurdo que uma menina reclamasse sua parte na herança. O versículo 2 da sura das mulheres, por exemplo, dá essa ordem aos homens relacionada às jovens herdeiras:

> Dê às órfãs os bens que lhes pertencem...
> Não coma os bens delas ao mesmo tempo que o seu:
> Seria de verdade um grande pecado. (Alcorão 7:2)

41 Uma reminiscência dessa restrição existe ainda na legislação muçulmana da família, a saber, a opção *khul*, oferecida à mulher que quer se divorciar: ela estabelece uma quantia a ser paga ao marido, se ele concordar em conceder-lhe a liberdade.

As jovens, segundo os costumes pré-islâmicos, além de serem privadas de sua herança, eram objeto de sevícias e de abusos sexuais de todo tipo. O tutor, às vezes, obrigava as mais bonitas a se casarem com ele, ao mesmo tempo que controlava a parte delas da herança e evitava pagar-lhes um dote. Quando as órfãs tinham a infelicidade de não ser bonitas o suficiente para agradar a seu tutor, este podia invocar sua feiura e com isso justificar sua oposição ao casamento. Assim, não precisava desembolsar a parte dela na herança: "Quando a órfã era feia, ele não devolvia sua parte de jeito nenhum. Ele a impedia de se casar e esperava que ela morresse para que pudesse recuperar sua herança" (AL-TABARI, 1957: v.IX-255). Admitir os filhos dos dois gêneros como partes no direito de sucessão encontrou tamanha resistência que Deus decidiu inscrever entre os sete pecados capitais o fato de não dar aos órfãos o que lhes era devido (ibid.: v.VIII-235).

Que uma órfã que o chefe do clã considerasse feia pudesse herdar era motivo de muita revolta. Jabir ibn Abdallah tinha uma prima cega, que era feia e havia herdado do pai uma grande fortuna. Jabir não tinha nenhuma intenção de se casar com ela, mas se opunha a seu casamento com medo de que o marido dispusesse da fortuna da prima. Ele foi consultar o Profeta sobre a questão, e não foi o único a fazê-lo. Muitos homens que eram responsáveis por órfãs, como Jabir, não entendiam por que Muhammad queria mudar o antigo estado das coisas.

"'Uma jovem feia e cega tem direito à herança?', exclamou diante do Profeta. Este respondeu a ele: 'Sim, com certeza', e se pôs a recitar: 'Eles pedem uma decisão sobre as mulheres, diga: Deus lhe informou uma decisão, ela foi lida para você no livro relativo às órfãs, a quem você não deu o que está prescrito'" (ibid.: v.VIII-235). Esse versículo fez os homens compreenderem que Muhammad e seu Deus não agiam sempre no sentido de seus interesses, e que a nova religião não era feita apenas de promessas de conquistas, mas sim de um sistema ético que impunha alguns sacrifícios. O conflito entre Deus e os discípulos muçulmanos tornou-se aberto e oficial.

"'Como', disseram os homens, 'podemos dar à mulher e à criança que não trabalham e não ganham a vida o direito de herdar? Será que agora elas vão começar a herdar como o homem que trabalhou para ganhar dinheiro?' Eles esperavam uma retificação do céu. Então disseram a si mesmos: 'É preciso pedir esclarecimentos', e se apresentaram diante do Profeta e fizeram perguntas sobre isso" (ibid.: v.IX-255).

O Profeta não se deixou intimidar e manteve sua posição: Deus já os informara sobre sua decisão a respeito desse assunto, só restava que a acatassem. Mas estes, uma vez confrontados com leis que lhes desagradavam, tentaram contorná-las recorrendo ao artifício da interpretação, manipulando os textos de forma a manter seus privilégios.

AS MULHERES E OS INSENSATOS

Dada a resistência às novas leis sobre a herança, o Deus muçulmano redobrou as precauções. A sura das mulheres dedica grande parte de seus versículos a detalhar minuciosamente a participação de cada pessoa em todos os casos imagináveis. A mulher enquanto mãe tem direito a uma determinada quantidade, enquanto a esposa pode ficar com tanto, a parte de uma filha que é única é tanto, se tiver que dividir com seus irmãos é outra quantidade etc. Cada caso é definido com minúcia, para impedir qualquer ambiguidade:

> Se suas esposas não têm filhos,
> metade do que elas deixaram para você
> volta para você.
> Se elas têm um filho,
> um quarto do que elas deixaram volta para você [...]

Apesar de todas essas precauções e esclarecimentos, os homens continuavam querendo sufocar a dimensão igualitária do Islã, dimensão que os surpreendia, pois tinham vindo para o Islã para enriquecer e ter uma vida melhor. Eis que se viam privados de seus privilégios mais pessoais. E, contrariamente à escravidão, que só afetava os ricos, a mudança de status das mulheres afetava todo mundo: nenhum homem era poupado, independentemente de sua classe e de seus meios. Um versículo que utiliza um termo bastante ambíguo, *safih* ("insensato"), serviu como trampolim para anular as novas leis.

Esse versículo dizia: "Não confie aos *sufaha* (plural de *safih*) os bens que Deus deu a você para permitir sua subsistência". Era o versículo pelo qual eles esperavam: já que os *sufaha* estavam excluídos, as mulheres eram *sufaha*, é simples. "Os *sufaha* são as crianças e as mulheres, dizem alguns, e os dois devem ser excluídos da herança" (ibid.: v.VII-561). O que, evidentemente, trazia de volta as práticas da época pré-islâmica da *jahiliya*, época da ignorância, em que o critério do bem e do mal ainda não tinha sido revelado: se insistissem bastante para que o conceito de *safih* incluísse a mulher, todos os seres do gênero masculino ficariam felizes, e o Deus muçulmano e seu Profeta poderiam manter suas leis malucas sobre herança. Um acordo cordial entre os homens se instaurou em torno desse termo providencial.

Os mais conservadores se regozijavam: segundo eles, a palavra *safih* designava "as mulheres e as crianças pequenas", mas o que é certo é que "o mais insensato entre os insensatos é certamente a mulher" (ibid.: v.VII-562,563). Como, vários séculos depois, Al-Tabari, enquanto guardião do texto sagrado, reagiu a esse conflito que opunha o Deus muçulmano aos crentes do gênero masculino?

Al-Tabari fez seu trabalho de especialista: transmitiu 29 testemunhos relativos às diversas interpretações desse versículo, sempre lembrando que já dedicara copiosos comentários à palavra *safih*, encontrada várias vezes no texto corânico (ibid.: v.I-293-295; v.III-90-129; v.VI-57-60). Quando estudamos todas as outras ocorrências do termo *safih*, entendemos ainda menos do que antes. *Safih* remete aos ignorantes em um texto, às crianças em outro e, além de tudo, designa por vezes os judeus e os politeístas (ibid.: v.III-90,129). Enfim, *safih* pode designar uma pessoa a quem falta discernimento, isto é, capacidade de distinguir o bem e o mal (ibid.: v.VI-57). Cabe a nós agora esclarecer enquanto fiéis a melhor forma de entender a palavra *safih*. Duas categorias de interpretação são possíveis: a que diz que a palavra *safih* não tem nada a ver com o gênero, mas está relacionada com a falta de discernimento e o desperdício da fortuna com futilidades (ibid.: v.VII-560ss), e a que a associa com as mulheres e com os insensatos, nulificando seu direito à herança. Al-Tabari, que começou a redação dos volumes do *Tafsir* (Explicações) justamente para esclarecer para as futuras gerações o "verdadeiro" significado do texto corânico, encontrou-se diante de um grande problema, já que esse versículo era controverso desde o tempo em que o Profeta estava vivo: um problema fundamental do *fiqh* (ciência religiosa), que explica em parte a facilidade com a qual se pode manipular o texto sagrado devido à falta de síntese e ao excesso de empirismo. O *fiqh* muçulmano tenta não se interpor entre o texto sagrado e seu leitor; como pretende ser tão objetivo quanto possível, contenta-se em apresentar a multiplicidade de opiniões e acrescentar a sua. Com medo de deixar sua subjetividade transparecer, ele se proibiu qualquer iniciativa em matéria de síntese. Descobrimos então uma sequência de casos, uma multiplicidade de opiniões, mas nenhuma tentativa de destacar, de toda essa matéria empírica, princípios, leis e eixos que permitam distinguir o estrutural do conjuntural.

Al-Tabari contentou-se em acrescentar sua opinião depois de ter exposto as dos outros: não tentou destacar um princípio no que concerne à relação entre os gêneros, a saber, o da igualdade.

> A nosso ver, o modo correto de interpretar as palavras de Deus: "Não confie aos *sufaha* [insensatos] os bens que Deus deu a você" é que Deus usou a palavra *safih* com seu significado geral, não a limitando a uma categoria precisa de insensatos. Esse versículo quer dizer, portanto, que não se deve dar a um insensato sua fortuna, sejam quais

> forem sua idade e seu gênero. O *safih* designa aqui a pessoa incapaz de gerenciar sua fortuna, aquela que desperdiça seus bens, e essa pessoa deve ser colocada sob tutela; o tutor deverá controlar a utilização de seus bens. (Ibid.: v.VII-565)

Nunca, em momento algum, Al-Tabari se colocou no terreno dos princípios. Qual é então o argumento que ele lançou para decidir sobre o mérito desse debate? Aderindo ao texto, apontou como argumento decisivo a gramática, insistindo no fato de que o termo *safih* é geral: *safih* exclui apenas aqueles que atingiram a maturidade no sentido de discernimento, e, por outro lado, acrescentou, excluir as mulheres da herança é introduzir uma especificação por gênero que não existe no texto corânico. "Aquele que diz que, nesse versículo, *sufaha* designa especificamente as mulheres quer simplesmente deformar a língua. Pois os árabes utilizam esse padrão apenas para o plural do masculino ou para o plural do masculino e do feminino", e termina com uma explicação sobre os plurais na língua árabe. Segundo ele, se Deus quisesse dizer que as mulheres eram insensatas, poderia ter usado o plural correto (ibid.: v.VII-567).

Nenhuma elaboração de esquemas teóricos destaca os princípios-eixos do Islã como filosofia, como visão-civilização. Querendo refrear sua subjetividade, os *fuqaha* se restringiram a reunir os casos e as diversas opiniões a seu respeito. Já que se deu a cada um o direito de ter sua opinião, temos uma literatura com opiniões justapostas. A literatura religiosa queria ser científica, e o será — mas será uma ciência empírica, em que cada redator se limitará a agrupar, sem destacar sínteses que nos ajudariam a "discernir" o essencial do secundário. O imã apaga-se humildemente diante do real. E, fazendo isso, abre o caminho para as manipulações por meio das interpretações, como mostra o debate em torno da palavra *safih*. Cada um escolheu e se apoiou na opinião que lhe servia dentro da multiplicidade daquelas reunidas pelo *fiqh* quando se trata de um versículo controverso.

Podemos pensar, ou imaginar, que a elaboração de um sistema de princípios fundamentais teria provavelmente permitido ao Islã, enquanto civilização do texto, chegar de forma bastante lógica a uma espécie de declaração dos direitos humanos, similar aos grandes eixos da Declaração Universal dos Direitos Humanos, que é contestada, ainda nos dias de hoje, como estranha à nossa cultura pois teria sido importada do Ocidente. A posição do Islã moderno, enquanto sociedade, sobre a questão da mulher e a do escravizado, ilustra bem essa amnésia em matéria de princípios, essa incapacidade do Islã político, do Islã como experiência que gerencia as relações cotidianas, de vivenciar a igualdade como uma característica endógena. Além do mais, apesar da posição do Islã contra a escravidão que veremos a seguir, esta só desapareceu dos países muçulmanos sob a pressão e as intervenções das potências coloniais.[42]

É para avaliar a profundidade dessa amnésia na memória dos muçulmanos contemporâneos, que vivem a igualdade entre os gêneros como um fenômeno estrangeiro, que precisamos sempre voltar a Medina, em cujas ruelas o debate sobre a igualdade entre os gêneros era feroz e os homens eram obrigados a discuti-la e até aceitá-la, uma vez que Muhammad e seu Deus o exigiam.

AS MULHERES E O BUTIM

Depois do sucesso de Umm Salma e dos versículos afirmando a igualdade das mulheres e sobretudo o direito à herança, houve um período crítico. Outros versículos atrasaram o princípio da igualdade entre os gêneros e reafirmaram a supremacia masculina, sem, no entanto, anular as predisposições a favor das mulheres, o que criou uma ambiguidade no Alcorão que é explorada pelas elites

42 Em *Encyclopédie de l'Islam*, ver *abd*.

dirigentes até hoje. Na verdade, o triunfo das mulheres foi de curtíssima duração: além de o céu não responder mais a suas perguntas, cada vez que formulavam uma nova reivindicação, versículos duros e hostis caíam do céu.

Encorajadas pelo fato de Deus considerá-las fiéis do mesmo nível que o dos homens, as mulheres se fortaleceram a ponto de pedir o direito de guerrear para ter acesso ao butim e o direito à iniciativa quando se tratava do ato sexual. Essas reivindicações, é claro, foram percebidas pelos homens pelo que eram: um questionamento do próprio fundamento da supremacia masculina. Os chefes de família, ao se darem conta de que as reivindicações das mulheres eram eminentemente políticas, mobilizaram-se num verdadeiro movimento de oposição com um líder de elite: Omar ibn al-Khattab. Chefe militar excepcional, sua coragem galvanizava as tropas muçulmanas, e o próprio Profeta reconhecia que a "conversão de Omar ao Islã foi uma conquista e um triunfo em si".[43] Omar tinha uma admiração sem limites pelo Profeta e por seus projetos de mudança e criação de uma sociedade árabe. Ele estava pronto para ir longe com o Profeta, a segui-lo em seu desejo de mudar a sociedade em geral. Mas não conseguia segui-lo quando se tratava das relações entre os gêneros. Omar não podia imaginar um Islã que revolucionasse as relações tradicionais, isto é, pré-islâmicas, entre os homens e as mulheres. As reivindicações das mulheres em relação a seu desejo de pegar em armas e participar ativamente nas operações militares em vez de esperar passivamente até serem feitas prisioneiras, como ditava a tradição da *jahiliya*, lhe pareciam absurdas. Ele estava pronto para destruir os deuses da Meca politeísta que seus ancestrais tinham adorado até então e revolucionar assim o equilíbrio dos céus, mas considerar que a mulher árabe pudesse reclamar um status diferente parecia-lhe uma mudança insuportável.

43 Ver a biografia de Omar em Al-'Asqalani (s.d.: v.IV-588).

Isso enquanto as mulheres, triunfantes, quebravam suas correntes. As mais virulentas passavam claramente para a provocação, afirmando que o versículo corânico "A parte de um homem é o dobro daquela da mulher" não valia apenas para a herança, mas também para os pecados. Na hora do Julgamento Final, elas afirmavam, cada homem será surpreendido ao ver o peso de seus pecados multiplicado por dois. "Já que eles têm duas partes da herança, que assim seja também para os pecados!" (ibid.: V.VIII-266). As coisas estavam piorando.

Para a grande surpresa das mulheres, Deus interveio dessa vez para defender os homens e afirmar seus privilégios. O versículo 32 da sura das mulheres divide-se em dois argumentos e responde a duas consultas que é preciso distinguir cuidadosamente: a vontade das mulheres de ter os mesmos privilégios dos homens e sua afirmação de que a verdadeira igualdade passa pela fortuna. Portanto, para que as mulheres fossem verdadeiramente iguais aos homens, Deus deveria conceder-lhes o direito de guerrear e, assim, ter acesso ao butim. Deus respondeu com o óbvio: os direitos de cada um são proporcionais ao que ganham. As mulheres que estão dispensadas de guerrear não podem reivindicar o mesmo tipo de tratamento: "Uma parte do que os homens adquirirem por suas obras retornará para eles; uma parte do que as mulheres adquirirem por suas obras retornará para elas". Essa parte do versículo, diz Al-Tabari, é uma resposta à reivindicação das mulheres para pegar em armas. Elas levaram o raciocínio da igualdade ao limite. Como a parte de cada um é igual ao que for adquirido e os homens só enriquecem guerreando, elas pediram o direito de ter acesso a esse privilégio.

Para entender essa insistência das mulheres, é preciso conhecer um pouco o mecanismo da guerra e do butim e sua importância na economia de Medina. As *ghazawat* (plural de *ghazwa*, origem da palavra *razia*, "ataque") são, segundo o dicionário *Lisan al-'arab*, "a decisão de atacar um inimigo para tirar seus bens". O dicionário explica que "uma *ghazwa* fracassada é aquela em que o agressor não apreende bens". As *ghazawat* constituem um dos meios mais comuns de "criar" riquezas: são expedições intertribais, espécie de ataques extremamente ritualizados, cujo objetivo é sobretudo pegar as "riquezas do outro", alguns camelos na maior parte das vezes, evitando derramamento de sangue. Derramar sangue é um ato muito grave que é preciso evitar a qualquer custo, pois o *ghazi* (aquele que ataca) se expõe à vingança da tribo da pessoa morta. Derramar sangue provoca todo um sistema de represálias com vinganças intermináveis e a lei do talião. No entanto, dois tipos de *ghazawat* coexistiam, o que acabamos de ver, pelos bens, e outro pela guerra, que não dava trégua. A guerra e o acesso ao butim eram, ao lado do comércio praticado pelos mecanos e da agricultura praticada pelos medinenses, uma fonte de ganhos possíveis e substanciais. O próprio Muhammad a praticava, colocando-a, no entanto, a serviço de um projeto que ultrapassava o da *ghazwa* tradicional. Se agisse de outra forma, teria se tornado um dos muitos pequenos chefes tribais da Arábia esquecidos ou pouco lembrados pela história. Entretanto, o Profeta logo descobriu os limites e as contradições de tal prática. A lei da *ghazwa* era implacável e deixava para o vencedor, em face dos vencidos, apenas uma escolha entre alternativas igualmente desumanas: matar os homens e transformar as mulheres cativas de guerra em escravizadas ou, no caso em que homens e mulheres fossem de origem aristocrática, trocá-los por grandes resgates. A questão que se colocou para os muçulmanos foi a seguinte: como fazer quando o prisioneiro declarava que se converteria ao Islã? Se ganhassem um fiel, perderiam um butim, que era o objetivo perseguido.

As mulheres aproveitaram essas novas perguntas para realizar algumas reivindicações: "Durante o período pré-islâmico, os homens excluíam as mulheres e as crianças da herança, porque diziam que elas não faziam as *ghazawat* e não dividiam o butim" (ibid.: v.IX-256). Umm Salma, concisa e clara como sempre, formulou numa pergunta-petição o ponto essencial da nova reivindicação feminina: "Enviado de Deus, os homens fazem a guerra, e nós não temos esse direito mesmo tendo direito à herança!". Numa outra versão, Umm Salma teria dito: "Enviado de Deus, por que os homens fazem a guerra e nós não?" (ibid.: V.VIII-261).

Essa reivindicação questionava o próprio fundamento da lei da *ghazwa*, que dava ao vencedor o direito de matar os homens (ou trocá-los por resgates se fossem aristocratas) e de reduzir ao estado de *sabaya*, "prisioneiros de guerra", as mulheres e as crianças do derrotado. Uma mulher *sabiya* podia ser vendida por aquele que ficou com ela como parte do butim; ele podia decidir ter com ela uma relação conjugal, se desejasse, fazê-la mãe de seus filhos ou mantê-la como amante, ou ainda usá-la unicamente como mão de obra. A escravidão feminina era, ao mesmo tempo, uma fonte de gratificação sexual, de trabalho doméstico e de reprodução da força de trabalho (LOMBARD, 1971: 212). Reivindicando o direito de pegar em armas, as mulheres reduziam terrivelmente as riquezas que um homem podia ganhar fazendo ataques, mas esperavam assim escapar ao triste destino que as esperava, como ilustra o relato abaixo.

Amr ibn Maadi Yakrib, cavaleiro intrépido, contou a Omar, que era o califa naquele momento, suas façanhas durante o período da *jahiliya*:

> Vou lhe contar uma aventura que não divulguei para mais ninguém antes de você. Saí um dia com alguns cavaleiros dos Banu Zubaid para fazer uma incursão no território dos Banu Kinana. Encontramos uma tropa que andava à noite [...] Vi bandoleiras nos cavalos, vasos cheios de alimentos, tendas de couro vermelho e um gado numeroso. Depois de garantir o que capturamos, fui até a maior dessas tendas, que ficava um pouco distante. Ela abrigava uma mulher de rara beleza, deitada sobre um tapete. Quando ela nos viu, eu e meus cavaleiros, começou a chorar. Perguntei a ela por quê: "Não é pelo meu destino que eu choro", ela respondeu, "não, choro de raiva pensando que minhas primas escaparam à [infelicidade] de que sou vítima". Acreditei que estivesse dizendo a verdade e perguntei-lhe onde estavam suas primas: "Lá, naquele vale", ela me disse. Logo, recomendei a meus companheiros

> que ficassem tranquilos até meu retorno, esporeei meu cavalo e subi no topo de uma duna. (MAS'UDI, 1962: III-612)

Quando Amr chegou ao alto da duna, compreendeu que tinha sido enganado:

> Vi perto dali um jovem com cabelos louros e longos cílios, que arrumava suas sandálias; seu sabre estava na sua frente e seu cavalo a seu lado. Logo que me viu, ele parou o que estava fazendo, levantou-se sem nenhum problema, pegou seu sabre e subiu num monte. Vendo que sua tenda estava cercada por meus cavaleiros, montou a cavalo e então se aproximou de mim recitando esses versos [...]" (Ibidem)

Seguiu-se então um duelo entre Amr, o atacante, e aquele que era na verdade o marido da jovem, Rabi'a ibn Mukaddam, um guerreiro extraordinário. Amr perdeu a luta, mas atacou novamente Rabi'a e "se apoderou de um rico butim e da mulher de Rabi'a. Este último, não estando longe, foi informado sobre o que acabara de acontecer. Começou imediatamente a persegui-los montado num cavalo sem sela, tendo como arma apenas uma lança sem ferro. Ele alcançou Amr e o obrigou-o a devolver a prisioneira [...]" (ibid.: III-614). Rabi'a conseguiu recuperar sua mulher, "assim como o butim abandonado, e voltou para sua tribo" (ibidem). Era isso então o que vivia uma jovem na Arábia pré-islâmica quando não estava cercada por todos os membros de sua própria tribo ou da de seu marido. E nem todos os maridos tinham a coragem do esplêndido Rabi'a, herói inigualável. Aquelas que eram casadas com homens comuns acabavam prisioneiras e escravizadas por seus raptores.

Pedir ao Islã que mudasse uma situação como essa era fazer desmoronar o edifício da economia de captura. Se o Deus muçulmano satisfizesse à reivindicação das mulheres, a guerra não faria mais sentido. Além do mais, todos os detalhes que podem ser recolhidos sobre a alimentação, as habitações e as roupas da época descrevem uma sociedade frugal, até de escassez. Um fiel perguntara ao Profeta se podia fazer a oração com a mesma roupa ou se era preciso se trocar antes. "E você acha que todo mundo tem dois trajes?", foi a resposta do Profeta. Os árabes ficavam boquiabertos diante das vestimentas dos príncipes cristãos que tinham conquistado: "Os muçulmanos olhavam com espanto a roupa de Okaidir, que era de brocado bordado com ouro; eles nunca tinham visto nada parecido" (AL-TABARI, 1980: 309). Para além da igualdade desejada pelas mulheres, havia, portanto, um desafio econômico capital.

Diante desse problema de sobrevivência para a comunidade, a maior parte das mulheres não teve a reação política necessária, exceto Umm Salma, que defendia o direito de guerrear não para enriquecer, mas para ter o privilégio de "se sacrificar por Deus" e pela causa de seu Profeta. Elas declaravam: "É pena que não sejamos homens, poderíamos guerrear e ter acesso às riquezas como eles" (AL-TABARI, 1957: V.VIII-261). Desprovidas do senso político de Umm Salma, não conseguiram esconder suas reivindicações materiais sob as roupagens da guerra santa, e esse passo em falso lhes foi fatal.

Ser profeta significa alcançar um equilíbrio no limite do suportável entre o provável e o impossível, entre riscos certos e ganhos aparentemente impossíveis. Um profeta é, por definição, um homem que dá esperança a seu discípulo de que a vida será melhor, de que terá uma qualidade superior, desde que decida apostar no novo ideal. O Deus muçulmano e seu Profeta sabiam que as riquezas terrestres eram uma parte significativa da atração que representavam. Afinal, os novos discípulos eram corajosos pais de família com dependentes, e o Islã, uma promessa de melhora das condições de vida, tanto a espiritual como a terrena. As promessas de butim mantinham o desejo legítimo de enriquecer entre os combatentes de Deus: "Deus promete a você um butim abundante que você aproveitará, ele acelera a conclusão desse caso para você", segundo diz o versículo 20 da sura 48. O butim e a promessa do paraíso no além eram duas ambições legítimas do fiel, e o Profeta, enquanto chefe militar, deu-se conta rapidamente de que muito poucos entre seus combatentes admitiriam que ele mexesse nas regras de divisão do butim. O incidente de Taif no ano 8 é bastante revelador: durante essa expedição, o Profeta, tocado pelo desânimo das tribos derrotadas, entre as quais algumas afetivamente muito próximas dele, quis humanizar os costumes em matéria de butim e de status dos prisioneiros de guerra. Suas tropas se voltaram contra ele e ele se achou diante de um verdadeiro motim.

A mesma coisa ocorreu durante a expedição de Hunayn, quando dois acontecimentos, um de ordem afetiva, outro de ordem religiosa, perturbaram o Profeta, impedindo-o de aplicar mecanicamente a regra de divisão do butim. A expedição de Hunayn aconteceu depois da conquista de Meca no ano 8 da Hégira. Alertadas pela tomada da cidade e decididas a ajudá-la, as tribos da região que ainda resistiam ao Islã afluíram para a cidade de Taif, a algumas centenas de quilômetros. Sem suas trocas com Taif, Meca não conseguia sobreviver:

> Havia entre Meca e Taif três dias de viagem, na rota do Iêmen. Taif é composta de várias aldeias muito importantes [...] Há ali grande número de pomares, de campos cultivados e vinhedos, e muitos córregos. Os habitantes de Meca recorriam constantemente a Taif, porque em Meca não havia nem vinhas, nem árvores, nem frutas. Todas as frutas que há em Meca vêm de Taif, que produz todas as espécies de frutas do mundo. Todo habitante de Meca tem em Taif uma vinha ou um jardim e, durante os três meses de verão, não fica ninguém em Meca, a não ser os pobres. (AL-TABARI, 1980: 97)

Quem toma Meca não demora a tomar Taif. Malik ibn Awf, o chefe dos Thaqif, a tribo que controlava a cidade, assumiu o comando da resistência. Ele conseguiu levantar tropas por toda parte, menos em um clã dos Hawazin, os Saad ibn Bakr, pois o Profeta lhes fora confiado quando bebê. Era o costume entre os citadinos levar os bebês para fora da cidade, a um meio mais saudável. Esse clã se recusou a dar soldados a Malik: "Eles responderam: 'Muhammad é nosso bebê, ele cresceu entre nós. Não podemos guerrear contra ele'. No entanto, Malik insistiu tanto que obteve deles também uma tropa de guerreiros" (ibid.: 290).

Malik saiu de Taif encabeçando um exército de 30 mil soldados e parou na planície de Hunayn, a dois dias de viagem de Meca. Para obrigar a coalizão a lutar contra Muhammad até a morte, ele "deu ordens para que cada soldado levasse consigo sua mulher, seus filhos e seu rebanho" (ibidem).[44] O Profeta, informado sobre o agrupamento dos beduínos em Hunayn, levantou um exército de 12 mil homens, dentre os quais 2 mil de Meca. Ele deu a um de seus homens o comando de Meca e se dirigiu para Hunayn.

Foi uma batalha difícil, e o próprio Profeta quase morreu. Os muçulmanos ganharam no último minuto, apesar da superioridade numérica do inimigo. Malik decidiu recuar para Taif, uma cidade fortificada onde poderia se defender melhor. Na confusão, seus aliados fugiram, abandonando mulheres e crianças. O Profeta ordenou, como de costume, "perseguir os fugitivos pelo período de três dias de viagem [...], matar todos aqueles que pudessem alcançar e trazer as mulheres, as crianças e os rebanhos". O butim foi enorme: "As tropas muçulmanas trouxeram de volta todos os rebanhos que os inimigos haviam levado com eles, bois e ovelhas em tamanha quantidade que só Deus sabia o número. Além disso, havia 6 mil mulheres e crianças" (ibid.: 296).

Entre as prisioneiras, estava Asma, irmã de leite de Halima, a ama de leite de Muhammad: "O Profeta a reconheceu e chorou. Em seguida, ele tirou seu manto das costas, estendeu no chão, pegou Asma pela mão e fez com que ela se sentasse sobre ele. No dia seguinte, ele lhe perguntou o que ela preferia: ficar com ele ou voltar para sua tribo". Ela preferiu voltar para casa. O Profeta

44 Ver também o relato extremamente detalhado dessa batalha e da tomada de Taif em Ibn Hicham (s.d.: v.IV-80-141); e em Al-Tabari (1979: v.III-165ss).

a enviou de volta com presentes: “Dois escravos, um homem e uma mulher, um camelo e uma ovelha, tomados do butim” (ibidem). Dispondo dessa maneira do butim, do qual Asma fazia parte, o Profeta cometeu um primeiro erro perante suas tropas, que não apreciavam os enternecimentos. Mas o mais grave aconteceu quando Malik, o comandante da resistência que havia recuado para Taif, anunciou sua decisão de se converter ao Islã, com seus aliados, a fim de poder recuperar todo o butim, mulheres, crianças e bens! É a lei e a lógica da guerra santa, que não é uma *ghazwa* normal.

A decisão de Malik bagunçou totalmente a situação. Não podendo mais dispor do butim, o Profeta precisava impedir os soldados de tocar nele: “Ele mandou trazer todos os prisioneiros e reuniu todo o butim e confiou sua guarda, até que voltasse de Taif, a Massud ibn Amr, que estava à frente de 10 mil homens” (ibidem). Mas a guerra tinha suas leis; o Profeta não podia decidir nada sem o consentimento de suas tropas. Então, sugeriu ao clã dos Banu Saad, aproveitando a oração pública da sexta-feira, que levantasse o problema diante de todo mundo.

O Islã vivia um momento crítico: era o butim ou Deus o mais importante para um soldado muçulmano? “No dia seguinte, quando o Profeta, virando as costas para o *mihrab*, celebrou a oração da manhã e todo o exército estava atrás dele, os Hawazin, os Thaqif e os Banu Saad se levantaram e pediram para que suas mulheres e seus filhos fossem devolvidos.” O Profeta, que previra esse cenário, virou-se para o público e declarou: “Esses prisioneiros não pertencem só a mim, mas a todos os muçulmanos”. Acrescentou que ele mesmo estava pronto para renunciar a sua parte do butim, mas que para o resto cabia às tropas muçulmanas decidir (ibid.: 296,300).

Seguiu-se um debate inflamado na mesquita. O que os soldados se recusavam a entregar não era o rebanho, mas os prisioneiros — cada ser humano valia várias cabeças do rebanho. Aos comandantes, que se recusavam a renunciar ao butim, o Profeta disse: "Vocês têm o direito [de reclamar o butim], mas aqueles entre seus homens que abandonarem sua parte de prisioneiros receberão de mim seis ovelhas por cada cabeça" (ibid.: 300). A guerra santa se reduziu, nessa oração de sexta-feira do ano 8 (630), a uma negociação acirrada em que Muhammad apostava o futuro de todo o seu projeto: ele conseguiria convencer suas tropas a ir além da *ghazwa*, de ver na prisioneira algo além do butim, sobretudo um fiel igual a ele?

Quando a oração terminou, nada estava resolvido. Muhammad tinha conseguido dominar o impacto psicológico da cena aconselhando os derrotados a irem à mesquita, declararem sua conversão ao Islã e assim envolver as tropas. Mas, quando saíram, os soldados atacaram o Profeta, intimando-o a organizar a divisão do butim: "Eles insistiram para que ele fizesse a divisão ali mesmo. O Profeta prometeu a eles que faria isso. Eles o seguraram, dizendo: 'Não deixaremos você ir embora antes de fazer a divisão'. Eles tiraram seu manto, e todos gritaram e disseram grosserias [...]" (ibid.: 301; AL-TABARI, 1979: V.II-136SS). O Profeta foi então obrigado a repartir o restante do butim na hora, segundo os costumes tribais (IBN HICHAM, S.D.: V.IV-130SS).

Num clima de tensão política como esse, em que se descobria que o combatente muçulmano não tinha uma noção clara de seus deveres como fiel, mas continuava apegado a suas prerrogativas como guerreiro, considerando a mulher prisioneira como seu bem mais precioso, era evidente que a promessa de igualdade entre os fiéis defendida por Muhammad chegava ao limite. É preciso, entretanto, levar em conta a cronologia: Hunayn já é o Islã triunfante. As mulheres, porém, levantaram o debate sobre a guerra e o butim muito antes, durante o período difícil, dos anos 4 a 8 da Hégira, que fica entre a derrota de Uhud e a tomada de Meca, período em que o moral das tropas estava baixo e a credibilidade de Muhammad enquanto chefe militar estava seriamente abalada. É impossível compreender a reviravolta contra as mulheres sem levar em conta esse contexto militar. Vimos em Hunayn que um profeta triunfante estava sempre mais ou menos à mercê de suas tropas, então tentemos imaginar seu poder de negociação com os soldados quando não podia oferecer a eles o butim, nem mesmo em sonhos! Vimos o Profeta implorando a Deus durante a batalha de Badr: sem sucesso militar, não haveria Islã. A margem de manobra que o Profeta tinha, numa cidade dominada por uma economia de guerra, era muito estreita (WATT, 1956).

Aplicar o princípio da igualdade social acrescentava um risco de distúrbios suplementares, pois desestabilizava os lares ao dar à mulher o direito, enquanto fiel, de reclamar a igualdade, já que apenas a piedade passou a ser um critério de hierarquia. "O mais nobre entre vocês, junto de Deus, é o mais piedoso entre vocês", afirma o versículo 13 da sura 49. Dar o paraíso às mulheres era menos problemático do que dar a elas o direito à herança e ao butim — isso seria multiplicar perigosamente os sacrifícios que o fiel concedia a Deus. Se os homens precisavam de Deus, este também precisava dos homens.

Diante de uma escolha difícil, igualdade entre os gêneros ou sobrevivência do Islã, o gênio de Muhammad e a grandeza de seu Deus se revelam no fato de, pelo menos, no início do século VII, terem levantado o problema e levado a comunidade a refletir sobre ele — um debate que, quinze séculos depois, os políticos rejeitam como estranho à cultura e à Sunna, a tradição profética. Um profeta é, antes de tudo, um homem que domina a arte da dança sagrada, uma dança com uma coreografia difícil entre um Deus idealista, distante, estrangeiro, celestial, e homens que sofrem, prisioneiros de uma terra onde grassam a violência e a injustiça. No tempo de Muhammad, os profetas, ou melhor, os falsos profetas, para usar a fórmula consagrada pelos historiadores muçulmanos, pululavam na península Arábica, principalmente no Iêmen, onde havia "Al-Ansi e Musaylima, o mais famoso. Este tinha tudo o que era preciso para seduzir. Era um homem muito eloquente, que sabia se expressar numa bela linguagem rimada" (AL-TABARI, 1980: 320). Musaylima considerava-se o rival de Muhammad, a quem, aliás, propôs se associar: "'Eu sou profeta, como Muhammad', declamava ele para as multidões da cidade de Yamama, no Iêmen, 'uma metade da terra é minha, a outra metade é dele'" (ibidem; AL-TABARI, 1979: V.III-245). Ele apelava com frequência ao sentimento nacionalista para convencer sua audiência: "Vocês não encontrarão melhor profeta do que eu; por que seguir um profeta estrangeiro?" (AL-TABARI, 1980: 321).

Mulheres também faziam carreira na profecia, como Sajah bint al-Harith ibn Suwayd, que os poetas de sua tribo cantavam como gloriosa:

> Nossa profeta é uma mulher
> que nós cercamos [com nossas homenagens]
> enquanto os outros povos têm homens como profetas. (MAS'UDI, 1962: V.III-321)

Ela cometeu a imprudência, enquanto profeta, de se deixar levar pelos sentimentos e se apaixonar por Musaylima a ponto de se casar com ele:

> Quando se fez passar por inspirada, negou inicialmente o título de profeta ao impostor Musaylima, depois acreditou em sua missão. Antes de se dizer enviada do céu, ela era adivinha e queria exercer a mesma arte de Satih, Ibn Salama [...] e outros adivinhos famosos. Ela foi encontrar Musaylima, que se casou com ela. (Ibid.: V.III-594)

Homens e mulheres, todos os profetas que a tradição muçulmana chama de falsos, fracassaram porque não dominavam essa dança entre o divino e o humano, esse desejo intenso de se elevar ao céu, de apagar o horizonte terrestre, de ir em direção a Deus, de tornar-se Deus. Se Musaylima fracassou lamentavelmente é porque confundiu, como muitos políticos de hoje, profecia e demagogia, cometendo o erro de acreditar que o sucesso de um profeta reside em sua sedução, sua capacidade de agradar às multidões.

Musaylima deu a seus compatriotas instituições religiosas, dispensou-os da oração e declarou lícitos a fornicação e o vinho. Essas leis lhes agradaram, eles o reconheceram como profeta e aceitaram sua religião. Ele recitava discursos rimados, não ritmados, que dizia ter recebido do céu. (IBN HICHAM, s.d.: IV-223SS, 247SS; AL-TABARI, 1979: V.III-243, 1980: 321; MAS'UDI, 1983: V.II-310)

Ser profeta, diferentemente do que achava Musaylima, consiste em levar as pessoas a ir tão longe quanto possível, a conduzi-las para uma sociedade ideal. Ser profeta é ensinar a um negociante de Medina, que não enxergava muito além da isca do butim, que uma mulher pode ser outra coisa além de prisioneira. Ser profeta é desenvolver, diante de uma mente grosseira, aprisionada em suas paixões e em seu egoísmo, novos horizontes e relacionamentos insuspeitados. E Muhammad, definitivamente, era um profeta, um construtor de horizontes tão vastos que simplesmente contemplá-los causava vertigem. Os corajosos discípulos dos anos 624, 625 e 627 tentavam aguentar, mas titubeavam, um passo para a frente, outro para trás. Avançavam como podiam.

Esse assunto das mulheres, mesmo muito perturbador, teve um aspecto positivo: cerrou as fileiras entre os homens. Mais do que nunca eles se deram conta de que precisavam uns dos outros para se defender das agressões, tanto dentro de casa como no campo de batalha. As discordâncias e as inimizades desapareceram para dar lugar a uma cumplicidade revigorante. Mas, para formar uma oposição séria, era preciso encontrar um líder, alguém que tivesse a consideração e a estima do Profeta. E, para a infelicidade das mulheres, eles encontraram um de porte: Omar ibn al-Khattab, seu discípulo predileto.

IV.
OMAR E OS HOMENS DE MEDINA

Antes de se tornar muçulmano, Omar fazia parte da elite da tribo dos Coraixe e era um dos inimigos mais violentos de Muhammad (AL-'ASQALANI, s.d.: v.IV-588; IBN HICHAM, s.d.: v.I-366). Ele se ressentia das atitudes de Muhammad porque, segundo ele, este "tinha semeado a dissensão nas fileiras de Coraixe, criticado seus cultos e insultado suas divindades". Sua conversão foi o grande orgulho do Profeta: com ele, ganhou para sua causa um dos homens fortes de Meca. Uma vez convertido, "Omar se voltou contra os Coraixe e combateu-os até que fizessem o caminho para a Caaba [o lugar santo]. Ele foi o primeiro a ousar realizar ali a *salat* [oração], e nós oramos com ele" (IBN HICHAM, s.d.: v.I-366-367).

Muhammad, que já o admirava antes de sua conversão, destinaria a ele uma atenção especial. Gostava de sua intransigência em relação à justiça e o apelidou de Al-Faruq, "aquele que tem o poder de discernir", porque tinha uma capacidade infalível para distinguir o verdadeiro do falso, o que não era fácil para os novos convertidos (MAS'UDI, 1983: v.II-313, 1962: v.III-595). Ele apreciava também seu espírito crítico. Segundo Omar, um árabe "deve saber para onde o conduz seu chefe", não devendo seguir cegamente as ordens deste (AL-TABARI, 1979: v.V-27).

Quando Omar se tornou califa, deu o exemplo do califa ideal, que nos fez amar o Islã nos livros de história da escola primária: um governante que ouvia seus governados e, principalmente, levava a honestidade e o desprezo pelas riquezas ao limite da privação:

> Omar vivia com simplicidade, usava roupas grosseiras e se mostrava severo com tudo o que se relacionava ao culto a Deus [...] sua roupa se resumia a uma túnica de lã costurada com pedaços de couro

> e outros [materiais] e a um manto em que se enrolava. Apesar da dignidade que lhe foi concedida, não hesitava em carregar um odre sobre o ombro. Usava normalmente um camelo como montaria, sobre o qual prendia sua bagagem com uma corda de fibras de palmeira. Este era também o costume de seus representantes, apesar da extensão do império e da abundância de riquezas que Deus lhes concedera. (MAS'UDI, 1983: V.II-313, 1962: V.III-596)

Embora Omar apresentasse muitas qualidades maravilhosas, os cronistas muçulmanos, que registravam tudo quando se tratava de uma personalidade histórica, inclusive os defeitos, retrataram também seu temperamento colérico e violento para com as mulheres. Al-Tabari observou que uma mulher se recusara a se casar com ele quando Omar era califa e tinha o título imponente de Amir al-Muminin (Comandante dos Fiéis), que foi o primeiro a usar, "porque era rude e duro com as mulheres". Tratava-se da própria irmã de Aicha, Umm Kulthum (AL-TABARI, 1979: V.V-27).

Não foi então por acaso que ele se tornou o porta-voz da resistência masculina ao projeto igualitário do Profeta. Homem com carisma excepcional, era partidário da manutenção do status quo no domínio familiar. Para ele, como para muitos discípulos que representava, as mudanças que o Islã introduziria deviam se limitar à vida pública e à vida espiritual. A vida privada deveria continuar sendo regida pelos costumes pré-islâmicos, costumes que Muhammad e seu Deus rejeitavam e condenavam como incoerentes com o novo sistema de valores muçulmano, que insistia na igualdade entre todos, incluindo a igualdade entre os gêneros. Os homens estavam prontos para viver o Islã como uma revolução das relações na vida pública, uma transformação nas hierarquias políticas e econômicas, mas não queriam que o Islã mudasse as relações entre os gêneros. Eles se sentiam à vontade com a tradição pré-islâmica quando se tratava do lar e das relações com as mulheres — principalmente os mecanos, como Omar, que foram, desde que chegaram a Medina, surpreendidos com a liberdade de pensamento e de ação das mulheres da cidade. As mulheres Ansar eram um tema que trazia grande preocupação: "Nós, gente de Coraixe, dominamos nossas mulheres", disse ele, "e quando chegamos a Medina percebemos que os Ansar se deixavam dominar pelas deles. Nossas mulheres começaram então a adotar seus hábitos" (AL-BUKHARI, 1978: V.III-258). Omar tinha razão para ficar alarmado, já que uma das admiradoras das mulheres Ansar era sua própria esposa.

Um dia, Omar discutiu com a esposa e esperou que, como sempre, ela ouvisse seus gritos com a cabeça abaixada, segundo a tradição Coraixe. Mas não foi bem assim: "Como insultei minha mulher, ela me respondeu no mesmo tom. Reagindo às críticas que dirigi a ela por agir daquela maneira, ela me disse: 'Você me critica por responder a você! Ah! Por Deus! As mulheres do Profeta respondem a ele também, e uma delas fugiu dele até o anoitecer'" (ibidem). O temor de Omar se realizara: a autonomia das mulheres Ansar e sua rejeição a todo tipo de tutela ganharam os lares de Coraixe. Sua própria mulher, que ele dominara tão bem em Meca, agora o enfrentava e justificava seu comportamento citando o homem modelo: o Profeta. Afinal, Omar não podia querer ser mais bem tratado do que ele. Se as mulheres do Profeta subiam o tom e expressavam livremente sua raiva na presença do marido, os discípulos deveriam se adaptar à nova situação. Aqueles que tinham decidido seguir o Profeta sabiam que não tinham escolhido um caminho fácil, mas ser obrigado a conviver com a sedição dentro de casa era uma demanda que excedia de longe sua capacidade de absorção das mudanças.

Omar não se contentou em brigar com a esposa; perturbado com a ideia de um crescimento da revolta, correu para a casa de sua filha Hafsa, que era uma das mulheres do Profeta, para interrogá-la.

> "Ó Hafsa", exclamei [continuou Omar, lembrando o incidente], "é verdade que uma de vocês teve um acesso de raiva contra o Profeta hoje e o evitou até a noite?"

> "Sim", ela respondeu.
>
> "Você está errada e vai sofrer por isso", retomei. "Você não teme que Deus se incomode com a ira do Mensageiro de Deus e faça você perecer? Não seja exigente com o Profeta, não lhe responda. Não fique de mau humor e me pergunte o que quiser." (IBN SAAD, 1980: V.VIII-186; AL-BUKHARI, 1978: V.III-258)

No entanto, ele não se contentou em falar com Hafsa, sua própria filha, e levou seu zelo ao ponto de pregar a docilidade na relação com o esposo como ideal para as outras mulheres do Profeta. Visitou-as para exortá-las a nunca subir o tom diante do marido. Tudo ia bem até que encarou Umm Salma. Ela ficou escandalizada com sua atitude: como ele, Omar, ousava se imiscuir na vida íntima dela, em sua relação com seu marido, e lhe dar conselhos? Ela não hesitou em colocá-lo em seu lugar, aparentemente na frente das outras esposas do Profeta, que ficaram encantadas com sua coragem: "'Mas por que você se imiscui na vida privada do Profeta?', perguntou ela. 'Se ele quisesse nos dar conselhos desse tipo, o teria feito. Ele é capaz disso! A quem mais, além do Profeta, podemos dirigir nossas consultas? Nós nos metemos no que se passa entre você e suas esposas?'" (IBN SAAD, 1980: V.VIII-180).

Omar tinha muitas qualidades, mas a sutileza e a delicadeza não eram seus pontos fortes. Quando Abu Bakr, que se tornou califa depois da morte do Profeta, começou a se preocupar com a sucessão e pediu a opinião de seu círculo sobre Omar como candidato, muitos criticaram sua *ghilza*, uma mistura intraduzível de rigidez, impulsividade e opacidade (AL-TABARI, 1979: V.IV-51).

Depois do incidente com Umm Salma, as outras esposas do Profeta foram em delegação agradecer a ela. Admiravam sua coragem e queriam ter se comportado como ela, mas não tinham sua força de caráter (IBN SAAD, 1980: V.VIII-180).

Quando Omar se decidiu, enfim, a informar o Profeta sobre seus medos e o perigo que os homens corriam, o Profeta respondeu com um sorriso (AL-BUKHARI, 1978: V.III-258). O sorriso do Profeta era mais do que um sorriso. Ele representava sua arma de persuasão mais certeira. Paradoxalmente, entre os árabes que cantavam em seus poemas a ferocidade do combatente, o sorriso do Profeta e sua doçura tinham um poderoso charme. "Ele tinha tanta doçura no rosto que uma vez em sua presença não se podia mais deixá-lo" (AL-TABARI, 1980: 337).[45]

A diferença de atitude entre o Profeta e Omar diante do perigo de uma revolta potencial das mulheres de Coraixe — indiferença do primeiro e grande agitação do segundo — refletia, para além das diferenças de personalidade, duas visões opostas da relação conjugal. E, particularmente, do uso da violência contra a mulher. O Profeta surpreendia seu círculo por sua doçura com suas mulheres, pois muitos de seus discípulos, Omar principalmente, não hesitavam em bater nas esposas. É em torno desse problema da violência física que foram articuladas a reivindicação das mulheres de um lado e a oposição rígida dos homens do outro. Isso implicou na cisão da comunidade e colocou em perigo a sobrevivência do Islã.

DEBATE SOBRE A SODOMIA

Como temia Omar, foram as mulheres Ansar que desencadearam a ruptura entre as mulheres apoiadas pelo Profeta — muitas vezes, é verdade, sob a forma de escuta atenta — e a população masculina, tendo Omar como porta-voz. Mas Deus, dessa vez, decidiu-se contra seu próprio Profeta, pois a sobrevivência do monoteísmo estava ameaçada.

45 Tabari, que dedica, em sua versão árabe do *Tarikh*, alguns parágrafos, segundo a tradição, à descrição física do Profeta, fala da opulência de seus cabelos, de seu longo pescoço, de seu modo enérgico de andar, mas se esquece do sorriso, que ele discute longamente na versão persa que cito (1980: 337). A descrição física na versão árabe do *Tarikh* está no volume III, p. 185ss.

Dois incidentes serviram como estopim: o primeiro dizia respeito à recusa de uma mulher dos Ansar a determinadas posições sexuais a que o marido queria submetê-la, e o segundo, a uma briga conjugal em que o marido usou a violência. Nos dois casos, as mulheres correram para o Profeta e convocaram-no para decidir como árbitro. Como sua arbitragem dependia da vontade divina, Muhammad esperou as revelações do céu e o céu deu razão aos homens. Ao longo desses incidentes, Umm Salma e Omar desempenharam papel de intermediários junto a Muhammad, cada um falando por seu gênero e defendendo seus interesses.

Do que se tratava exatamente? Os homens de Coraixe "penetravam suas mulheres pela frente e por trás", uma prática que era desconhecida entre os medinenses (AL-TABARI, 1957: V.IV-409). Uma mulher dos Ansar procurou Umm Salma e lhe pediu que fizesse a pergunta ao Profeta. Segundo seu costume, o Profeta convocou a pessoa em questão para lhe comunicar a resposta revelada pelo céu. Quando a mulher se apresentou diante do profeta-árbitro-legislador, este recitou para ela o versículo 223 da sura 2, que dá apenas aos homens a iniciativa em matéria de posições sexuais: "Suas mulheres são para vocês um campo a arar: vão a seu campo como quiserem [...]". Al-Tabari explicou, por meio de uma exposição impressionante de testemunhos, que esse versículo, além de não ter encerrado o debate, acabou avivando-o. Alguns diziam que ele permitia a sodomia, outros diziam que a proibia.

Estamos, e Al-Tabari também, diante de um desses versículos ambíguos, suscetíveis a várias interpretações e que impõem, portanto, uma atenção redobrada ao imã que pretende explicar o Alcorão. Minucioso e detalhista, Al-Tabari se cercou de precauções: 41 testemunhos, opiniões e pontos de vista foram minuciosamente examinados. Alguns sustentaram que o versículo sacralizava o direito dos homens de sodomizar suas mulheres. Nenhum ponto de vista foi negligenciado; até os mais cômicos tinham o direito de ser citados: "Abd al-Rahman me disse [...] disseram a Yazid ibn al-Aslam: 'Muhammad ibn al-Munkadir aconselha os homens a não sodomizarem suas mulheres'. Yazid disse: 'Por Muhammad, digo que ouvi Muhammad ibn al-Munkadir dizer que ele mesmo fazia essa prática'" (AL-TABARI, 1957: V.IV-405).

O certo é que, segundo esse versículo, o céu apoiava os homens: eles tinham o direito de realizar as posições que quisessem e as mulheres não podiam protestar, só se submeter a seus caprichos. Esse versículo excluía completamente as mulheres do debate e, fazendo isso, transformava seu conteúdo, que ficava reduzido à seguinte questão: tinham os homens o direito de sodomizar as esposas?

Além disso, uma versão específica reescreveu a origem desse debate, suprimindo a interrogação da mulher dos Ansar para sobrepor a ela uma problemática masculina: não foram mais, segundo essa versão, as mulheres que provocaram o debate, mas os homens. Eles estavam conversando, trocando confidências sobre as diferentes posições sexuais, e tropeçaram na sodomia. Deram-se conta de que não sabiam bem qual era a orientação do Islã a respeito dessa prática e decidiram procurar o Profeta para apresentar-lhe o problema.

Outra versão põe em cena um judeu de Medina. Ele discutiu com um muçulmano que lhe disse que penetrava sua mulher por trás. O judeu, horrorizado, exclamou: "Mas você é como os animais; nós [isto é, a comunidade judaica] temos apenas um jeito de fazer amor com nossas mulheres". Outra versão ainda dizia que, na verdade, Deus interveio porque um judeu tinha dito aos muçulmanos: "Quando um homem penetra sua mulher por trás, a criança que nasce de tal copulação tem um defeito: é vesga" (ibid.: V.IV-400, 402). Com esse versículo, Deus invalidava as palavras do judeu.

Expondo um debate particularmente revelador, esse versículo permite-nos compreender a raiz do problema que este livro tenta esclarecer: a utilização do sagrado pelos homens a fim de legitimar alguns privilégios, seja de natureza política ou sexual. Três séculos depois, quando Al-Tabari tentou, enquanto imã, ajudar o fiel a esclarecer o significado do versículo, o debate permanecia aberto! E ainda estamos discutindo se o muçulmano tem o direito ou não de sodomizar sua esposa! O que me parece importante é que um debate nunca termina na literatura religiosa islâmica: cada geração o retoma a partir de onde seus avós deixaram, para rediscuti-lo, sem que haja um avanço frutífero. Por quê? Porque, para decidir, uma civilização que rege a vida de milhões de indivíduos deve destacar seus princípios gerais, senão se afunda na casuística e no empirismo. Al-Tabari, por mais brilhante que fosse, não ajudou nem um pouco seus contemporâneos a resolver esse debate, deixando-o atolado em considerações que estranhamente lembravam a época da *jahiliya* (a ignorância), como: "Sim, eu tenho o direito de sodomizar", "Não, você não tem o direito de sodomizar". Não tentou destacar princípios que codificam o que é permitido e o que é proibido no ato heterossexual, lembrando a igualdade dos parceiros enquanto fiéis e não ultrapassando o incidente para alcançar o princípio: o ato sexual depende de duas vontades distintas, é uma relação entre dois fiéis com necessidades e desejos que não coincidem obrigatoriamente. É essa timidez do imã diante da necessidade de destacar princípios que torna os versículos tão maleáveis — e o oportunismo no nível de sua interpretação estrutural, quase institucional.

Al-Tabari acrescentou uma opinião suplementar, a sua: o versículo permite ao homem penetrar sua mulher quando quiser e como quiser, pela frente ou por trás; o essencial é que ele a penetre pela vagina, o único lugar onde *al-harth* (o esperma), a possibilidade de gerar o filho, é garantida (ibid.: v.IV-413ss). A sodomia estava então, segundo ele, formalmente proibida. A questão essencial que esse versículo colocava — o princípio que regulamenta no Islã o papel da mulher durante o ato sexual — continuava sem resposta. Sim ou não: a vontade da mulher, como pessoa muçulmana, existia? Havia casos em que essa vontade se afirmava e outros em que ela desaparecia? Pois essa era a mensagem essencial que as mulheres tentavam obter do céu. As leis pré-islâmicas eram muito claras: já que a mulher podia ser herdada, tomada como refém como *sabiya* e escravizada, ao contrário do homem, em princípio suprimido fisicamente depois da derrota da tribo, a vontade dela podia ser suspensa em certas condições.

As primeiras muçulmanas, por meio da herança, do direito à guerra e ao butim, das posições sexuais e da violência física, empurravam o Profeta a pedir ao Deus muçulmano que se pronunciasse sobre o lugar da vontade da mulher, enquanto fiel, na nova comunidade. Os imãs que se mantinham no nível dos casos empíricos não ajudaram em nada o Islã a desenvolver uma teoria do indivíduo, com uma vontade soberana, inviolável e constante, que não desaparecesse em certas circunstâncias.

A ESCRAVIDÃO

As mulheres não foram as únicas que conseguiram ao mesmo tempo sua emancipação e sua prisão. A atitude do Islã com relação ao escravizado é bastante similar: o princípio da igualdade de todos os fiéis foi colocado pelo Profeta e regulamentado pelo Alcorão, que condenou a escravidão. Se os muçulmanos obedeceram às ordens de Deus e de seu Profeta no que concerne à escravidão, é uma outra história: "O Islã, assim como as duas outras religiões monoteístas, o judaísmo e o cristianismo, do qual é derivado, não suprimiu a escravidão doutrinalmente; mas, tal como os seus antecessores, embora de uma forma bastante diferente, esforçou-se para diminuir a instituição, suavizando seus aspectos legais e morais". O Islã, portanto, estabeleceu o princípio da igualdade e tomou posição contra a escravidão. Primeiramente, "do início ao fim da pregação, fez da libertação dos escravizados um gesto meritório, uma obra de caridade".[46] Vários versículos encorajam a libertação do escravizado como um ato de fé; é o caso do versículo 177 da sura 2: "A bondade

46 Em *Encyclopédie de l'Islam*, ver *abd*.

piedosa [*birr*] não consiste em virar seu rosto para o Oriente e para o Ocidente; o homem bom é aquele que crê em Deus e no último dia, nos anjos, na escritura e nos Profetas, que faz o bem [...] para a libertação dos escravos [...]". A mesma ideia é encontrada no versículo 13 da sura 90, no 60 da sura 9 e no 92 da sura 4. O Profeta deu o exemplo libertando uma dúzia de escravizados, entre eles Abu Bakra, sobre o qual falamos anteriormente. Acrescentemos apenas que, no cerco a Taif, uma dúzia de escravizados respondeu ao chamado do Profeta, deixou a cidadela e veio encontrá-lo quando ele anunciou que, se se convertessem, eles se tornariam homens livres, mas somente Abu Bakra ficou com o Profeta: os outros "se dispersaram" (AL-TABARI, 1980: 333). Não deveríamos, portanto, considerar a proposta de Muhammad à população de Taif como um simples processo de recrutamento; era uma forma de realçar a mensagem igualitária da nova religião.

O Islã, em seguida, afirmou a dignidade do escravizado enquanto pessoa atuando no nível das regras concernentes "às relações sociais, de ordem sexual", particularmente à proibição de prostituir as mulheres escravizadas. Para pôr fim a essa prostituição, o Islã encorajou o muçulmano a casar os escravizados "virtuosos". Mas a decisão mais espetacular foi aquela que autorizou o casamento de homens e mulheres livres com escravizados [muçulmanos, é claro]. O próprio Profeta deu o exemplo libertando, antes de se casar com elas, algumas mulheres que eram prisioneiras de guerra. Foi o caso de Juwayriya bint al-Harith. Depois da derrota de sua tribo, enquanto *sabiya* (prisioneira de guerra), ela se tornou parte do butim que coube ao exército muçulmano triunfante. Depois da repartição do butim segundo as regras, ela ficou com um dos soldados muçulmanos, Thabit ibn Qays. No entanto, como era de origem aristocrática, negociou sua liberdade em troca de um resgate que deveria pagar a ele. Quando se apresentou ao Profeta para expor seu caso, ela lhe agradou e ele lhe propôs uma outra solução: o Profeta pagaria o resgate que ela devia a Thabit, depois a libertaria e se casaria com ela, quando tivesse se tornado uma mulher livre (ibid: 328). O Profeta procedeu da mesma forma com Safiya, uma prisioneira de guerra judia que lhe coube em outra oportunidade como parte do butim da expedição contra os judeus de Khaybar. Safiya era, portanto, *sabiya* e, como tal, automaticamente escravizada. O Profeta ofereceu casar-se com ela, depois de tê-la libertado.

Da mesma forma como fazia com as mulheres, o Islã interferia, por meio dos escravizados, na vida privada dos indivíduos e revolucionava os comportamentos ancestrais. A libertação dos escravizados era uma coisa, tratá-los como iguais era outra. Quando o Profeta decidiu confiar um posto de comandante militar a Osama ibn Zaid, um escravizado libertado por ele, os homens das tropas resistiram. Na verdade, a oposição foi tão feroz como quando as mulheres quiseram mexer em suas prerrogativas:

> O Profeta foi informado de que havia, na fronteira com a Síria, movimentos e reuniões de tropas romanas. Apesar de sua doença, ele deu ordem aos muçulmanos para entrar na Síria e nomeou Osama ibn Zaid chefe da expedição. Osama montou seu acampamento nas portas de Medina, e todos fizeram seus preparativos. No entanto, os soldados cochichavam dizendo: "Muhammad fez do filho de seu liberto o chefe dos Muhajirun, dos Coraixe e dos Ansar". O Profeta, sabendo dessas conversas, disse: "Ele é digno do comando. Quando coloquei seu pai, Zaid ibn Haritha, no comando do exército de Muta, falaram a mesma coisa". Quando Osama foi encontrar o Profeta, este puxou a cabeça dele para junto de seu peito e lhe disse: "Não se preocupe com o que os homens dizem; disseram a mesma coisa sobre seu pai e ele era digno do comando; você também é". Muhammad o cobriu de elogios e de honras. Osama foi ao acampamento e os soldados, após completarem os preparativos, também foram para lá. (ibid.: 338)

Ainda com o Profeta vivo, a oposição a esse projeto igualitário — que propunha que todos os homens fossem livres — era viva e persistente, e, depois de uma geração, o filho de um liberto não parecia mais digno do comando militar. Reivindicar a igualdade do escravizado punha em jogo, como no caso da mulher, enormes interesses econômicos: "A escravidão é alimentada apenas por duas fontes legítimas: o nascimento como escravo e a captura na guerra".[47] A nova religião tentou intervir nesses dois níveis. No que concerne à captura, já vimos na batalha de Hunayn que um muçulmano não pode ser escravizado por outro. Mas foi agindo no nível do nascimento que o Islã alterou o sistema de modo definitivo: declarou livre a criança nascida de uma união entre um homem livre e uma mulher escravizada. No entanto, apesar de todas as declarações de princípios claramente afirmadas nos versículos revelados e dos exemplos dados pelo Profeta, a sociedade muçulmana continuou escravocrata por muitos séculos e só renunciou a isso sob a pressão das potências coloniais em pleno século XX. É importante seguir essa trajetória da escravidão para compreender a atitude em relação às mulheres que se mantém até os dias de hoje.

As perguntas que vêm à mente em relação à escravidão são as seguintes: já que o Islã proibiu a escravidão, como ela continuou existindo? Por meio de astúcias linguísticas e jurídicas, como sempre. Jogou-se com a identidade do escravizado. O Islã proíbe que um muçulmano seja escravizado? Não importa, procuraremos em outro lugar; não muçulmanos serão escravizados. Aproveitou-se a era das conquistas para escravizar aqueles que foram conquistados. O Islã só podia subsistir "com o suplemento sempre renovado de elementos periféricos ou externos, tomados diretamente na guerra ou trazidos comercialmente (sob a ficção da guerra santa) dos territórios estrangeiros" (ibidem), sendo que os "territórios estrangeiros" foram designados com o nome de *dar al-harb*, a "casa da guerra", em oposição à casa da paz, a terra do Islã. A escravidão e o destino do escravizado, por constituírem uma contradição em relação ao princípio igualitário, são temas constantes de estudos por parte tanto

47 Em *Encyclopédie de l'Islam*, ver *abd*.

dos *fuqaha* (especialistas em ciências religiosas) como dos filósofos e historiadores.[48] Quarenta anos depois da morte do Profeta, o califa Muawiya comprou mulheres escravizadas (chamadas então frequentemente de *jaryas*) para agradar seu rival político Hussein ibn Ali. O caso de Hawa, a *jarya* que o califa utilizou como presente algumas dezenas de anos depois da morte do Profeta é ainda mais revelador, já que ela conhecia o Alcorão — o que em si é perturbador: uma mulher que conhecia o livro sagrado e não foi encorajada a tornar-se muçulmana. "Apresentaram a Muawiya uma *jarya* que lhe agradou. Ele perguntou seu preço. Disseram a ele que ela custava mil dirhams. Ele a comprou [...] e a ofereceu a Hussein, filho de Ali. Ele a enviou com muito dinheiro e roupas [...] (AL-MALIQ, 1987: 73).[49] Hussein era um fiel fervoroso que praticava sua religião. Quando recebeu a escravizada como presente, fez a ela algumas perguntas preliminares e decidiu libertá-la imediatamente. O diálogo, em sua simplicidade, condenou Muawiya enquanto califa, sucessor de Muhammad na liderança da comunidade muçulmana. Fica bem claro que Hussein ficou "extremamente tocado pela beleza da *jarya*":

> Hussein: "Qual seu nome?"
> Escrava: "Hawa [desejo]."

48 Al-Tabari desenvolveu todo um raciocínio sobre a mulher escravizada quando abordou a noção de *muhsan*, conceito relativo ao status marital (AL-TABARI, 1957: V.VII-151SS). Encontramos decisões a respeito de casos precisos nos autores de biografias de discípulos como Ibn Saad, no *Al-Tabaqat*; ou Al-'Asqalani, no *Al-Isaba*; ou Ibn al-Athir, no *Usd al-ghaba*. Mas, claro, essas informações estão dispersas. Há excelentes análises, como a de Ahmad al-Hawfi, que esclarece o caso das *sabiyat* e *imaa* (prisioneiras de guerra e escravizadas), pelo viés da literatura pré-islâmica e, principalmente, da poesia, que desempenhava um papel tão importante quanto os meios de comunicação de hoje (AL-HAWFI, 1970: 464-524). Ver também os capítulos 9, 10, 11 e 12 de Abd al-Munim Salih al-Ahly Al-Uzziy (1960), dedicados à análise das "Estruturas da sociedade beduína pré-islâmica". Enfim, Zaydan (s.d.) é não apenas recheado de informações, mas agradável de ler. Encontramos ali um raciocínio pertinente sobre a escravidão durante a dita "idade de ouro" do Islã, os séculos VIII e IX, a dinastia abássida.

49 O autor morreu no século XII.

> Hussein: "Você combina com seu nome, e o que sabe fazer?"
> Hawa: "Leio o Alcorão e recito poesia."
> Hussein: "Leia para mim um pouco do Alcorão."
> Hawa: "Ele [Deus] tem as chaves do mistério, que só Ele conhece perfeitamente" [versículo 59 da sura 6].
> Hussein: "E você pode agora recitar alguns poemas?"
> Hawa: "Posso falar sem me censurar? Você garante minha segurança?"
> Hussein: "Sim."
> Hawa: "Sua companhia seria a felicidade perfeita, se você pudesse durar. Mas é certo que um humano é por natureza efêmero." (Ibidem)

Hussein, diz o historiador, começou a chorar e disse a Hawa: "'Você está livre, e todas as riquezas que Muawiya enviou pertencem a você' [...] e ele se levantou para fazer sua oração" (ibidem). Dizer que todos os muçulmanos continuaram escravistas seria um exagero. Para entender a evolução de um fenômeno numa sociedade, ontem ou hoje, é preciso sempre discernir os diferentes níveis dessa sociedade, suas interações e sua relação com o poder. Hussein ibn Ali renunciou ao califado, porque não tinha o cinismo necessário para ter sucesso na política. Sua atitude com Hawa, essa escravizada que manejava com inteligência o texto sagrado e a poesia, é reflexo de sua personalidade, assim como a de Muawiya em relação à mesma Hawa expressa a dele. A história da escravidão terminou quando os colonizadores insistiram energicamente junto aos Estados muçulmanos para que fosse proibida definitivamente, quando a Convenção Internacional de Genebra de 25 de setembro de 1926 foi submetida aos Estados. Quase todos a assinaram. Quase, pois, entre os que se recusaram a ratificá-la, estavam a Arábia Saudita e o Iêmen. Só em 1924 o Iraque suprimiu o status de escravizado; o Egito confirmou a garantia de liberdade individual em sua Constituição de 1923. Por fim, o Marrocos a aboliu com uma circular da administração francesa do Protetorado.

Vemos, então, que os muçulmanos teriam podido, desde o século VII, ter iniciado a elaboração de uma legislação que cumprisse o sonho profético de uma sociedade igualitária, mas só no século XX renunciaram, com bastante dificuldade e sob pressão dos "infiéis imorais" — em outras palavras, os colonizadores —, à escravidão.

A VIOLÊNCIA CONTRA AS MULHERES

Os primeiros muçulmanos não viviam na realidade exclusivamente terrena em que vivemos hoje, e sim numa época em que o céu e a terra constituíam o horizonte em que se desenvolvia a aventura humana. A Medina dos anos 622 (a Hégira) aos 633 (ano da morte do Profeta) era uma cidade onde o céu era acessível a todos.

O Profeta, segundo contou Al-Bukhari em um *hadith*, foi tão importunado, desafiado e solicitado por homens e mulheres em busca de conhecimento que lhes pediu que o deixassem em paz. "Omar disse: 'Quando os conflitos e as disputas se multiplicaram junto ao Profeta, este, excedido, disse a eles: vão embora! Deixem-me em paz'" (AL-BUKHARI, 1978: V.IV-271). Ibn Saad relata que, "quando o Profeta se levantava para ir para casa, as pessoas se aglomeravam em torno dele e o seguiam" (IBN SAAD, 1980: V.VIII-174). Deus era obrigado a intervir para proteger a tranquilidade de seu mensageiro, perseguido por uma comunidade ávida por conhecimento, embriagada pelo contato direto com o Deus-poder, o Deus-lei, o Deus-ideal, conforme os versículos 4 e 5 da sura 49:

> [Profeta!,] a maioria daqueles que o interpelam
> fora de seus aposentos não são razoáveis.
> Se esperassem até que você saísse
> para encontrá-los,
> seria melhor para eles.

Deus podia ser alcançado a qualquer momento, questionado sobre um ou outro conflito e chamado a decidir a seu respeito — e seu

Enviado sobre a terra era atacado por uma multidão de crentes que gritava na frente de sua porta, provavelmente com raiva devido aos conflitos vivenciados por uma sociedade em plena revolução. "Ó você que crê! Não eleve sua voz acima da voz do Profeta! Não lhe dirija a palavra num tom de voz alto, como fazem entre vocês [...]", afirma o versículo 2 da sura 49.

O Profeta morreu com cerca de sessenta anos, em 633. As suras de que falamos foram reveladas durante os oito últimos anos de sua vida. Ele tinha então que resolver graves problemas militares e partia com frequência em expedição; quando voltava para casa, em vez de poder repousar, era assediado por hordas de mulheres e de homens que gritavam seus problemas na frente de sua porta. Ele não tinha mais a energia e o ardor da juventude. Omar, que tinha doze anos menos que o Profeta (e que morreu aos 63 anos, como o Profeta, em 644), ao contrário, estava em plena força da idade e sua influência sobre o Profeta foi crescendo (MAS'UDI, 1962: V.III-595).

Enquanto o debate sobre as posições sexuais mobilizava Medina e opunha mulheres e homens, tendo Deus e seu Profeta como árbitros, um novo tema escandaloso se abateu sobre a cidade: um homem batera em sua esposa.

Os imãs, que dedicam a vida a explicar a vontade divina, poderiam ter desenvolvido um Islã igualitário a partir dos versículos que Umm Salma obteve do céu e que estabelecem o princípio da igualdade entre os gêneros. Mas, em vez de citarem esses versículos, todos brandiram o versículo 34 da sura das mulheres, que é um versículo "obtido" por Omar, após insistir que o Profeta legitimasse o direito de bater nas mulheres. Esse versículo está em contradição flagrante com o que chamaremos a partir de agora de o "versículo de Umm Salma", ainda mais por introduzir, como fator de hierarquização, o acesso às riquezas, um elemento muito contestado na comunidade islâmica. "Os homens têm autoridade sobre as mulheres porque Deus preferiu alguns de vocês a outros, e porque (os homens) gastam sua riqueza (com suas mulheres)", afirma o versículo 34 da sura 4.

Como explicar esse duplo recuo em relação à mensagem igualitária inicial? Que não apenas a desigualdade entre os gêneros foi restabelecida, mas, além disso, foi justificada pelo acesso dos homens a riquezas que as mulheres não tinham? Antes de examinar as circunstâncias da revelação desse versículo, é preciso lembrar que a sociedade árabe pré-islâmica era de uma violência inaudita em relação às mulheres, violência cujo grau variava de acordo com as classes, de modo que a escravizada e a aristocrata de Coraixe eram tratadas de forma diferente.[50] Continuando a leitura do versículo, nós nos damos conta de que o Deus muçulmano sacralizou aqui o direito dos homens de bater nas esposas em caso de *nuchuz*, isto é, de rebelião contra a autoridade masculina, conforme o versículo 34 da sura 4:

> Aquelas cujo *nuchuz* você teme,
> aconselhe-as.
> Expulse-as para suas camas!
> Bata nelas!
> Se elas voltarem a obedecê-lo,
> não use mais sua força contra elas.

Durante uma briga violenta, um homem dos Ansar deu um tapa na esposa, que, ferida, foi até o Profeta e lhe pediu, enquanto *hakam* (árbitro, no sentido de justiceiro), que aplicasse a lei do talião, com o que o Profeta teria concordado imediatamente. Ele se preparava para executar sua decisão quando o versículo lhe foi revelado. Como Deus decidiu de outra maneira, Muhammad tomou consciência de que, enquanto indivíduo, poderia estar em conflito com Deus: o Profeta convocou o marido, recitou o versículo para ele e

50 Reler Al-Tabari, que explica ao fiel que as regras que regem suas relações com uma mulher livre são diferentes das que organizam as que ele tem com uma escravizada: "Estas não têm em relação a você os mesmos direitos das mulheres livres", e isso na ocasião de seu comentário a respeito do versículo 3 da sura das mulheres sobre a poligamia (AL-TABARI, 1957: V.VII-540).

lhe disse: “Eu queria uma coisa e Deus quis outra” (AL-TABARI, s.d.: v.VIII). Mas, paralelamente a esse descompasso entre Deus e seu Profeta, é preciso ressaltar um outro, o que opõe o Profeta a Omar.

Parece que, quanto à questão das mulheres, havia no Islã duas tendências bem distintas: a do Profeta, que desaconselhava o uso da violência, e uma tendência contrária representada por Omar. Como essa distância entre os dois homens não resultou, ao longo do tempo, numa afirmação da atitude do Profeta no espírito das leis muçulmanas? Como se pode explicar que um desacordo tão importante entre o Profeta e Omar, sobre a violência contra as mulheres, não tenha sido objeto de sínteses e tratados de *fiqh* que pusessem em perspectiva para o fiel a Sunna (a tradição profética)? Todas essas questões nos levam a pensar que ainda é preciso fazer uma escavação metódica na literatura religiosa, o que enriquecerá nossa visão sobre os textos antigos deixados até hoje apenas para teólogos e juristas. Tanto uns quanto outros, em sua maioria, têm hoje principalmente um interesse nas discussões de poder e não necessariamente nas perspectivas igualitárias, que são as que nos interessam aqui. De qualquer forma, o que é certo é que o Profeta abominava a violência contra as mulheres e perseverou nessa atitude.

> O Profeta dizia: “Não batam nas mulheres”. E efetivamente as pessoas pararam de fazer isso. E então Omar veio falar com o Profeta e lhe disse: “Mensageiro de Deus, as mulheres estão se rebelando contra os maridos”. O Profeta os autorizou a bater nelas, mas disse: “Uma nuvem de mulheres pairou nesta noite em torno da família de Muhammad. Eram setenta que vieram se queixar de seus maridos”. (IBN SAAD, 1980: V.VIII-205)

O que significa o conceito de *nuchuz*, que vimos no versículo 34 da sura das mulheres citado acima? É uma rebelião tão grave por parte das mulheres que habilita os homens a usar a violência contra elas, mesmo que qualquer violência seja formalmente proibida entre os fiéis.

Os tradutores do Alcorão, educados na tradição cristã, revelam suas inibições quando se trata de traduzir um termo relacionado ao sexo: Régis Blachère traduziu *nuchuz* por "indocilidade", deixando de lado sua dimensão sexual, e Denise Masson por "infidelidade", esvaziando-o assim de sua carga subversiva. Mas *nuchuz*, explicaram os comentaristas muçulmanos, é uma rebelião das mulheres, uma recusa a obedecer ao marido, no contexto do ato sexual. A infidelidade é apenas uma possibilidade entre muitas. A mais grave, segundo eles, consistiria em simplesmente rejeitar o marido: "*Al-nuchuz*", afirma Al-Tabari em sua tentativa de esclarecer esse versículo, "significa que a mulher despreza o marido, recusa-se a estar com ele no leito conjugal, expressão de desobediência e vontade manifesta de não mais realizar o que a obediência ao marido impõe. É um meio de manifestar ao marido ódio e oposição" (AL-TABARI, 1957: V.VIII-299).

O que hoje é interpretado literalmente pelos imãs — essa violência contra muçulmanos do gênero feminino — era um problema muito grave para Al-Tabari. Era preciso esclarecer seu contexto e limitar seu alcance, para se assegurar de que ele não constituísse um pretexto para a *fitna*, a violência entre muçulmanos. Al-Tabari dedicou 27 páginas de comentários e apresentou nada menos que 102 testemunhos contraditórios sobre o sentido que devia ser dado a esse versículo. Al-Tabari, que escreveu um século depois de Ibn Saad e se referia com frequência à sua obra, sabia, aliás, que bater numa mulher não fazia parte da tradição profética.

"O Profeta nunca bateu em nenhuma de suas mulheres, nem em um escravizado, nem em alguma outra pessoa" (IBN SAAD, 1980: V.VIII-204). Na única vez em que foi confrontado com a insurreição doméstica e a rebelião de suas esposas, além de não bater nelas, preferiu deixar o domicílio conjugal e, para grande surpresa da cidade, instalar-se sozinho durante quase um mês em um cômodo ao lado da mesquita: "O Profeta ficou distante de suas mulheres durante 29 noites. Ele declarou que não entraria na casa de suas mulheres durante um mês, porque estava muito irritado com elas, e Deus o condenou por isso" (AL-BUKHARI, 1978: V.III-259). Aparentemente uma atitude como essa não era comum, e já se desenhava a distância entre o Profeta e seus discípulos em relação à violência contra as mulheres: "O Profeta sempre foi contra o costume de bater nas mulheres, e diziam a ele: 'Profeta de Deus, elas [as mulheres] estão semeando a desordem'".[51] Os discípulos nem sempre compreendiam por que o Profeta agia com essa clemência, para não dizer fraqueza, e ele lhes disse: "Bem, batam nelas, mas apenas os piores entre vocês recorrerão a esses métodos" (IBN SAAD, 1980: V.VIII-204).

Omar não tinha escrúpulo algum em fazer isso, e a história guardou pelo menos dois exemplos: ele bateu na própria irmã com tanta violência que deixou marcas quando soube que, além de ter se convertido à estranha religião de Muhammad, Fatima organizava em sua casa reuniões em que se desenvolviam fervorosas sessões de leitura e explicações do Alcorão (IBN HICHAM: V.I-369). A segunda vez que Omar recorreu à violência foi contra sua mulher Jamila bint Thabit. Ele confessou ao Profeta que havia lhe dado um tapa "que a jogou no chão" (IBN SAAD, 1980: V.VIII-179). Jamila era uma mulher dos Ansar que pertencia à tribo dos Aws (AL-TABARI, 1979: V.V-16).

Ibn Saad, que viveu quatro gerações antes de Al-Tabari,[52] insistia na recusa do Profeta a ceder sobre a questão da violência: "O Profeta sempre persistiu em sua oposição a que se batesse nas mulheres. E os homens vinham se queixar delas ao Profeta. Então ele permitiu dizendo-lhes: 'Não suporto ver um homem irritado, sob o domínio da raiva, batendo em sua esposa'" (IBN SAAD, 1980: V.VIII-204). Conhecendo a atitude categórica do Profeta em relação à violência física, como Al-Tabari interpreta esse versículo tão problemático?

51 O termo empregado é *fasadna*, com uma conotação de desordem sexual; é uma perturbação da ordem ética que rege a sexualidade.
52 Ibn Saad, o autor de *Al-Tabaqat*, morreu no ano 230 da Hégira (por volta de 845 da era cristã), e Al-Tabari, em 310 (por volta de 922).

Ele começou, como de costume, alinhando os testemunhos e as opiniões: "O versículo 'Os homens têm autoridade sobre as mulheres' quer dizer que eles podem corrigi-las (*ta'dib*), colocá-las de volta em seu lugar quando se trata de seus deveres para com Deus e para com o marido, e isso porque Deus privilegiou uns em relação aos outros" (AL-TABARI, 1957: V.VIII-290). O privilégio consistia, ele disse, no *sadaq* (o dote) que os homens pagavam a suas mulheres no momento da conclusão do ato de casamento, e em *nafaqa*, assumir as despesas durante essa união. É porque gastavam sua fortuna que os homens tinham autoridade sobre as mulheres. Embora todos os especialistas citados estão de acordo com relação à supremacia dos homens sobre as mulheres, não há unanimidade sobre a extensão desse poder, particularmente quando se trata de *nuchuz*, da rebelião no domínio do sexo.

Se a mulher se recusa ao ato sexual, o homem deve forçá-la ou simplesmente ignorá-la? Deve ignorá-la dividindo a cama com ela ou deve dormir separado, expulsando a subversiva de sua cama? Não deve mais lhe dirigir a palavra e, no entanto, deve continuar a dividir a cama com ela? Ou, ao contrário, continuar falando com ela e expulsá-la da cama? Enfim, ele deve parar de falar, mas obrigá-la a fazer amor ainda assim? Os pobres *fuqaha* ficaram muito agitados e em grande perplexidade.

Retomemos então Al-Tabari, que analisou o versículo segundo seu costume, frase por frase. O que significa "Se você teme o *nuchuz*, expulse-as para suas camas!"? Alguns dizem que "O homem deve compartilhar a cama da mulher depois de tê-la verbalmente persuadido a voltar atrás em sua decisão [de se recusar], mas deve lhe dar as costas e, se a 'montar', deve fazê-lo sem lhe dirigir a palavra" (AL-TABARI, 1957: V.VIII-302). Outros acham que essa interpretação está totalmente errada e que o versículo diz que é preciso renunciar às suas camas. Não se trata, portanto, apenas de se contentar em não mais dirigir a palavra à mulher rebelde, é preciso privá-la do prazer da cama partilhada: "Não deve se aproximar de sua cama, a não ser que elas se retratem, voltem atrás sobre sua posição inicial e adotem o comportamento que você deseja". Mas uma das autoridades citadas, Qatada, não entendia as coisas desse modo. Segundo ele, era preciso proceder por etapas: "Você começa pela persuasão verbal: 'Ouça, descendente de Adão' [...] etc., se ela persistir em sua recusa, você a expulsa de sua cama [...]" (ibid.: v.VIII-304).

Al-Tabari mantém o privilégio de intervir por último. O Profeta nos disse: "É proibido para um muçulmano usar a recusa de se comunicar verbalmente com outro como medida punitiva por um período que exceda três dias. Logo", ele conclui, "o banimento de que fala o versículo não pode dizer respeito à comunicação verbal. E", ele acrescenta, "se a esposa está em pleno *nuchuz* e nega a autoridade do marido, não lhe dirigir a palavra e evitar vê-la vai enchê-la de alegria" (ibid.: v.VIII-308). O que propor ao marido desprezado? Al-Tabari, tão sério, tão piedoso, tão respeitoso da vontade do Profeta, cometeu o que muitos dos *fuqaha* e imãs reconheceram como um erro, aconselhando o fiel a simplesmente amarrar a rebelde: "Expulse-as para suas camas significa amarrá-las em suas camas". Seu argumento é de ordem linguística: "*al-hajr*", ele explica, "é a corda com a qual os árabes amarravam os camelos" (ibid.: v.VIII-309).

Muhammad Chakir, erudito que editou, verificou e prefaciou a nova edição de Al-Tabari, e que afirma tê-lo feito para impedir que o Islã seja usado pelas paixões de nossos contemporâneos, só pôde desautorizar Al-Tabari nesse ponto: "A interpretação de Al-Tabari a respeito do sentido que é preciso dar à palavra *hajr*, que ele liga linguisticamente à raiz 'amarrar' [...], é decididamente uma interpretação estranha!". Ele cita uma lista de *fuqaha* e de imãs que achavam que Al-Tabari se enganara gravemente: "Que falha da parte de um grande especialista do Alcorão e da Sunna", concluiu Chakir. "Que falha por parte de um homem tão especializado nas ciências religiosas e na língua árabe" (ibid.: v.VIII-313).

Temos aqui uma ideia da dificuldade que apresenta a interpretação desse versículo e por que os políticos modernos, que não conseguem assimilar o conceito de democracia, o utilizam para legitimar suas paixões, sem parar um instante para refletir sobre a enorme dificuldade que ele apresentou e apresenta ainda àqueles que têm alguma pretensão de respeitar a vontade divina. Eles o apresentam hoje para afirmar a supremacia masculina, como se fosse um versículo sem equívocos, divergências ou conflitos.

O Profeta, por sua vez, assediado por discípulos dos dois gêneros e suas reivindicações contraditórias, perturbado pelas revelações divinas que iam contra seu projeto e influenciado por Omar, representante da tradição, de reflexos enraizados e dos costumes, sabia que precisava assentar sua influência da maneira mais segura e, portanto, menos contestada: precisava alcançar vitórias militares, canalizar a energia dos fiéis na guerra religiosa e encontrar seu lugar como chefe da comunidade.

V.
O PROFETA, COMANDANTE MILITAR

Muitos de nós guardam uma visão idílica de Medina, distorcida pelas aulas de *Tarbiya Islamiya* (educação islâmica) que tínhamos na escola primária e que simplificavam a trajetória do Profeta: combatido pelos seus, ele foi obrigado a emigrar para Medina. Chegando à cidade, foi recebido por uma população exultante e as jovens vinham ao seu encontro, cantando a famosa "A lua se elevou sobre nós" — a lua que Muhammad encarnava, o visitante que transformaria tudo com sua bondade e sua sabedoria. A professora finalizava o ano em que estudávamos a biografia do Profeta com uma festa em que, com tranças no cabelo enfeitadas com jasmim, devíamos cantar, sobre frágeis estrados montados para a ocasião, diante da plateia emocionada de pais: "A lua se elevou sobre nós". E uma Medina lunar fixava-se para sempre em nossa memória, assim como o hino nacional e todas as canções em que o Marrocos, o Atlas, o sol, a felicidade e o futuro estão entrelaçados de forma tão mágica quanto justa para formar a infância, isto é, a poesia, que é a base da nossa consciência política.

Mas, já adultos, ao passear pela cidade que Muhammad tentou iluminar durante uma dezena de anos com sua luz, nós nos encontramos nas ruelas de uma cidade como as outras, uma cidade em guerra contra o progresso e a liberdade, uma cidade onde Muhammad sofreu, dizem os livros de história escritos para adultos. Ele sofreu por causa dos rumores que circulavam a seu respeito, dos boatos segundo os quais suas mulheres, tão jovens e tão belas, iriam se casar com homens mais jovens logo depois de sua morte. Diziam que sexualmente ele não era mais tão vigoroso quanto antes. Diziam que sua esposa favorita o enganava. Tocavam no ponto sensível de um homem que queria ter sucesso tanto na vida privada como na pública — e que insistia na impossibilidade de separá-las.

Quero sugerir aqui que o Profeta fracassou durante os anos que nos interessam, do ano 3 (derrota de Uhud) ao começo do ano 8 (conquista de Meca), no que diz respeito à igualdade entre os gêneros, porque se recusou a minimizar o sexual, a escondê-lo, a considerá-lo como marginal e secundário. O Profeta era frágil. Seu projeto fracassou porque ele sempre se recusou a separar a vida privada da pública, concebendo o sexual e o político como sendo intimamente ligados. Ia orar saindo diretamente da cama de Aicha, pela portinha que ligava o quarto à mesquita, e continuava, apesar dos conselhos de Omar, a sair em expedição acompanhado por uma ou duas esposas que, acostumadas a se envolver diretamente nos assuntos públicos, circulavam e se informavam livremente sobre o que se passava a seu redor. Uma cena em Al-Tabari mostra Omar fora de si vendo Aicha caminhando na frente de batalha, à beira das trincheiras: "'Mas o que traz você aqui?'", ele pergunta. "'Por minha vida, sua ousadia beira a insolência! E se um desastre se abate sobre nós? E se houver derrota e captura?'" (AL-TABARI, 1979: V.III-49).

As mulheres do Profeta não pareciam considerar sequer os problemas militares ou políticos como estranhos a elas. A libertação de prisioneiros de guerra, assunto eminentemente político, dizia respeito a elas tanto quanto as questões domésticas: nesse mesmo ano, 5 da Hégira, ainda antes da descida do *hijab*, durante a expedição contra a tribo judaica dos Banu Qurayza, Umm Salma interveio na libertação de um prisioneiro político que estava amarrado no pátio da mesquita. Não que tenha tomado a decisão de soltá-lo, mas deu sua opinião a respeito do caso, fez circular a informação entre aqueles que tinham poder de decisão e esperou sua reação. A fonte que relatou o acontecimento especificou que foi "antes da descida do *hijab*". Umm Salma encarregou-se, depois de pedir a opinião do Profeta, de anunciar a libertação para Abu Lubaba (ibid.: V.III-54). Ela se comportava, portanto, como se fosse um assunto em que as mulheres tinham algo a dizer. A casa não era seu único território legítimo.

Parece evidente que, se o versículo do *hijab* separou o mundo das mulheres do dos homens, confinando as primeiras ao lar e negando-lhes o acesso à esfera pública, é porque antes a situação era diferente. De outra forma, a instituição do *hijab* teria sido inútil ali, onde os gêneros ficavam separados e as mulheres eram excluídas da vida pública. Por seu próprio advento, o *hijab* nos revelou uma realidade social contrária à que foi instaurada. A descida do *hijab* durante as núpcias de Zaynab só pode ser compreendida se nos lembrarmos da extraordinária naturalidade das esposas do Profeta na esfera pública. Uma mulher encorajada pelo marido a considerar a mesquita e o campo de batalha como terrenos de ação comporta-se de modo bem diferente de uma mulher reclusa e isolada do mundo. Agindo contrariamente aos costumes dos exércitos fortemente baseados na homossociabilidade, em que os homens vivem entre si da manhã à noite, Muhammad devia frustrar seus comandantes se retirando cedo para sua tenda-casa. Seus inimigos políticos usaram sua insistência em viver a relação com a mulher como uma experiência contínua e privilegiada para atacá-lo, feri-lo, humilhá-lo e finalmente levá-lo a capitular em suas intenções sobre a igualdade entre os gêneros. Seus oponentes políticos usaram sua vida privada como uma arma política. Sexualizaram seus ataques políticos, com a intenção de enfraquecer o Profeta, quando este vivia simultaneamente duas experiências difíceis e novas: a incerteza em sua carreira militar e o declínio da idade.

Ele tinha quase sessenta anos e estava cercado por mulheres notáveis e notadas como Umm Salma, Aicha e Zaynab. Mulheres mais jovens do que ele, inteligentes e, sobretudo, ativamente envolvidas na vida política e nas reivindicações de um status diferente. Aicha, sua bem-amada, foi a presa que os inimigos usaram para fazê-lo sofrer e sentir o gosto do doce veneno da falta de confiança, acusando-a de adultério. Ferido e fragilizado, ele perdeu sua capacidade de enfrentar Omar e consentiu em trancar as mulheres. Disse sim ao *hijab*. Disse sim ao restabelecimento da supremacia masculina.

O ano 5 (627), principalmente, deve ser rememorado. Os acontecimentos relacionados a ele podem ser percebidos facilmente em duas suras-chave em que as dificuldades militares do Profeta e os ataques a suas esposas são simbolicamente apresentados. São as suras 4, "Al-Nisa" (a das mulheres), e 33, "Al-Ahzab" (a dos clãs), que contêm os debates que se desenrolavam em Medina sobre a igualdade entre os gêneros — especificamente os versículos a respeito da herança, dos direitos sucessórios das mulheres e das jovens, assim como a acusação de adultério contra Aicha e a descida do *hijab* — e, também, a "oração do medo" que o Profeta realizou pela primeira vez durante a batalha de Dhat al-Riqa (início do ano 5) e o cerco a Medina, a famosa batalha da Trincheira (também no ano 5).

Vale a pena lembrar aqui que a classificação das suras não obedece a uma ordem cronológica. Na mesma sura podemos ter versículos que pertencem ao período mecano (610-622) e outros que pertencem ao período medinense (622-632). Já abordamos, aliás, a classificação das suras e estamos de acordo com Blachère quando afirmou: "De certo modo, pode-se dizer que lemos hoje o Alcorão de trás para a frente, já que os primeiros textos, os mais longos, são em geral compostos a partir de revelações que chegaram a Muhammad no final de sua pregação". A versão do Alcorão que lemos atualmente é a versão estabelecida oficialmente sob o terceiro califa, Uthman. Sabemos que a transcrição do Alcorão foi iniciada quando o Profeta era vivo (IBN SAAD, 1980: V.II-355) e que a classificação das suras no texto "uthmaniano" não segue a cronologia das revelações, mas obedece a uma ordem que os especialistas tentaram justificar como uma resposta a uma necessidade pedagógica. As suras mecanas, disse Al-Suyuti em seu livro *Asrar tartib al-Qur'an* (Os mistérios da classificação do Alcorão), foram reveladas num contexto politeísta, enquanto as suras medinenses foram reveladas numa comunidade muçulmana que fazia perguntas e se informava sobre os detalhes práticos da vida. Isso explica, segundo ele, que muitas das suras medinenses estejam no começo do Alcorão, pois o livro se dirige a um muçulmano, e não a um politeísta (AL-SUYUTI, 1978). Um problema subsiste, no entanto, para os especialistas: como se orientar se não é possível ligar os versículos aos acontecimentos que deviam esclarecer, já que não há classificação cronológica? A ordem cronológica das revelações é também extremamente importante para orientar o *nasikh* (o que revoga) e o *mansukh* (o revogado), nos casos em que há dois versículos contraditórios a respeito de um mesmo fato. Esse foi o caso, por exemplo, da atitude a ser tomada em relação ao não muçulmano, especialmente judeus e cristãos. Há no Alcorão versículos aconselhando a tolerância e outros aconselhando a guerra santa e a luta incessante contra eles. Os especialistas do *naskh* (a revogação) dedicaram análises minuciosas aos versículos contraditórios e por fim decidiram que são os últimos revelados que devem ser levados em consideração, daí a necessidade de situá-los no tempo (AL-SUYUTI, 1978; IBN HAZM, 1986).

As duas suras que nos interessam, 4 e 33, foram reveladas em Medina por volta do ano de transição, o ano 5 da Hégira. Essa indicação, além de estar no texto uthmaniano, foi estabelecida também por todos os especialistas. Vou me referir especialmente às classificações de Al-Suyuti e de Ibn Hazm (IBN HAZM, 1986: 69).[53] Na ordem cronológica das 114 suras do Alcorão, a sura dos clãs ocupa o lugar 90 e a das mulheres, o 92. Como sabemos que a primeira sura revelada em Medina depois da Hégira, em 622, é "A Vaca", a 87, de acordo com a cronologia das revelações (e a segunda de acordo com a classificação textual), as duas suras que nos interessam se situam alguns anos depois, já que sete suras foram reveladas nesse intervalo. Logo, tanto a localização cronológica das revelações como a localização por acontecimentos históricos situam a sura 4 e a sura 33 por volta do ano 5 da Hégira. O ano das adversidades militares, o ano da oração do medo.

53 Ver também o comentário de Sulayman al-Bindari a essa nova edição, especialmente a classificação cronológica realizada a partir das classificações clássicas.

Segundo Ibn Hicham, a primeira "oração do medo" aconteceu durante a batalha de Dhat al-Riqa, no mês 5 do ano 4.[54] O Profeta saiu em expedição para Dhat al-Riqa na esperança de resolver a situação militar e fazer com que o fracasso de Uhud fosse esquecido. Mas, chegando diante do inimigo, preferiu evitar o confronto: "Ele encontrou ali uma enorme reunião das tribos Ghatafan. Os dois clãs se aproximaram um do outro, mas não houve guerra, pois os muçulmanos, assim como seus inimigos, estavam dominados pelo medo. O Profeta proferiu 'a oração do medo' e se retirou" (IBN HICHAM, s.d.: V.III-220). Uma das razões para esse medo é que os muçulmanos não podiam passar por um confronto que levasse a uma derrota, mas ao mesmo tempo não podiam se dar ao luxo de não entrar em guerra. Não podiam, portanto, ficar imóveis, mas sabiam que estavam abalados demais pela derrota de Uhud para conseguir qualquer vitória sobre seus inimigos. Assim, o Profeta, como estrategista, jogou com extrema firmeza, numa situação em que só tinha uma margem de manobra de ordem simbólica. A oração do medo expressa bem isso: um uso do simbólico por não poder usar a força, pois o primeiro princípio da estratégia de Muhammad era nunca expor a vida de seus soldados. Ele queria guerrear sem perder vidas humanas.

O Profeta passou três dias diante do exército inimigo, sem se decidir se lançava seus homens na batalha, ainda assombrado pelo desastre de Uhud: "As pessoas de Medina saíram da cidade e cada um foi procurar seus parentes mortos, lançando gritos e lamentos. Eles queriam levar os cadáveres para Medina. Mas o Profeta

54 É o mês 5 se tomamos o Muharram, o primeiro mês do calendário muçulmano, como o mês de partida. O ano muçulmano tem doze meses: o primeiro é o Muharram, o último é o Dhu al-Hijja, e o Ramadã é o nono. Sendo o mês muçulmano determinado pela aparição da lua, o mesmo mês pode ter um número de dias diferente dependendo do ano, e até dentro do mesmo ano, dependendo da localização geográfica do lugar onde se encontra. O que, dá para imaginar, cria às vezes algumas confusões em termos de datas.

ordenou que eles fossem enterrados ali mesmo, onde haviam caído" (AL-TABARI, 1980: 205). Desde então, as tropas não tinham recuperado a confiança a ponto de garantir o sucesso. As tribos inimigas que Al-Tabari designou pelo nome de árabes, isto é, não muçulmanos, também estavam desmoralizadas:

> Eles acamparam perto do exército do Profeta. Então Deus encheu seu coração de medo e eles nem ousaram sair do acampamento. Temiam o combate. Os dois exércitos, temendo um ao outro, ficaram dois dias ali. Em seguida, os árabes [não muçulmanos] fugiram sem ter lutado. Durante esses três dias, o Profeta fez a oração do medo e o versículo seguinte foi revelado nessas circunstâncias: "Quando você estava entre seus soldados etc." (ibid.: 219)

A oração do medo foi descrita no versículo 102 da sura das mulheres, que aconselha o Profeta a abreviar a oração quando há urgência ou o temor de ser surpreendido pelo inimigo. A oração do medo consiste em organizar as tropas de modo que não se coloquem em posições vulneráveis, particularmente abaixar a cabeça ao mesmo tempo, como exige o ritual regular. Deus deu ordens precisas sobre esse assunto, conforme o versículo 102 da sura 4: "Um grupo ficará em pé com você para orar, enquanto outro grupo portará as armas. Quando os que orarem se prosternarem, os outros devem se manter atrás de você. O outro grupo que ainda não orou virá em seguida orar com você, enquanto o primeiro garantirá a segurança e portará as armas".

A oração do medo ilustra a dimensão pragmática do Deus muçulmano. O fiel não deve reproduzir um ritual automaticamente sem prestar atenção no contexto, na realidade à sua volta. Ele deve usar seu julgamento em todas as circunstâncias e, quando tiver que escolher entre a oração e a sobrevivência, que não hesite em escolher a sobrevivência: "Os infiéis gostariam de ver vocês negligenciarem suas armas e suas bagagens para atacá-los de uma só vez". Sempre é possível encontrar tempo para pensar em Deus quando se está fora de perigo. Durante as batalhas que o Profeta travou depois de Uhud, seu objetivo não era mais tão ofensivo, e sim uma defensiva minuciosamente calculada para manter sua credibilidade aos olhos de seus inimigos, sem dar a eles a oportunidade de se confrontarem com suas tropas num verdadeiro combate corpo a corpo. Lidando com importantes coalizões que os mecanos conseguiram organizar em toda a Arábia, Muhammad devia responder às agressões e impor-se como uma força presente, sem, no entanto, correr o risco de um envolvimento militar que podia ser fatal para ele.

A batalha de Dhat al-Riqa terminou como o Profeta queria, perdendo força. Não houve confronto. Os dois exércitos, frente a frente, não se jogaram de cabeça na batalha. Aparentemente era um tempo em que a vida de um soldado contava muito, para Muhammad ou para seus inimigos. Esse espírito pragmático, que encontramos no versículo da oração do medo, figura também na tática que Muhammad adotou durante a batalha da Trincheira (*Khandaq*), descrita na sura 33, "Al-Ahzab".

Medina estava sitiada, os inimigos e a oposição local contra Muhammad tinham se tornado mais numerosos e a insegurança se instalara — uma insegurança que impedia todas as mulheres de se movimentarem, até as livres, até aquelas pertencentes à elite dominante, as esposas do Profeta em primeiro lugar. Pela primeira vez, não era o Profeta que decidia o local do confronto entre mecanos e muçulmanos: na primavera de 627, Abu Sufyan, chefe militar da tribo dos Coraixe, liderando uma coalizão de 10 mil homens, sitiou Muhammad em Medina. Este só conseguiu mobilizar, depois de negociações difíceis, 3 mil homens, o que já foi um esforço considerável. O cerco prometia ser longo e implacável, pois tribos da vizinhança mais imediata, como os Qurayza, judeus medinenses, tinham se unido às tribos distantes do Nejd, no campo dos adversários, sob o comando dos mecanos (IBN HICHAM, s.d.: v.III-231, 225; AL-TABARI, 1979: v.III-46, 44). O Profeta decidiu aplicar sua tática predileta quando a superioridade numérica do inimigo era evidente: evitar o contato. Mas como evitá-lo dessa vez, quando o inimigo estava às portas da cidade? Ele recorreu a uma técnica até então desconhecida pelos árabes: cavar uma trincheira em volta da cidade para protegê-la.

A ideia sem dúvida lhe ocorreu enquanto conversava com Salman, um escravizado persa que havia libertado. Este último tinha explicado ao Profeta que "na Pérsia, quando se está sitiado, cava-se um fosso em volta da cidade" (IBN HICHAM, s.d.: v.III-226, 235; AL-TABARI, 1979: v.III-44). Quando o Profeta deu a ordem para cavar o fosso, muitas pessoas ficaram surpresas com a iniciativa, e os *munafiqun*, os "hipócritas" entre os habitantes de Medina, hostis a qualquer iniciativa vinda do chefe muçulmano, aproveitaram a chance de ridicularizá-lo. Mas nem a surpresa de seu círculo nem a ironia dos hipócritas fizeram com que ele renunciasse a seu projeto; ele pediu aos combatentes que trocassem a espada pela pá e criassem um vazio entre eles e o inimigo, em vez de ir a seu encontro:

> O Profeta deu ordem para cavar em volta de Medina um fosso com profundidade de vinte côvados e largura também de vinte côvados. O trabalho foi feito por dez homens. Os hipócritas zombaram do Profeta porque ele se fechava dentro da cidade. No entanto, ele vinha todo dia assistir ao trabalho, sentado dentro de uma tenda que fora construída para ele, para que os homens, em sua presença, tivessem mais zelo. (AL-TABARI, 1980: 224)

Um mês depois, o fosso foi terminado. As tropas inimigas ficaram extremamente surpresas ao ver a trincheira:

> Quando os infiéis perceberam o fosso em volta de Medina, foram tomados pela surpresa, pois nunca tinham visto algo assim. Não conseguindo atravessá-lo, vinham todos os dias até os portões da cidade. O Profeta ficava na beira do fosso, e ninguém saía da cidade para lutar. Ele passava a noite ali também, enquanto os hipócritas voltavam para

> a cidade para dormir e diziam: "Se acontecer durante a noite um acidente com Muhammad, pelo menos estaremos abrigados em nossas casas". (Ibid.: 225)

Os hipócritas achavam que o Profeta os havia induzido ao erro: ele prometera conquistas, mas só atraíra os inimigos para os portões da cidade; ele os estava levando à ruína. O versículo 12 da sura 33 descreve bastante bem seu medo e sua decepção: "Deus e seu Profeta só nos fizeram promessas para nos enganar".

Mas eles não eram os únicos que estavam aterrorizados. Os bons fiéis também tinham medo, de acordo com os versículos 9 e 10 da mesma sura: "Ó vocês que creem! Lembrem-se [...] Quando eles marcharam sobre vocês por todos os lados, quando seus olhos se desviaram de terror, quando seus corações subiram à garganta e vocês se entregaram a vãs suposições sobre Deus". Depois de 27 dias de cerco, a cidade ainda se mantinha em pé e o inimigo havia perdido três homens, pois, de tempos em tempos, "os dois exércitos, de longe, atiravam flechas um no outro" (ibidem). O cerco, no entanto, parecia não acabar nunca, ameaçando seriamente o equilíbrio psicológico da cidade. Era preciso intervir rapidamente, do único modo possível para quem estava em desvantagem numérica: usando a arte da guerra psicológica, por meio da propagação de informações falsas e verdadeiras tanto para o comando central inimigo como para a base ou os aliados mais distantes. Para fazer isso, Muhammad usou o serviço de um novo convertido nas fileiras do inimigo, que o havia contatado clandestinamente. Graças a esse espião que espalhava falsos rumores no campo inimigo, mexendo com as suscetibilidades e as rivalidades entre os aliados e particularmente com as inseguranças do comando judaico, o desânimo e a desconfiança se instalaram entre os mecanos (IBN HICHAM, s.d.: v.III-243; AL-TABARI, 1979: v.III-51). O acontecimento que levou ao fim do cerco foi uma tempestade providencial que Deus mandou do céu: "Ao anoitecer, Deus soltou um vento sobre o acampamento dos infiéis que derrubou todas as suas tendas. Os inimigos ficaram aterrorizados" (AL-TABARI, 1980: 228). No dia seguinte, Abu Sufyan levantou o cerco e desapareceu, deixando atrás de si uma cidade bem diferente daquela que existia antes. O Profeta sabia que uma nova guerra começava, a que ele entendia como a pior de todas, a guerra intestina, a desordem interna na cidade, a *fitna*.

O Alcorão é um espelho fiel não apenas das dificuldades militares do Profeta durante o cerco de Medina, mas também dos ataques de ordem íntima que sofreu, em que sua vida privada foi dissecada e criticada por uma oposição medinense cada vez mais virulenta. Se o Profeta conseguiu evitar o massacre dos muçulmanos, o cerco à cidade marcou duramente os habitantes pelos sacrifícios que impunham o reabastecimento e a manutenção de um exército de 3 mil homens (IBN HICHAM, s.d.: V.III-233; AL-TABARI, 1979: V.III-47). A hostilidade de uma parcela da população medinense levou a cidade à beira da guerra civil e instaurou a insegurança no sentido mais elementar. Para uma mulher, circular na cidade sem ser importunada tinha se tornado impossível, até para as esposas do Profeta, que eram importunadas fora e às vezes dentro de casa, mesmo sob os olhos dele. À luz desses acontecimentos, vamos reler agora os versículos do *hijab* e as explicações de Al-Tabari sobre eles.

Segundo Al-Tabari, a segunda parte do versículo do *hijab* — "Você não tem o direito de agredir o Profeta de Deus nem de se casar com suas esposas depois dele. Nunca faça isso, um ato como este seria para Deus uma enormidade"[55] — foi revelada depois que um homem procurou o Profeta e se pôs a repetir que "pretendia, após sua morte, casar-se com uma de suas esposas, a quem nomeou" (AL-TABARI, 1957: V.XII-40). Nessa versão, as palavras não foram ditas diante do Profeta, mas circularam pela cidade. Em um outro

55 Quanto ao versículo, trata-se do versículo 53 da sura 33, "Os Partidos". Não utilizei a tradução francesa de Blachère (p. 452) nem a de Masson (p. 560), porque ambos traduzem o verbo *adaa* como "ofender". Ora, o verbo "ofender" não transmite a carga de violência deliberada, verbal ou física que o termo *adaa* contém — que eu pessoalmente traduzo como "fazer mal" ou "agredir".

comentário do Alcorão, o de Al-Nisaburi, o nome da mulher cobiçada é citado, e o homem teria feito a grosseria de expressar em alto e bom som seu desejo diante do próprio Profeta e na presença da interessada. Era Uyaina ibn Hisn, chefe de uma tribo árabe conhecido por seus modos rudes, que, depois de sua conversão ao Islã, teria visto Aicha durante uma visita que fez ao Profeta:

> Conta-se que Uyaina ibn Hisn foi ver o Profeta, empurrou a porta e entrou em sua casa sem pedir licença. O Profeta disse a ele: "Uyayna, você se esqueceu da educação que exige pedir licença antes de entrar na casa de alguém?".
>
> "Em toda a minha vida, pelo que me lembro", respondeu Uyayna, "nunca pedi licença a um homem."
>
> Em seguida Uyaina disse ao Profeta: "Quem é essa beldade sentada a seu lado?". (AL-NISABURI, 1972: V.XXII-27)

Quando o Profeta lhe disse que se tratava de Aicha e explicou a ele que ela tinha o título de "mãe dos fiéis", título que a proibia para outros homens, este propôs uma troca: ele ficaria com Aicha e lhe daria em compensação uma mulher ainda mais bonita, a sua própria. O Profeta lhe respondeu friamente que "Deus proibia tais práticas" aos muçulmanos.

Outra versão diz que Aicha, chocada ao ouvir Uyaina dizer ao Profeta que estava pronto a dar-lhe "a mãe dos seus filhos" em troca dela, não pôde deixar de exclamar: "Mas quem é este indivíduo?" (AL-'ASQALANI, s.d.: V.IV-768). O Profeta, mantendo a calma, explicou a Aicha que o homem à sua frente tinha sido eleito por seu povo para liderá-lo: "Este homem que você vê comanda sua tribo!", exclamou.[56]

Alguns historiadores relatam que apenas uma entre as esposas do Profeta se casou novamente depois de sua morte: Aliya bint Zabiyan. Quando ela e o Profeta se casaram, Aliya ficou

56 Os medos do Profeta, portanto, não eram infundados.

na casa dele por um tempo, mas depois ele a repudiou. Ela se casou novamente, observaram os *fuqaha*, antes que o versículo que proibia essa prática fosse revelado. Além disso, o nome dessa esposa do Profeta que ousou procurar outro marido depois dele não é unânime. Alguns dizem que ela se chamava Aliya, outros afirmavam que se chamava Kila. De qualquer forma, por mais envergonhados que estivessem com esse casamento, os historiadores muçulmanos não o escondem, falando dele assim mesmo. Segundo Al-Tabari, tratar-se-ia de Kila bint al-Achaath. Ela teria se casado com Ikrima ibn Abu Jahl depois da morte do Profeta, sob o reinado de Abu Bakr. Este teria ficado muito desgostoso com esse casamento, disse Al-Tabari, pois o achava obviamente escandaloso, e Omar argumentou com ele que, afinal, ela era divorciada, não era mais "realmente" esposa do Profeta, já que tinha preferido deixá-lo no momento do versículo da escolha. Essa escolha dada às esposas pelo Profeta de deixá-lo se assim o desejassem pôs fim a uma grande disputa entre o Profeta e suas esposas (AL-TABARI, 1957: V.XXII-41). Enquanto chefe da comunidade muçulmana, as obrigações do Profeta o levavam a receber delegações vindas de todos os cantos da Arábia, com diferentes horizontes, práticas e costumes estranhos, como a troca de esposas (AL-'ASQALANI, s.d.). Ele os recebia em sua casa, eventualmente na presença de suas mulheres. Al-Tabari especificou que o incidente de Uyaina aconteceu antes da descida do versículo do *hijab* (AL-TABARI, 1957: V.XXII-27).

Essa insistência do Profeta em não traçar limites entre sua vida privada e sua vida pública, que permitiu às mulheres se envolverem diretamente nos assuntos do Estado muçulmano, aos poucos se voltou contra ele: foi a brecha utilizada, nos anos de crise, para sistematizar os ataques. Ele foi assediado e teve sua casa invadida.

> Um visitante se apresentou à porta do Profeta e disse: "Posso entrar?". O Profeta disse à sua escravizada chamada Rawda: "Diga a ele para

> sair e ensine as boas maneiras; ele não sabe nem mesmo como pedir licença. Diga a ele que é preciso que diga: 'A paz esteja convosco! Posso entrar?'".[57] Às vezes, os homens o seguiam quando ele voltava para casa e se aglutinavam em volta de sua mesa a ponto de ele não conseguir sequer estender a mão para pegar a comida. (IBN SAAD, 1980: V.VIII-174)

Podemos dizer que o Profeta só ficou pronto para encarar a separação público-privado, instaurada pela descida do *hijab*, com o surgimento de duas novas facções entre os hipócritas: "as pessoas que têm o coração doente" e "aqueles que espalham rumores na cidade".

Se tomamos o Alcorão e os textos fundamentais da história religiosa como referências, fica claro que até então as mulheres não estavam enclausuradas e não tinham o costume de se fechar em casa. Elas saíam para "cuidar de seus negócios". Antes das agressões, elas saíam sobretudo à noite, provavelmente porque era quando a cidade sonolenta sob o calor do dia ganhava vida: "As mulheres do Profeta saíam à noite para cuidar de seus negócios, e pessoas entre os hipócritas se punham em seu caminho e as agrediam" (ibid.: V.VIII-176). O versículo 60 da sura dos clãs faz supor que as agressões chegaram a ter tamanha força que Deus decidiu intervir lançando anátemas e ameaças de eventuais expedições punitivas contra as novas categorias de hipócritas: "Se os hipócritas, aqueles cujo coração está doente e aqueles que espalham rumores em Medina, não puserem fim a suas ações, nós lançaremos uma campanha contra eles e, com certeza, eles serão obrigados a deixar sua vizinhança".

57 Cf. em AL-'ASQALANI (s.d.: V.VII-258) a biografia de Rawda. Podemos nos perguntar: se o Profeta libertava as escravizadas, como é possível que tivesse uma? Aparentemente, o processo de libertação dos escravizados não era nem rápido, nem automático. Exigia toda uma série de procedimentos e negociações que permitiam um certo reequilíbrio de interesses entre os antigos e os novos senhores e todos aqueles que eram afetados por tal revolução na circulação dos seres humanos.

A primeira categoria, a daqueles "cujo coração está doente", refere-se, segundo Al-Tabari, aos homens que sofrem de uma perturbação no comportamento sexual. Nos parágrafos que ele dedicou ao versículo 60 da sura 33, citado acima, especificou que se trata "daqueles que têm relações perturbadas com as mulheres", "daqueles que sofrem com um desejo incontrolável de fornicar e com a paixão de se entregar a atos sexuais ilícitos" (AL-TABARI, 1957: V.XXII-47). A segunda categoria, a dos *murjifun* (os propagadores de falsos rumores), teve um papel pernicioso, principalmente quando houve a acusação de adultério contra Aicha, como veremos.

Havia, portanto, dois níveis de agressão: as físicas, o ato de importunar as esposas do Profeta quando saíam na rua, e as verbais, o ato de espalhar rumores sobre elas ou sobre o Profeta. Segundo Al-Tabari, o versículo 69, "Ó você que crê! Não faça como aqueles que ofenderam Moisés, Deus o inocentou de suas acusações", remetia à acusação que o povo de Moisés dirigiu a ele, dizendo que era *adar*. O dicionário *Lisan al-'arab* ensina que *adar* é a condição de uma pessoa que tem uma hérnia testicular, um "inchaço em um dos dois testículos". De qualquer forma, para Al-Tabari, o versículo respondia a uma acusação de ordem íntima (ibid.: V.XXII-50).

As acusações desse tipo têm como origem, sem dúvida, o incidente de que já falamos, relativo a uma briga entre o Profeta e suas mulheres, que levou Muhammad a se exilar alguns dias e originou o versículo que os imãs intitularam "o versículo da escolha". Os comentários que tentaram analisar as razões da briga indicam que o descontentamento de pelo menos metade das nove esposas do Profeta era, de acordo com alguns, de ordem econômica e, de outros, de ordem sexual.[58] Segundo a lei da poligamia muçulmana, o homem deve dividir suas noites igualmente entre todas as suas

58 O versículo 28 da sura 33 tem uma conotação econômica; o versículo 51, ao contrário, resolve definitivamente um descontentamento de ordem sexual.

mulheres, ficando subentendido que ele não deve se limitar a dormir tranquilamente durante essas andanças noturnas. O marido polígamo deve estar apto a satisfazer sexualmente suas esposas; uma muçulmana frustrada será uma mulher que criará a *fitna* procurando satisfação alhures. Al-Tabari explicou que o versículo 51 dispensa Muhammad, por ordem do próprio Deus, de dividir a cama daquelas entre suas mulheres que não desejava mais — o que é claramente uma medida excepcional. Além do mais, nem o próprio Deus podia obrigar uma mulher sexualmente insatisfeita a ficar com seu marido. Esse versículo, portanto, oferecia àquelas mulheres do Profeta que se queixavam de sua recente frieza a escolha de deixá-lo se assim o desejassem.

Segundo autoridades tão consideradas quanto Al-Tabari e Ibn Saad, cinco de suas esposas estavam relacionadas a esse versículo e apenas quatro entre as nove continuavam desfrutando de seus favores, entre as quais Aicha e Umm Salma (ibid.: v.xxi-155ss; v.xxii-26; IBN SAAD, 1980: v.viii-196). O Profeta, que se aproximava dos sessenta anos, não tinha nada de velho. Apesar da idade, seus cabelos ainda eram pretos, gozava de uma saúde a toda prova e tinha um charme físico inegável: "Seu nariz era reto, seus dentes separados. Às vezes ele deixava os cabelos soltos naturalmente, às vezes usava-os amarrados em dois ou quatro cachos. Com sessenta anos, em seu corpo todo, a idade só havia branqueado uns quinze fios de cabelo e dez a vinte pelos no cavanhaque" (AL-TABARI, 1980: 337). Os historiadores árabes dão grande importância ao físico das personalidades políticas, pois, segundo eles, podem esclarecer alguns comportamentos.

Outras descrições enfatizam que "seu andar era tão enérgico que se podia dizer que estava destacando os pés do chão e, ao mesmo tempo, tão leve que parecia estar flutuando para cima e para baixo". Mas, deixou claro Al-Tabari, "ele não andava com orgulho, como fazem os comandantes" (ibidem). Assim, não é surpreendente que, quando o versículo da escolha deu o direito de deixá-lo às esposas que estavam frustradas com o tratamento desigual que ele lhes infligia e com o fato de não lhes dedicar mais tanta ternura e carícias como antes, apenas uma decidiu ir embora. Nesse sentido, pode-se dizer que os rumores dos hipócritas foram resolvidos num verdadeiro plebiscito sobre o Profeta por suas próprias esposas. Quando ele decidiu deixar o belvedere da mesquita onde tinha se escondido, voltou para casa e repetiu diante de cada uma das esposas o versículo da escolha, pedindo que se pronunciassem separadamente. Aquelas que quisessem ficar deveriam aceitar que o Profeta não fosse obrigado a satisfazê-las sexual ou economicamente. Para Aicha, a mais jovem, ele aconselhou que consultasse seus pais antes de decidir. Ela ficou ofendida e disse a ele que nunca pedia a opinião dos pais para esse tipo de coisa (id., 1957: V.XXI-157).

Além dos rumores que circulavam sobre sua performance sexual, havia outros relativos a seus casamentos ou a Aicha, que era alvo de inveja e de ciúmes. Dois entre os casamentos do Profeta, contraídos um no ano 5 e outro no ano 7, eram considerados escandalosos por uma parte da opinião pública.

O primeiro casamento que escandalizou Medina foi o que ele contraiu com Zaynab, sua prima por parte de mãe, depois de ter insistido para que ela se casasse com seu ex-escravizado Zaid ibn Haritha. Zaynab, desde sempre interessada no Profeta, revoltou-se quando ele propôs esse casamento com Zaid, o ex-escravizado que libertara e a quem confiava agora postos de comando militar. Ele adotara Zaid e o tratava como um filho, a ponto de o chamarem "Zaid, filho de Muhammad".

Mas a adoção, segundo os costumes pré-islâmicos, estabelecia uma relação de parentesco quase biológica entre o filho adotivo e seu pai. Quando Zaid se divorciou de Zaynab e ela se casou com o Profeta durante o ano 5, muitos medinenses julgaram esse casamento incestuoso e se escandalizaram. Isso explicaria por que o Profeta quis convidar "toda a comunidade", como relatou Anas ibn Malik, o discípulo que testemunhou a revelação do *hijab*. É, aliás, aos versículos que foram revelados na ocasião do divórcio de Zaynab, em resposta aos rumores que circularam em Medina, dizendo que a adoção criava uma relação de parentesco efetiva, que devemos o fato de que, hoje, a maioria dos códigos de família muçulmanos modernos não reconhece a adoção como instituição.[59] Para a maioria desses códigos, a adoção não cria e nunca pode criar um laço de parentesco similar ao que cria o parentesco biológico. Um filho adotado não pode nunca, em princípio, herdar como um filho biológico. A Tunísia, que reconhece o direito de adoção, é considerada um caso excêntrico e extremamente submisso à influência nefasta do Ocidente.

O outro casamento controverso do Profeta foi o que contraiu com Safiya bint Huyay, uma jovem prisioneira judia com quem se casou depois da tomada da cidade de Khaybar durante o ano 7 da Hégira (ibid.: v.XXII-45). "Khaybar estava sob domínio dos judeus: era a mais sólida de suas fortalezas. Compunha-se de sete fortes, de diferentes tamanhos, cercados de plantações de tâmaras" (id., 1980: 253). Safiya era a mulher de Kinana, um dos chefes da tribo judaica dos Banu Nadir. Os pais de Safiya tinham participado da batalha da Trincheira, ao lado dos mecanos (ibid.: 255). O Profeta, seduzido pela beleza de Safiya, que lhe coube como parte do butim, "propôs a ela se converter ao Islã" para libertá-la e se casou com ela, assim que ela aceitou essa condição (id., 1979: v.III-92,178). Segundo Al-Tabari e Ibn Saad, quando o Profeta jogou seu manto sobre a nova prisioneira, depois da tomada de um dos fortes, as pessoas compreenderam que ele tinha a intenção de ficar com ela. Mas Ibn Saad acrescentou "que as pessoas se perguntavam se ele ia se casar com ela ou mantê-la como *umm walad*". *Umm walad*, a "mãe do filho", é uma escravizada com quem o senhor mantém oficialmente relações sexuais e cujos filhos serão livres.[60] Aparentemente, o

59 Sobre o caso de Zaid e Zaynab, ver a sura 33, versículo 37, do Alcorão; assim como os comentários de Al-Tabari (1957: v.XXII-16ss) sobre esse versículo.

60 *Umm walad* é uma escravizada com quem se mantêm oficialmente relações sexuais, mas que não pode ser vendida; os filhos nascidos dessa filiação são livres e gozam de todos os direitos que resultam da filiação legítima, nomeadamente o

caso de Safiya era excepcional, por causa de sua religião. As outras duas mulheres que não eram muçulmanas e com as quais o Profeta teve uma união sexual foram Maria, a Copta, que lhe foi ofertada pelo governador de Alexandria, e Rayhana, da tribo judaica dos Banu Qurayza. Apesar do fato de Maria ter dado ao Profeta um filho homem, Ibrahim, que morreu criança, ela está classificada, com Rayhana, entre as esposas que tinham status de escravizadas (ibid.: v.III-180).

O que é surpreendente no caso de Safiya é que o comportamento do Profeta em relação a ela não era o que seria esperado nesses casos: "As pessoas disseram: 'Se ele lhe impuser o *hijab*, saberemos que quer se casar com ela; se não, vai fazer dela uma *umm walad* apenas'" (IBN SAAD, 1980: v.II-116). *Umm walad* fazia parte das novas categorias jurídicas que o Islã instaurava para lutar contra a reprodução da escravidão, segundo a qual os filhos nascidos de um casamento entre um homem livre e sua escravizada eram necessariamente seres livres, sem importar o gênero. Antes do Islã, os filhos nascidos de uma mulher escravizada e de um pai livre eram escravizados. Uma das razões que levavam os homens a prostituir suas escravizadas, como veremos, era obter delas filhos que poderia futuramente vender. O status de *umm walad* dava à mulher escravizada o direito de ter filhos livres com acesso a tudo o que podia ser herdado, dinheiro e poder. Essa instituição permitiu a algumas mulheres nutrir ambições para seus filhos, sendo que algumas os levaram até mesmo a se tornarem califas.[61] Voltando a Safiya, não se pode esquecer que, em plena revolução dos costumes, o menor gesto do Profeta tinha uma importância simbólica enorme, já que era ele que mostrava a Sunna, o caminho, a nova maneira de fazer as coisas no Islã, como a ruptura com o passado e a renovação. Quando o Profeta a ajudou a subir em sua montaria,

direito ao nome e à herança. Para mais detalhes, consultar na *Encyclopédie de l'Islam* o verbete *umm walad*. Ver também Ibn Saad (1980: v.II-117).

61 Sobre o aspecto jurídico de *umm walad*, consultar Al-Bari (1964).

tomou o cuidado de cobri-la com o véu e assim se soube que tinha a intenção de se casar com ela. Libertar uma prisioneira judia e se casar com ela, em vez de mantê-la como escravizada, deve ter surpreendido Medina e principalmente os *munafiqun*, que estavam atrás de assuntos para criticar.

Mas, entre o casamento com Zaynab (ano 5) e este com Safiya, houve um escândalo ainda mais grave, que soltou a língua implacável dos *munafiqun*, que vinham atacando o Profeta desde a derrota de Uhud e o cerco da batalha da Trincheira. No ano 6, eles acusaram Aicha de adultério.

Os *fuqaha* e os imãs muçulmanos chamam esse incidente do *ifk* (a calúnia) e os orientalistas em busca de sensacionalismo o chamam de "o caso do colar".

Durante uma expedição contra os Banu Mustaliq em que Aicha acompanhava o Profeta, ela perdeu um colar de conchas do Iêmen de que gostava muito. Quando soube que iriam partir em poucas horas, foi procurá-lo. Até encontrá-lo, a caravana já havia partido; os encarregados de colocar sua liteira sobre o camelo imaginaram que ela, que era muito leve, já estivesse ali. Quando deram por falta dela, o Profeta ordenou que parassem para esperá-la. Ele começou a se preocupar quando ela apareceu no horizonte, acompanhada por Safwan ibn Muattal, um jovem discípulo que, tendo-a encontrado na estrada, a escoltava.

Não foi preciso mais nada para detonar uma verdadeira campanha de difamação contra Aicha, orquestrada pelo chefe dos hipócritas, Abdallah ibn Ubay, que, como veremos, ganhava a vida obrigando suas escravizadas a se prostituírem. Ele teria dito, ao ver Aicha chegar com Safwan: "Aicha pode ser desculpada pelo que acaba de fazer; Safwan é mais bonito e mais jovem do que Muhammad" (IBN HICHAM, s.d.: V.III-309; AL-ISFAHANI, 1963: V.IV-157; AL-BUKHARI, 1978: V.IV-172; AL-TABARI, 1980: 238). O caso tomou tamanha proporção que o chefe do jovem Estado muçulmano decidiu abordar o assunto publicamente; subiu no *minbar* e dirigiu-se aos fiéis reunidos na mesquita: "Como ousam levantar suspeitas sobre a casa do Profeta de Deus? [...]". É um dos casos raros de nossa história muçulmana em que um homem político saiu em defesa de sua esposa, em vez de se unir à opinião de seus caluniadores. Ele fez as tribos de Medina assumirem a responsabilidade, os Aws e especialmente os Khazraj, a que pertencia Abdallah ibn Ubay. Com sua intervenção na mesquita, transformou esse simples rumor em um caso de responsabilidade tribal: a tribo a que pertencia o difamador devia se encarregar de castigá-lo. Finalmente, o céu interveio: "Deus revelou dezessete versículos sobre a inocência de Aicha" (AL-TABARI, 1980: 239,240).[62]

O caso do *ifk*, que transformou um incidente banal num assunto de Estado que quase reintroduziu a *fitna* em Medina, ilustra claramente o desejo de humilhar as mulheres e colocá-las em seu lugar, que muitas vezes se sucede a períodos em que elas conquistaram direitos e registraram ganhos. A Aicha, como a todas as mulheres inteligentes, bonitas e amadas por um homem poderoso, não deviam faltar insolência e narcisismo, e é provável que cristalizasse desejos, despertasse ódio e oferecesse um meio fácil de atingir aquele que detinha o poder. As calúnias contra ela, combinadas com a insegurança que reinava nas ruas, conseguiram desestabilizar a fé do Profeta no projeto que lhe era tão caro, de ter uma vida privada aberta e misturada à vida pública, as duas se tocando sem conflitos e sem barreiras. Seu círculo lhe apresentou, diante da insegurança e dos boatos, uma solução escravista: proteger as mulheres, as mulheres livres apenas, cobrindo-as com o véu. Deixar as escravizadas continuarem sem véu era reconhecer implicitamente que podiam ser abordadas e agredidas.

Em uma cidade à beira da guerra civil, em que o número de hipócritas tinha se multiplicado perigosamente desde o cerco, a política antiescravidão que o Islã tentou promover foi oficialmente abandonada, pelo menos no que dizia respeito às mulheres. Como

62 Trata-se dos versículos 2 e seguintes da sura 24; seus caluniadores foram flagelados segundo as novas leis divinas reveladas sobre a matéria.

não se podia mais garantir a segurança de todas, escravizadas incluídas, resolveu-se proteger as livres. E o *hijab* encarna, expressa e simboliza esse recuo oficial sobre o princípio da igualdade.

Simbolicamente, a regressão em relação à igualdade social se enredou e se misturou com a regressão a respeito da igualdade de gênero no caso da mulher escravizada. O *hijab*-cortina caiu sobre os dois, misturando e confundindo essas duas noções na consciência dos muçulmanos durante os quinze séculos seguintes.

VI. O *HIJAB* CAI SOBRE MEDINA

O Islã, testado militarmente e contestado por civis medinenses, sacrificou as mulheres escravizadas para proteger as aristocratas. Quando as mulheres, qualquer que fosse sua classe, começaram a ser assediadas nas ruas, perseguidas por homens que as submetiam à humilhante prática do *taarrud* (literalmente, "postar-se no caminho de uma mulher para incitá-la a fornicar", a cometer o ato de *zina*), o problema do Profeta não era mais libertar as mulheres das correntes da violência pré-islâmica, mas simplesmente garantir a segurança de suas próprias esposas e das dos outros muçulmanos em uma cidade violenta e hostil.

Para resolver a questão, começou averiguando as causas imediatas do fenômeno, realizando uma investigação de acordo com sua tática para obter informações: enviar emissários para questionar quem agia assim. Eles explicaram seu comportamento da seguinte forma: "Só praticamos o *taarrud* com as mulheres que achamos que são escravizadas" (IBN SAAD, 1980: V.VIII-176),[63] alegando assim terem se confundido sobre a identidade das mulheres que abordavam. É por isso que Deus revelou o versículo 59 da sura 33, em que aconselha às mulheres do Profeta se fazerem reconhecer desdobrando seus *jalabib* sobre si. Não se tratava, portanto, de um novo

63 Para este capítulo, só darei referências exatas para Ibn Saad, mas as mesmas referências existem com poucas diferenças em Al-Tabari, Al-Bukhari e outros quando abordam a questão do *hijab* e os versículos a seu respeito. Cito apenas Ibn Saad por uma razão simples: ele me agrada. Gosto de seu jeito de se expressar, seu estilo, sua sutileza, sua sensibilidade, seu incrível gosto pelos detalhes. Além de homem da ciência, tem a presença de um homem que não desprezava sua feminilidade, o que não posso dizer dos outros. Mas, para ter a consciência tranquila, dou, de uma vez por todas, as referências sobre o *hijab* nas outras fontes clássicas usadas neste trabalho: Al-Tabari (1957: V.XXII-45SS) e Al-Bukhari (1978: V.III-254SS).

elemento de vestuário, mas de um novo modo de usar o antigo, de se distinguir no nível gestual (ibid.: V.VIII-176). Segundo o dicionário *Lisan al-'arab*, o *jilbab* (singular de *jalabib*) é um conceito bastante vago, que pode designar muitas peças de vestuário, de uma simples camisa (*qamis*) ao tecido drapeado, passando por uma espécie de sobretudo feminino (*milhafa*). Em uma das definições desse dicionário, o *jilbab* é descrito como sendo um tecido bem grande que a mulher usa dentro de outro tecido para cobrir a cabeça e o peito.

Que as mulheres escravizadas tenham sido relegadas à prostituição é fato estabelecido pelo próprio Alcorão como espelho da vida social e das práticas pré-islâmicas. O versículo 33 da sura 24, "Al-Nur" (A luz), que aborda o problema da *zina*, a devassidão, constata a existência de uma prostituição organizada em Medina. "Não force suas mulheres escravizadas a se prostituírem para lhe proporcionar os bens deste mundo quando elas gostariam de permanecer honestas". Deus aconselha aqueles que se dedicam a esse tipo de comércio a "redigir um contrato de libertação para aquelas de suas escravizadas que assim desejam". *Al-Isaba*, repertório das biografias dos primeiros muçulmanos, deu detalhes sobre a vida de Umayma e Musayka, duas escravizadas de Abdallah ibn Ubay "que ele obrigava a se prostituírem e que foram se queixar ao Enviado de Deus, diz Ibn Hajar. É para responder a sua queixa que Deus revela o seguinte versículo: 'Não obrigue suas escravizadas a se prostituírem [...]'" (AL-'ASQALANI, s.d.: V.VII-517).

Abdallah ibn Ubay é o mesmo hipócrita da tribo dos Khazraj que espalhou calúnias sobre Aicha e Safwan, o jovem que a levou ao acampamento na ocasião do caso do colar. Ele tinha o hábito de ser violento e repressivo com suas escravizadas: "Abdallah ibn Ubay batia em Musayka para forçá-la a ter relações com ele, na esperança de engravidá-la e depois dispor de um filho que nasceria de uma união como essa". Ibn Hajar insiste no fato de que "os bens da vida desse mundo" que Abdallah ibn Ubay procurava por meio de Musayka eram, para além do prazer sexual, o filho escravizado que poderia nascer da relação (ibid.: V.VIII-120-121). Como Musayka era muçulmana, o Deus muçulmano foi obrigado a intervir nos versículos citados anteriormente, que condenam ao mesmo tempo a prostituição e a violência contra as mulheres escravizadas. Musayka "recusava-se a se prestar ao ato que Abdallah a forçava a realizar". Compreende-se por que esse homem era tão feroz contra Muhammad e um dos chefes mais virulentos da oposição medinense. As ideias de Muhammad sobre dar às mulheres os mesmos direitos dos homens privariam Abdallah ibn Ubay de recursos financeiros importantes provenientes da escravidão das mulheres. O Islã só poderia constituir uma ruptura com relação aos costumes da época politeísta se conseguisse destruir as prerrogativas da aristocracia tribal e tomasse uma posição contra a escravidão para os dois gêneros, tornando o conceito de indivíduo enquanto fiel não apenas lógico, mas necessário.

Essa nação de iguais, a *umma* muçulmana, não podia emergir sem condenar a escravidão, em especial a escravidão das mulheres, em que os abusos eram flagrantes. Mas havia outra razão muito mais pragmática que levava o Islã a mudar o status da mulher escravizada. A família muçulmana era uma novidade na medida em que impunha restrições à grande liberdade sexual que existia antes. Para nós, é muito difícil compreender isso quando a família muçulmana parece ser, hoje, uma unidade já particularmente permissiva para o homem, que é polígamo e tem o direito milagroso de repudiar a esposa simplesmente dizendo as palavras "Eu repudio você", cabendo ao juiz apenas registrar seu desejo. Mas o homem pré-islâmico tinha uma sexualidade tão permissiva que as duas regras muçulmanas, a da *idda* (período de viuvez que impõe à mulher divorciada ou viúva não se casar novamente antes de determinado número de meses) e a da paternidade (a ligação do filho com seu genitor), pareciam constituir restrições enormes. Mesmo que nosso conhecimento do período pré-islâmico esteja longe de ser satisfatório, podemos dizer que praticamente toda mulher que não era aristocrata e não tinha uma tribo que pudesse pagar um resgate em caso de guerra, assim como, na vida cotidiana, a proteção de um marido que manejasse a espada com destreza, era uma mulher em perigo constante. Perigo de ser presa, perigo de sofrer *taarrud*, perigo de ser submetida à escravidão por seu raptor. O Islã não podia instituir a família muçulmana patriarcal, em que a condição mínima é saber quem é o pai do filho, sem tratar do destino das mulheres escravizadas. Insisto nesse ponto porque acho que o fato de recorrer ao *hijab* como método para controlar a sexualidade e proteger uma certa categoria de mulheres em prejuízo de outra expressa essa mentalidade e permite que ela se perpetue.

Se o *hijab* é uma resposta à agressão sexual e ao *taarrud*, ele é, ao mesmo tempo, seu espelho, condensando e refletindo essa agressão ao reconhecer que o corpo feminino é *awra*, literalmente "nudez", corpo vulnerável, indefeso. O *hijab* das mulheres, como definido em Medina em plena guerra civil, é na verdade um reconhecimento da rua como espaço em que a *zina* é permitida. O termo *taarrud* contém uma ideia de violência, de pressão, de coerção: "As escravizadas que estavam em Medina", contou Ibn Saad, "eram procuradas por malucos (*sufaha*) que as abordavam na rua e as agrediam. Nesse momento, a mulher livre que saía na rua, sem que nada em sua roupa a distinguisse da escravizada, era confundida com esta e submetida ao mesmo tratamento" (IBN SAAD, 1980: V.VIII-176-177). Ibn Saad é um dos raros historiadores dos primeiros séculos em que encontramos algum distanciamento a respeito da matéria de que trata e uma tentativa de síntese. Ele distinguiu, para além do incidente em que o *hijab* foi revelado (o casamento de Zaynab), as causas profundas que levaram o legislador, o próprio Deus, a recorrer a uma solução como essa.

Não se pode compreender a decisão de recorrer ao *hijab* sem entender o que representava a *zina*, a sexualidade "ilícita", contra a qual o Islã lutava, e, portanto, sem retornar ao tempo pré-islâmico e a seus códigos. Al-Bukhari enumerou quatro tipos de casamentos pré-islâmicos.

> O primeiro deles era como o casamento atual: o homem dirigia o pedido de casamento ao tutor da mulher ou a seu pai, ele lhe

atribuía um dote e em seguida consumava o casamento. O segundo tipo de casamento acontecia da seguinte forma: o homem dizia para sua mulher: "Quando você se purificar de sua menstruação, mande uma mensagem para alguém pedindo para morar com ele". O marido então se isolava da mulher e não a tocava enquanto ela não mostrasse os indícios de uma gravidez proveniente da coabitação com esse homem [...] O terceiro tipo de casamento se praticava assim: um grupo de indivíduos, dez no máximo, tinha relações com uma mesma mulher. Quando essa mulher ficava grávida, depois que tivesse parido e se passassem alguns dias do parto, convocava esses indivíduos e todos tinham que ir. Então, quando estivessem todos reunidos com ela, fazia o seguinte discurso: "Vocês sabem o que resultou de suas relações comigo, acabo de dar à luz uma criança. Essa criança é seu filho, fulano, dê a ela o nome que desejar [...]". O quarto tipo de casamento era praticado assim: muitos indivíduos tinham relações com uma mesma mulher que não se negava a nenhum dos que se apresentassem. Essas prostitutas colocavam na frente de suas portas uma bandeira que lhes servia como insígnia. Qualquer um que quisesse só precisava entrar. Quando uma dessas mulheres ficava grávida e dava à luz, todos os seus clientes se reuniam na casa dela. Eram convocados fisionomistas que atribuíam o filho àquele que julgavam ser o pai [...] (AL-BUKHARI, 1978: V.III-248)[64]

Al-Bukhari usou o termo "casamento" sem explicitar se o opunha a "união". Ele não deu nenhuma indicação sobre a importância social desses casamentos ou sobre a origem social dos envolvidos, sendo que as duas últimas categorias de casamento certamente se

64 Já tentei comentar esse texto em *Beyond the Veil*, um ensaio sobre a sexualidade e o controle social durante as primeiras décadas do Islã. Esse trabalho foi publicado com o título *Sexe, idéologie, Islam* (MERNISSI, 1983). Mas naquele momento não fiz a pergunta-chave a respeito desse texto: qual a origem social das mulheres que praticavam esses tipos de casamento? Seria preciso analisar sistematicamente a biografia dos primeiros muçulmanos, sobre os quais dispomos de uma literatura imponente que até agora foi objeto de poucas análises.

enquadravam na prostituição. A relação de Abdallah ibn Ubay com Mussayka era considerada um casamento, por exemplo? Muitas questões ainda não têm respostas. Que a pesquisa futura as esclareça para que o Islã possa se tornar o que aspirava ser no início: uma experiência que se queria científica, isto é, enraizada numa realidade em que o saber tem um papel importante. É verdade que a pesquisa científica atrapalhou bastante o Islã oficial, pois alguns chefes de Estado muçulmanos preferiram submeter a prostituição aos impostos em vez de proibi-la e combatê-la, para a surpresa dos *fuqaha*. Esse foi o caso da dinastia fatímida.[65]

O Islã enquanto sistema coerente de valores que regem o conjunto de comportamentos de uma pessoa e de uma sociedade, assim como todo o projeto igualitário de Muhammad, repousava, na verdade, sobre um detalhe que muitos de seus discípulos, Omar antes de todos, consideravam como secundário: a emergência da vontade da mulher como instância que a organização da sociedade deveria levar em conta. Para Omar, a solução era simples: "Omar desejava violentamente que o *hijab* fosse instituído para as mulheres. Ele dizia ao Profeta: 'Enviado de Deus, você recebe qualquer um na sua casa, pessoas honestas e pervertidas. Por que não impõe o *hijab* às mães dos fiéis?'" (AL-NISABURI, 1972: V.XXII-9). O Profeta persistia, apesar de todos os ataques, em não aceitar o *hijab*, não vendo o mesmo problema que Omar via. Este era corajoso, justo, honesto, desinteressado e piedoso, mas não compartilhava com Muhammad a crença em virtudes como a suavidade, a não violência como prática e como teoria, elementos-chave da nova mensagem, da nova religião. Como prática, tratava-se de civilidade na vida cotidiana, da boa educação. Como teoria, tratava-se da emergência do indivíduo como base de uma vontade sagrada, que

65 Ver a análise de Adam Metz (s.d.: V.II-157-208), no capítulo "Éthiques et coutumes", dedicado aos hábitos sexuais no século IV da Hégira (século XIII) e especialmente ao desenvolvimento de práticas tais como os eunucos, a pederastia e a institucionalização da prostituição.

tornava a violência ilegítima e a vigilância supérflua. Muhammad insistia na educação. Ele mesmo era muito tímido; vários versículos trazem esse aspecto de seu caráter, que, por sinal, diante da falta de delicadeza dos homens de seu entorno, o forçou a adotar o *hijab*. Ter uma casa aberta para o mundo, a seu ver, não significava obrigatoriamente que ela seria invadida. O *hijab* representava exatamente o contrário do que ele queria pôr em prática, era precisamente a encarnação da falta do controle interior, o véu sobre a vontade soberana, que é a fonte de discernimento e de ordem na sociedade. Omar não podia compreender isso, pois nunca havia refletido sobre o princípio do indivíduo que a nova religião reforçava. Ele achava que a única forma de restabelecer a ordem era pôr barreiras e esconder as mulheres, objetos de desejo. Para a infelicidade do Islã igualitário, o conflito e o debate que ele suscitou aconteceram no fim da vida do Profeta, quando este era idoso e estava militarmente desgastado e contestado na cidade em que quis realizar todas as suas aspirações. Omar, para quem a barreira era a única solução para a violência, refletia a mentalidade da horda que constituía o pilar da ética árabe da ignorância (*al-jahiliya*). Apesar de seu amor pelo Profeta e por seu Deus, a quem serviu com uma integridade admirável, não conseguia visualizar o sonho do Profeta. Combatente e guerreiro, como a maioria dos homens de ação, ele não tentava refletir longamente sobre o impacto de cada gesto nem sobre as reações que poderia despertar no inimigo. Encontramos muitos exemplos em que o Profeta, quando consultava os presentes no entorno antes de tomar uma decisão, ouvia Omar falar primeiro e dar uma opinião tão ridícula e perigosa do ponto de vista estratégico que se contentava em virar para os outros discípulos para pedir-lhes que continuassem refletindo, antes de considerar o conjunto das opiniões. Assim, durante a batalha de Hunayn, Omar aconselhou que matassem os prisioneiros, enquanto o Profeta, enxergando mais longe, pensou em usá-los como arma de persuasão para forçar o inimigo a se converter e a adotar o Islã como religião.

O Islã de Muhammad baniu a ideia de vigilância, de sistema policial de controle, e é isso que explica a ausência de clero e o encorajamento feito a qualquer muçulmano para se dedicar sozinho ao entendimento do texto. A responsabilidade individual intervém para equilibrar o peso do controle aristocrático, tornando-o inútil, no fim, em uma *umma* de fiéis cuja conduta obedece a regras precisas e interiorizadas. Reconhecer na mulher uma vontade inalienável fazia parte dessa estratégia de responsabilização global. Abdallah ibn Ubay sabia muito bem que não poderia continuar forçando suas escravizadas se Aicha e Umm Salma continuassem a reivindicar a libertação das mulheres e circulassem elas mesmas livremente na rua, símbolos da liberdade e da autonomia que reclamavam para todas. Abdallah ibn Ubay via claramente que, se a vontade da mulher se impusesse, ela não seria mais um objeto sexual privado que se sequestra, troca, rouba, vende ou compra. Para impedir isso, era preciso agredir as mulheres do Profeta e demonstrar que elas não podiam escapar ao destino feminino imemorial — o destino de um ser privado de discernimento, de vontade, um objeto sobre o qual se exerce a vontade do outro.

A filosofia do véu que Omar preconizava era clara: quando os hipócritas que agrediam as mulheres foram obrigados a se explicar, deram como justificativa que "acharam que fossem escravizadas" e "Deus ordenou às mulheres que trocassem sua roupa para distingui-la da roupa das escravizadas, estendendo seus *jalabib* sobre si". Era preciso achar um meio de separar as escravizadas, as únicas mulheres numa situação em que a *zina* era possível, das mulheres livres, esposas de aristocratas e homens poderosos com quem tais abordagens eram proibidas. As mulheres livres "davam-se a conhecer para não serem agredidas. Era melhor para elas serem reconhecidas [...] A mulher cobria o rosto com o véu e só deixava aparecer um olho" (IBN SAAD, 1980: V.VIII-177). O versículo 59 da sura 33 logo desceu do céu e cobriu as mulheres livres. "Ó Profeta! Diga às suas esposas, às suas filhas e às mulheres casadas com os fiéis para se envolverem em seus véus (*jalabib*). Essa será a maneira mais simples de serem reconhecidas e não serem mais incomodadas".

Na luta entre o sonho de Muhammad de uma sociedade em que as mulheres pudessem circular livremente na cidade — pois o controle social seria exercido pela fé muçulmana, que disciplinaria o desejo — e os costumes dos hipócritas que só viam a mulher como objeto de violência e de desejo, foi a última visão que ganhou. O véu é o triunfo dos hipócritas: as escravizadas continuaram a ser agredidas e violentadas nas ruas. A população feminina muçulmana foi então separada em duas categorias por um *hijab*: as mulheres livres, contra as quais a violência era proibida, e as mulheres escravizadas, contra as quais o *taarrud* era permitido. Na lógica do *hijab*, a lei da violência tribal substituiu a razão do fiel, que o Deus muçulmano afirma ser indispensável para distinguir o bem do mal. O Islã se declara a religião dos *ayat*, que traduzimos comumente como "versículos", mas que quer dizer literalmente "sinais", no sentido semiótico do termo. O Alcorão é um conjunto de sinais a serem decodificados pelo *aql*, a "razão", uma razão que responsabiliza o indivíduo e faz dele seu próprio soberano. Para que Deus pudesse existir como instância de poder, de lei e de controle social, era preciso que a instância que garantia essas funções antes, isto é, o poder tribal, desaparecesse. O *hijab* reintroduziu a ideia de que a rua estava sob o controle do *safih*, o insensato, aquele que não controla seus desejos, que precisa de um chefe tribal para ser neutralizado.

No contexto da crise militar de Medina dos anos 5, 6 e 7, o Profeta não tinha muita escolha para enfrentar a insegurança na cidade: ou assumia, aceitava e vivia essa insegurança, esperando que a nova fonte de poder, Deus e sua religião, se ancorasse na mentalidade das pessoas, ou então reativava a tribo como sistema de policiamento da cidade.[66] Na primeira opção, precisaria viver a insegurança, esperando que Deus manifestasse seu poder pelo sucesso militar. Na segunda, a tribo garantiria a segurança imediatamente, mas Deus e sua comunidade desapareceriam para sempre, pelo

66 Ver o excelente texto de Goldziher (1966: 40ss).

menos em sua perspectiva original. A mensagem de Muhammad e seu sonho de uma comunidade em que o indivíduo é respeitado e tem direitos — não porque pertence a uma tribo, mas apenas porque é capaz de acreditar em sua ligação com um Deus — dependiam do papel que a tribo fosse chamada a desempenhar durante essa fase transitória. O poder tribal era o perigo; tolerá-lo sob qualquer forma, como meio de controle, representava uma concessão muito grave diante do ideal muçulmano de um ser humano *aqil*, racional, que se autocontrola.

A solução de Omar, a do *hijab*-cortina que esconde as mulheres em vez de mudar as mentalidades e obriga "aqueles que têm uma doença no coração" a agir de outro modo, ocultou a dimensão do Islã como civilização e reflexão sobre o indivíduo e seu papel na sociedade. Essa reflexão foi o que fez da *dar al-islam* ("casa da paz") no seu início uma experiência pioneira em matéria de liberdade individual e de democracia, até que o *hijab* caiu sobre Medina e afastou a memória desse impulso de liberdade. Quinze séculos depois, foi a violência colonial que paradoxalmente obrigou os Estados muçulmanos a reabrirem o dossiê dos direitos do indivíduo e da mulher. Todo debate sobre a democracia passa por ela e por esse ridículo pedaço de tecido, geralmente de musseline fina, que os fundamentalistas reivindicam atualmente como sendo a própria essência da identidade muçulmana.

CONCLUSÃO

Viajar para Medina e deixar a cidade no meio de uma guerra civil talvez não seja a melhor maneira de encerrar uma peregrinação às origens. Poderíamos ter esperado o ano 8 (630) e a entrada triunfal de Muhammad na Caaba depois da tomada de Meca. Poderíamos ter celebrado com ele o sucesso de um homem que sabia muito bem que só é possível ser profeta em casa. Poderíamos ter assistido ao momento em que ele destruiu os ídolos, símbolos da Arábia pagã:

> O Profeta fez sua entrada na cidade, montado em um camelo e coberto com um turbante preto. Ele foi precedido por Ali, portando sua bandeira e cercado pelos Muhajirun e pelos Ansar. Quando chegou à porta da cidade, deu a ordem para erguer sua tenda de couro de Taif na altura em que Zubayr havia fincado sua bandeira [...] Foi no dia 20 do mês de Ramadã que o Profeta fez sua entrada solene no templo. Na entrada, ele desceu do camelo, penetrou no adro e fez as voltas rituais em torno da Caaba. Ao longo desse tempo, os habitantes entenderam que não haveria massacre; eles saíram das casas e foram todos para o templo. Depois de realizar as circunvoluções, o Profeta ordenou que abrissem a porta do templo e quebrassem todos os ídolos [...] Ao sair, olhou para o adro, lotado com uma multidão formada por habitantes de Meca. Ele segurou o anel da porta, voltou-se para a multidão e, em pé sobre a soleira, disse o seguinte: "Louvor a Deus que fez triunfar seu servidor e que realiza a promessa que Ele lhe fez. De fato, Ele prometeu me levar a Meca e desviou meus inimigos". (AL-TABARI, 1980: 282; IBN SAAD, 1980: V.II-137)

Poderíamos ter esperado o dia seguinte, quando ele recebeu na colina de Al-Safa os homens mecanos, que caminhavam atrás de seus chefes para fazer a profissão de fé e o juramento de lealdade.

Poderíamos ter esperado o quarto dia depois da tomada de Meca e assistir ao juramento de lealdade das mulheres, que começou com um incidente muito simbólico! Estas, sob o comando de Hind bint Utba, esposa de Abu Sufyan (o antigo chefe de Meca e comandante das batalhas), recusaram-se a prestar juramento a Omar, como o Profeta havia previsto. Hind tirou-o do caminho e avançou em direção a Muhammad: "É a você que queremos prestar juramento e é com você que queremos fazer nosso pacto [...]". Quando Muhammad chegou à parte do juramento de lealdade específica às mulheres, Hind não conseguiu se conter, apesar da solenidade do momento: "Você nos impõe obrigações que não impôs aos homens, mas nós as aceitamos, não seremos infiéis" (AL-TABARI, 1980: 286). O Profeta pediu às mulheres que jurassem "não matar seus filhos", mas Hind achou que estava exagerando, uma vez que era ele o chefe militar que originara os combates nos quais sangue havia sido derramado — e agora pedia uma coisa dessas às mulheres que dão a vida. "Nós pusemos nossos filhos no mundo e os educamos; mas você, você os matou no dia de Badr." Por que inserir uma cláusula como essa no juramento de lealdade das mulheres? As fontes não estão de acordo. Será que se referia ao aborto ou ao infanticídio de meninas? Muitos dos autores muçulmanos exageram a importância do infanticídio, que também associam à honra. Segundo outros, o infanticídio seria o vestígio dos sacrifícios humanos ligados aos cultos pagãos e era extremamente raro (AL-UZZIY, 1960).[67]

A atitude de Hind demonstra que as mulheres da aristocracia de Coraixe não apenas eram respeitadas enquanto grupo social, uma vez que, como os homens, prestaram juramento e tomaram parte nas negociações com o novo chefe militar da cidade, mas

67 Na página 139, Al-Uzziy usa os versículos corânicos para demonstrar que a origem do *wa'd* (infanticídio) é religiosa (ver os versículos 132 e 140 da sura 6). Ele explicou também que era ridículo ver isso como um indicador da condição humilhante e degradante da mulher "porque algumas deusas eram mulheres!", e ele tinha razão.

também que podiam ter uma atitude francamente crítica em relação ao Islã. Elas não aceitariam a nova religião sem saber exatamente como ela poderia melhorar sua condição. Esse espírito crítico da mulher perante o chefe político permanecerá vivo durante as primeiras décadas do Islã. Ele só desaparecerá com a instauração do absolutismo, com Muawiya e o governo baseado em dinastias oficiais, isto é, por um lado, o desaparecimento de uma parte do espírito aristocrático tribal, com a formação do Estado muçulmano e, por outro, o desaparecimento do Islã como experiência profética em que a igualdade, por mais potencial que fosse, abria a porta para um sonho de prática democrática.

Poderíamos ter passeado em Medina até a volta de Muhammad depois da tomada de Meca e ter participado das festas que celebraram suas conquistas. Com o sucesso militar, a segurança voltou às ruas e "aqueles que têm uma doença no coração", os *sufaha*, os insensatos, mantiveram uma atitude prudente e circunspecta.

Infelizmente, não escolhemos de fato o fim de uma viagem, principalmente daquela que transforma uma vida. Para as mulheres, a segurança nunca mais voltará à cidade. A viagem no tempo tem suas leis, como os sonhos, e a Medina das mulheres ficará suspensa para sempre. A partir de então, elas vão passear nas cidades sem piedade e sem segurança, atentas e envoltas em seus *jalabib*. O véu, destinado a protegê-las de uma rua violenta, as acompanhará durante séculos, qualquer que seja a situação militar da cidade. Para elas, a paz jamais voltou. As mulheres muçulmanas exibirão seu *hijab* por toda parte, vestígio de uma guerra civil que nunca terá fim.

No entanto, algumas tentarão resistir: recusarão o *hijab* e reivindicarão o direito de sair *bariza* (sem o véu), um termo que será acrescentado ao dicionário *Lisan al-'arab*. "Uma mulher *bariza* é aquela que não esconde seu rosto e não abaixa a cabeça na direção do chão", e o dicionário acrescenta que uma mulher *bariza* é aquela que "aparece para as pessoas e recebe em sua casa" — homens, claro. Uma mulher *bariza* é também uma mulher que tem um "juízo sólido". Um homem ou uma mulher *bariz* são pessoas conhecidas por seu *aql* (razão). Quem são essas mulheres muçulmanas que resistiram ao *hijab*? A mais famosa é Sakina (ou Sukayna, diminutivo de ternura), uma das bisnetas do Profeta pelo lado de sua filha Fatima, esposa de Ali — o famoso Ali, o infeliz quarto califa ortodoxo que passou o poder para Muawiya e foi assassinado pelo primeiro terrorista muçulmano. O destino de seus filhos será tão trágico quanto o seu: Sukayna também testemunhou o assassinato de seu pai em Karbala, um drama que explica em parte sua revolta contra o Islã político, opressor e despótico, e contra tudo o que limitava a liberdade do indivíduo, inclusive o *hijab*.

Sukayna nasceu no ano 49 da Hégira (cerca de 671). Ela foi exaltada por sua beleza — mais precisamente, o que os árabes chamavam de beleza, uma mistura explosiva de graça física, inteligência crítica e eloquência corrosiva. Os homens mais poderosos a disputavam, com califas e príncipes lhe propondo casamentos que ela desprezava por razões políticas. Mesmo assim, acabou tendo cinco maridos, alguns dizem seis. Contestou alguns, fez declarações de amor inflamadas e apaixonadas a outros, levou um aos tribunais por infidelidade e nunca cumpriu o *ta'a* (princípio de obediência, chave do casamento muçulmano) com nenhum deles. Em seus contratos de casamento, ela estipulava que não obedeceria ao marido, só à própria cabeça, e que não daria ao marido o direito à poligamia, e tudo isso em razão de seu interesse por assuntos políticos e poesia. Continuou recebendo poetas em sua casa e a assistir, apesar dos vários casamentos, aos conselhos de Coraixe, o equivalente ao que hoje seria o conselho municipal de uma cidade descentralizada e administrada de forma democrática (AL-ISFAHANI, 1963: V.XVI-168-169). Sua personalidade, que fascinou os historiadores — os quais lhe dedicaram páginas e mais páginas e às vezes biografias inteiras —, foi forjada na dura realidade da história, em especial com o assassinato do pai, Hussein ibn Ali, em

Karbala, um dos mais revoltantes da história política muçulmana. Hussein, um homem pacífico, notificara a Muawiya, em um contrato escrito, sua decisão de renunciar ao califado, contanto que o deixassem viver em segurança com sua família. Poeta, ele celebrava as mulheres que adorava: Rabab, sua esposa, e Sakina, sua filha. Depois da morte de Muawiya, ele se recusou a prestar juramento ao filho deste e foi assassinado em Karbala quando estava acompanhado por Sakina.[68] Foi no dia de Achura, 10 de outubro de 680. Sakina manteve por toda a vida um desprezo pela dinastia omíada e seus métodos sanguinários que não hesitou em expressar. Ela a atacava nas mesquitas e insultava seus governantes e representantes sempre que a oportunidade se apresentasse, organizando-se para que essas oportunidades se multiplicassem (ibid.: v.XVI-143).

Sakina fez um de seus maridos assinar um contrato de casamento oficializando seu direito ao *nuchuz*, a rebelião contra a autoridade marital que tanto torturava os *fuqaha*, e usava tanto sua beleza como seu talento para afirmar a importância e a vitalidade da mulher na tradição árabe. Admirados e respeitosos, os historiadores se comprazem em evocar suas cenas domésticas, como o processo que moveu contra o marido que violou a lei da monogamia que ela lhe havia imposto no contrato de casamento. O juiz, atônito com as condições do contrato, ainda assim foi obrigado a julgá-lo, especialmente porque sua própria esposa fora assistir ao julgamento do século e o califa enviara um emissário para mantê-lo informado sobre o andamento do processo.[69]

68 Sobre o assassinato de Hussein, ver Mas'udi (1983: v.III-749) e Al-Tabari (1979: v.VI-215). Sobre Sakina e o modo como ela viveu esse acontecimento, ver a biografia de Aicha por Abd Al-Rahman (s.d.: 58).

69 Para a biografia de Sakina, ver Ibn Saad (1980: v.VIII-475), dedicado às biografias de mulheres; Al-Isfahani (1963: v.III-361ss; v.XVI-138ss; v.XVII-43ss; v.XIX-155ss); Ibn Assakir (1982: 155ss), dedicado às biografias de mulheres (o autor morreu no século XI); Al-Maliq (1987), dedicado às biografias de mulheres famosas durante a idade de ouro do Islã (o autor morreu no século XII) e Al-Baghdadi (s.d.: 439ss) (o autor morreu no ano 245 da Hégira, século IX). Esta lista está longe de ser exaustiva.

Qual não foi minha surpresa quando fui acusada de mentir durante uma conferência em Penang, na Malásia, em 1984, em que apresentei Sakina como o tipo de mulher tradicional muçulmana sobre a qual pensar. Meu acusador, um paquistanês, diretor de uma revista islâmica em Londres, cortou minha fala gritando diante da plateia: "Sakina morreu com seis anos!". Tentando tirar meu microfone, ele repetia, furioso e vingativo: "Ela morreu em Karbala com seu pai! Ela morreu em Karbala". Então, atribuindo a si mesmo o confortável papel de cádi, ele me instou a nomear as fontes de onde eu tirava minha versão da história de Sakina. Imediatamente forneci a ele uma lista — em árabe, claro. Ele a olhou com desprezo e disse que era muito pequena. Havia ali Ibn Qutayba, Ibn Abd Rabbih, Ibn Assakir, Zamakhchari, Ibn Saad, Ibn al-Maad, Al-Isfahani, Al-Dahabi, Al-Safadi, Al-Wachaa e Al-Bukhari; em resumo, os grandes nomes da história muçulmana. Soube depois que esse importante jornalista, cuja revista pretendia contribuir para o conhecimento do mundo árabe, não falava nem lia árabe. Sakina morreu em Medina, com 68 anos (no ano 117 da Hégira). Outras fontes dizem que ela morreu com 77 anos em Kufa — o que é pouco provável, pois ela não gostava nem do Iraque, nem dos iraquianos: "Vocês mataram meu avô [Ali], meu pai [Hussein], meu tio [Hassan, outro filho de Ali], e meu marido", disse ela, referindo-se à morte de Musaab Ibn al-Zubayr, um dos maridos que mais amou e que foi assassinado pelo omíada Abd al-Malik ibn Marwan, o quinto califa omíada (685-705).[70]

De qualquer forma, a agressão verbal de que fui vítima e a tentativa de obliterar a memória de Sakina por parte de um muçulmano moderno, que só reconhece a mulher com véu, massacrada e silenciosa, são para mim um episódio que expressa, em sua simbologia, toda a questão da relação do muçulmano com o tempo, da amnésia como memória, do passado como deformação das possibilidades do presente. Jean Genet, que refletiu longamente sobre a

70 Ver as fontes citadas anteriormente.

memória em *Le Captif amoureux* (*Um cativo apaixonado*), expressa bem essa força estranha da reminiscência que brota no presente e o metamorfoseia: "Cada memória é verdadeira. Um sopro de ar fresco dá vida fugaz ao momento passado, passado para sempre. Cada lembrança, talvez algo menor que uma gota de perfume, traz de volta à vida o momento, definido não de acordo com o frescor vivo desta época, mas de forma diferente, quero dizer, reemergindo de outra vida [...]" (GENET, 1986: 101).

Estranho destino esse da memória muçulmana que muitos invocam para censurar e punir. Estranha memória na qual nem os mortos e as mortas escapam às tentativas de assassinato, se por acaso arriscaram levantar o *hijab* da mediocridade e do servilismo que nos é apresentado como tradição.

Como conseguimos transformar a mulher muçulmana nessa criatura submissa, marginal, que se esconde e só se abre ao mundo amedrontada e envolta em seus véus? Por que o homem muçulmano precisa, para encontrar seu equilíbrio, de uma companheira tão mutilada? Segundo Jurji Zaydan, o escorregão para o abismo, no que diz respeito à mulher, aconteceu sob a dinastia abássida. Esse período que nos é apresentado normalmente como a idade de ouro (*al-asr al-dahabi*, séculos VIII e IX) foi o das conquistas internacionais e também do afluxo de *jaryas* (mulheres escravizadas) de origem estrangeira, vindo dos países conquistados: "Os homens davam de presente uns aos outros *jaryas* persas, romanas, turcas etc." (ZAYDAN, s.d.: v.v-76). Com a expansão das cidades e o crescimento econômico, "a mulher árabe foi totalmente marginalizada, perdeu toda a liberdade e o orgulho [...] então começou o desprezo pelas mulheres. Prenderam-nas e trancaram as portas e as janelas à sua volta" (ibid.: v.v-77). As *jaryas* recorriam ao saber, à ciência, à poesia, para melhorar sua condição e se fazer notar pelos homens poderosos que pagavam caro pela companhia de mulheres bonitas e inteligentes capazes de entretê-los. Deram à luz filhos homens que guiaram para o poder. Usaram a intriga para chegar lá, e muitos dos califas foram filhos de *umm walad*, escravizadas elevadas à posição de rainhas. Harun al-Rachid (786-809) representa essa época "dourada" que os contos de *As mil e uma noites* imortalizaram para sempre, tecendo nas ruas de Bagdá relatos fascinantes em que as mulheres e os homens se enlaçavam e se surpreendiam mutuamente num cenário de intriga e de absolutismo político.

Resta saber por que, hoje em dia, é a imagem da mulher da "idade de ouro", uma "escravizada" que faz intrigas nos corredores e está desesperada para seduzir, que simboliza o eterno feminino muçulmano, enquanto a memória de Umm Salma, de Aicha e de Sakina não desperta nenhum eco e parece estranhamente distante e irreal.

É preciso, sem dúvida, procurar a resposta no tempo-espelho em que o muçulmano se olha para pensar seu futuro. A imagem de "sua" mulher mudará diante de suas necessidades urgentes de enraizar seu futuro em uma memória-liberdade. Talvez seja dever da mulher ajudá-lo, reconectando-o, por meio de suas exigências diárias, a um presente fabuloso. E o presente é sempre fabuloso, porque nele tudo é possível. Até mesmo deixar de lembrar e simplesmente viver entrelaçados e confiantes o momento presente.

REFERÊNCIAS

ABD AL-MUNIM, Fuad. *Mabda al-musawat fi al-Islam*. Alexandria: Muassasat al-Taqala al-Jamiya, 1972.

ABD AL-RAHMAN. *Sakina bint Al-Hussein*. Beirute: Dar al-Kitab al-'Arabi, [s.d.].

ABU ZAHRA, Muhammad. *Malik hayatuhu wa asruhu aru'uhu wa fiqhuhu*. Cairo: Dar al-Fikr al-'Arabi, [s.d.].

AL-'ASQALANI, Ibn Hajar. *Al-Isaba fi tamyiz al-sahaba*. Cairo: Maktabat al-Dirasa al-Islamiya, [s.d.].

_____. *Fath al-bari fi charh Sahih al-Bukhari*. Cairo: Al-Matbaat al-Bahiya Al Misriya, 1928.

_____. *Fath al bari fi charh Sahih al-Bukhari*. 17 vols. Cairo: Matbaat Mustafa al-Halabi, 1959-1963.

AL-AFGHANI, Said. *Aicha wa al-siyasa*. Beirute: Dar al-Fikr, 1971.

AL-BAGHDADI, Muhammad ibn Habib. *Kitab al-muhabbar*. Beirute: Al-Maktab al-Tijari, [s.d.].

AL-DARI, Sakanya Ahmad. *Ahkam umm walad fi Al-Islam*. Cairo: Al-Dar al-Qawmiya li-Tabaa, 1964.

AL-BUKHARI, Muhammad ibn Ismail ibn Ibrahim al-Jufi. *Sahih al-Bukhari*. Beirute: Dar al-Maarif, 1978.

AL-DAHABI, Chams al-Din Muhammad ibn Ahmad. *Siyar alam al-nubala*. Beirute: Dar al-Fikr, 1969.

AL-DARQAWI. *Lettres d'un maître sufi*. Tradução de Titus Burckhardt. Milão: Archè, 1978.

AL-HALLAJ. *Diwan*. Tradução de Massignon. Paris: Éditions du Seuil, 1981.

AL-HAWFI, Ahmad Muhammad. *Al-Mara fi al-chir al-jahili*. Cairo: Dar Nahdat Misr, 1970.

AL-ISFAHANI, Abu al-Faraj. *Kitab al-aghani*. Beirute: Dar Ihya al-Turath al-'Arabi, 1963.

AL-JABRI, Mohammed Abed. *Nahnu wa al-turath*. Beirute: Al-Markaz al-Thaqafi al-'Arabi, 1980.

_____. *Takwin al-aql al-'arabi*. Beirute: Dar al-Talia, 1984 (tomo 1), 1986 (tomo 2).

AL-JAWZIYA, Ibn Qayim, *Al-Manar al-Munif fi al-Sahih wa al-Daif.* Alepo: Maktabat al-Marbuat al-Islamiya, 1982.

AL-MALIQ, Abu al-Hasan. *Al-Hadaiq al-ghana fi akhbar al-nisa: tarajim chahirat al-nisa fi sadr al-Islam*. Túnis: Dar al-'Arabiya li al-Kuttab, 1987.

AL-NASAI, Ahmad ibn Chu'ayb. *Sunan al-Nasai*. Cairo: Al-Matbaa al-Misriya bi al-Azhar, 1930.

AL-NISABURI, Nizam al-Din. *Gharaib al-Qur'an wa raghaib al-furqan [Tafsir al-Nisaburi]*. Beirute: Dar al-Maarif, 1972.

AL-NISABURI, Abu al-Hasan Ali ibn Ahmad al-Wahidi. *Asbab al-nuzul*. Beirute: Dar al-Kutub al-Ilmiya, 1978.

AL-QINNAWJI, Muhammad Siddiq Hasan Khan. *Husn al-uswa bi-ma thabata min Allah wa rassulihi fi al-niswa*. Beirute: Muassasat al-Risala, 1981.

AL-SUYUTI, Jalal al-Din. *Asrar tartib al-Qur'an*. Cairo: Dar al-Itisam, 1978.

_____. *Lubab al-nuqul fi asbab al-nuzul*. Beirute: Dar Alhya al-Uhm, 1983.

AL-TABARI, Abu Ja'far Muhammad ibn Jarir. *Muhsan*. Cairo: Dar al-Maarif, [s.d.].

_____. *Jami al-bayan 'an tawil ay al-Qur'an [Tafsir al-Tabari]*. 30 vols. Cairo: Dar al-Maarif, 1957. Edição comentada e apresentada por Ahmad e Muhammad Chakir.

_____. *Tarikh al-umam wa al-muluk*. Beirute: Dar al-Fikr, 1979.

_____. *Sceau des Prophètes*. Tradução de Zotenberg. Paris: Sinbad, 1980.

_____. *Jami al-bayan 'an tawil ay al-Qur'an [Tafsir al-Tabari]*. Beirute: Dar al-Fikr, 1983.

AL-UZZIY, Abd al-Munim Salih al-Ahly. *Muhadarat fi tarikh al-'arab*. Bagdá: Maktabat al-Muthanna, 1960.

_____. *Difaa an Abu Hurayra*. Beirute: Dar Al-Qalam; Bagdá: Maktabat al-Nahda, 1981.

AL-ZARKACHI. *Al-Ijaba li-ma istadrakathu Aicha ala al-sahaba*. Apresentado por Said Al-Afghani. Beirute: Al-Maktab al-Islami, 1980.

ANSARI, Hamid N. "The Islamic militants in Egyptian politics", in *Journal of Middle East Studies*, n. 116, pp. 123-124, 1984.

ARAFA, Muhammad ibn Abdallah ibn Suleiman. *Huquq al-mara fi al-Islam*. Beirute: Al-Maktab al-Islami, 1980.

BEARMAN, P. J. et al. (ed.). *Encyclopédie de l'Islam*. Leida: Brill e Paris: Maisonneuve et Larose, 1960-2005.

BURCKHARDT, Titus. *Introduction aux doctrines ésotériques de l'Islam*. Paris: Dervy-Livres, 1969.

GENET, Jean. *Le Captif amoureux*. Paris: Gallimard, 1986. [Ed. bras.: *Um cativo apaixonado*. São Paulo: Arx, 2003.]

GIBB, H.A.R. *Islam*. Oxford: Oxford University Press, 1969.

GOLDZIHER, Ignace. "The Arab Tribes and Islam", in *Muslim Studies*, S. M. Stern Aldine, Publishing Co., Chicago, 1966.

HODGSON, Marshall G. S. *The Venture of Islam*. Chicago. University of Chicago Press, 1974.

HUSSEIN, Taha. *Fi al-adab al-jahili*. Cairo: Dar al-Maarif, 1969.

IBN ABD AL-BARR. *Al-Intiqaa fi fadail al-thalatha al-aimma al-fuqaha*. Beirute: Dar al-Kutub al-Ilmiya, [s.d.].

IBN AL-ATHIR. *Usd al-ghaba fi-tamiyz al-sahaba*. Beirute: Dar al-Fikr li Tibaa wa al-Nasyr wa al-tawzi, [s.d.].

IBN AL-JAWZI. *Kitab ahkam al-nisa*. Beirute: Al-Maktaba al-'Asriya, 1980.

IBN AL-KALBI, Hicham. *Kitab al-asnam*. Cairo: Maktabat Dar al-Kitab, 1924.

IBN ASSAKIR. *Tarikh Dimachq*. [s.l.: s.n.], 1982.

IBN DIAMA, Qatada. *Kitab al-nasikh wa al-mansukh*. Beirute: Muassasat al-Risala, 1984.

IBN HAZM. *Al-Nasikh wa al-mansukh*. Beirute: Dar al-Kitab al-Ilmiya, 1986.

IBN HICHAM. *Al-Sira al-nabawiya*. Beirute: Dar lhya al-Turath al-'Arabi, [s.d.].

IBN MANZUR. *Lisan al-'arab*. [s.l.: s.n.], [s.d.].

IBN SAAD. *Al-Tabaqat al-kubra*. Beirute: Dar al-Fikr, 1980.

IBN TAYMIYA. *Fatawi al-nisa*. Cairo: Maktabat al-Irfan, 1983.

IBRAHIM, Saad al-Din. "Anatomy of Egypt's Militant Islamic groups: note and preliminary findings", in *International Journal of Middle East*, v. 12, pp. 423-453, 1980.

KADDURA, Zahia. *Aicha, umm al-muminin*. Beirute: Dar al-Kitab al-Lubnana, 1976.

KHATIBI, Abdelkebir. *Les Arabes entre la post-modernité et la modernité*. Comunicação feita na Middle East Studies Association, Boston, novembro de 1986.

LE CORAN. Tradução e comentários de Denise Masson. Paris: Gallimard, 1967.

LE CORAN. Tradução de Régis Blachère. Paris: Maisonneuve et Larose, 1980.

LOMBARD, Maurice. *L'Islam dans sa première grandeur*. Paris: Flammarion, 1971.

MAS'UDI, Abu al-Hasan Ali. *Les Prairies d'or*. Tradução de B. de Meynard e P. de Courtelle. Paris: Société Asiatique, 1962.

_____. *Muruj al-dhahab*. Beirute: Dar al-Maarif, 1983.

MCLUHAN, Marshall; FIORE, Quentin. *The medium is the message*. Nova York: Bantam Books, 1967. [Ed. bras.: *O meio é a massagem*. São Paulo: Ubu, 2018.]

MERNISSI, Fatima. *Sexe, idéologie, Islam*. Paris: Tierce, 1983.

METZ, Adam. *Al-hadara al-islamiya*. Cairo: Maktabat al-Khanji, [s.d.].

MINISTÉRIO DO ARTESANATO E DOS ASSUNTOS SOCIAIS DO REINO DO MARROCOS. *Les Femmes marocaines dans le développement économique et sociale, décennie 1975-1985*. Rabat, 1984.

MOSCOVICI, Serge. *L'Espace et le temps aujourd'hui*. Paris: Éditions du Seuil, 1983.

OUMLIL, Ali. *Al-Islahya al-'arabiya wa al-dawla al-wataniya*. Casablanca: Al-Markaz al-Thaqafi al-Arafi, 1985.

RIOUX, Jean-Pierre. "À la recherche de la mémoire", *Penélope*, n. 12, 1985.

RODINSON, Maxime. *Mahomet*. Paris: Éditions du Seuil, 1961.

SCHACHT, Joseph. *Introduction au droit musulman*. Tradução de P. Kempf e A. Turki. Paris: Maisonneuve e Larose, 1983.

WATT, Montgomery. *Muhammad at Mecca*. Oxford: Oxford University Press, 1953.

_____. *Muhammad at Medina*. Oxford: Oxford University Press, 1956.

_____. *Mahomet: Prophète et homme d'État*. Paris: Payot, col. Histoire, n. 14, 1962.

_____. *Introduction to the Qur'an*. Edinburgh: Edinburgh University Press, 1977.

ZAYDAN, Jurji. *Tarikh al-tamaddun al-islami*. [s.l.: s.n.], [s.d.].

A publicação deste livro recebeu o apoio
do Acervo África (www.acervoafrica.org.br).

Dados Internacionais de Catalogação na Publicação (CIP)

M566H

Mernissi, Fatima, 1940-2015
O harém político : o Profeta e as mulheres / autora: Fatima Mernissi; tradutora: Marília Scalzo. — 1. ed. — Rio de Janeiro: Tabla, 2025.

248 p. ; 23 cm.

Tradução de: *Le harem politique: le Prophète et les femmes*.
ISBN 978-85-92632-32-8

1. 1. Muhammad, 570-632. 2. Mulheres no Hadith. 3. Mulheres no Islã. I. Scalzo, Marília. II. Título.

CDD 297.124

Roberta Maria de O. V. da Costa - Bibliotecária CRB-7 5587

Título original
Le harem politique: le Prophète et les femmes

DIREÇÃO EDITORIAL
Laura Di Pietro

EDIÇÃO
Paula Carvalho

ASSISTÊNCIA EDITORIAL
Olívia Janot

PREPARAÇÃO
Isa Prospero
Maria Carolina Gonçalves

REVISÃO
Isabel Cury
Gabrielly Alice da Silva
Felipe Benjamin Francisco

CAPA E PROJETO GRÁFICO
Cristina Gu

DIAGRAMAÇÃO
Natália Tudrey – Balão Editorial

IMAGEM DA CAPA
© Hannah Gaskarth, 2025
Babel

[2025]

EDITORA ROÇA NOVA LTDA.
+55 21 99786 0747
editora@editoratabla.com.br
www.editoratabla.com.br

Este livro foi composto em Masqualero e Meno Text, e impresso em papel
Pólen Bold 70 g/m² pela gráfica Leograf em outubro de 2025.